AF523933

BLUMENAU

Zu diesem Buch

Warum müssen Menschen leiden? Was bedeuten Tod und Wiedergeburt? Wie erlangt man dauerhaftes Glück? In einem geheimnisvollen Garten erhält ein junger Mann auf wundersame Weise Antwort auf seine drängenden Fragen. Die großen buddhistischen Meister Indiens und Tibets selbst führen ihn ein in die Geheimnisse des Lebens, wie der tibetische Buddhismus sie erklärt, angefangen beim Ersten Dalai Lama über Maitreya, Shantideva und vielen anderen bis zum Buddha selbst. Jeder der Lehrer hat seine besondere Lektion für ihn: Meditation, die Überwindung des Leidens, Karma, Mitgefühl und die endgültige Befreiung. Roach, der die Lehren der alten Meister selbst jahrelang im Original studiert hat, gelingt es, diese so plastisch, packend, klar und direkt darzustellen, dass man sich ihrer überwältigenden Weisheit kaum entziehen kann.

Der Autor

Geshe Michael Roach hat nach über zwanzig Jahren Studium in einem tibetisch-buddhistischen Kloster seinen Geshe-Grad empfangen. Er gründete das ›Asian Classics Institute‹ und hat zahlreiche Werke aus dem Sanskrit und Tibetischen übersetzt. Er lebt in der Nähe von Poenix, Arizona.

Weitere Bücher von Geshe Michael Roach bei der Edition Blumenau:

Der Diamantschneider
Karmic Management
Der östliche Pfad zum Himmel
Damit Yoga wirkt
Das Karma der Liebe
Kostbarkeiten I: Lehren aus der Stille - Ins innere Königreich
Kostbarkeiten II: Lehren aus der Stille - Die Magie des leeren Lehrers
Kostbarkeiten III: Lehren aus der Stille - Das andere Sehen
Kostbarkeiten IV: Lehren aus der Stille - Wellen des Lichts

Geshe Michael Roach

Der Garten des Buddha

Tibetische Lehren, eine Erzählung

Aus dem Englischen von
Giovanni und Ditte Bandini

BLUMENAU

Ungekürzte Ausgabe
September 2011
6. Auflage August 2021
EditionBlumenau
Hamburg
www.editionblumenau.com

Titel der amerikanischen Originalausgabe:
The Garden. A Parable, Doubleday, USA

Titelkonzept: Silvia Engelhardt
Titelgestaltung: Kati Krüger, Hamburg
ISBN: 978-3-9813888-5-5

Wir freuen uns auf Ihren Besuch:
www.editionblumenau.com

INHALT

Erstes Kapitel

Geh die Sonne berühren

Wir lernten uns am Tag des Erntedankfestes kennen. Unsere Mütter waren Freundinnen. Ihre Mutter hatte vier Töchter, meine Mutter hatte vier Söhne, und sie müssen sich eines Tages auf dem Markt getroffen und zum gemeinsamen Festessen verabredet haben.

Meine Brüder und ich arbeiteten an dem Tag draußen vor dem Haus. Wir wussten nicht viel über die Verabredung; wir versuchten, einen Wagen zu reparieren, und waren über und über mit Schmutz bedeckt. Die Töchter trafen nacheinander ein. Als die erste, die älteste, im Hof abstieg, sah sie uns mit unseren verschmierten Gesichtern unter der Wagenachse hervorlugen. Sie war außerordentlich schön mit ihren schwarzen Haaren und dunklen Augen. Nachdem sie ins Haus gegangen war, arbeiteten wir halbherzig weiter, bis die zweite Tochter ankam – sie war blond, von kräftigem Körperbau und ebenso anziehend wie die erste. Mittlerweile waren wir aufgestanden und versuchten, uns den Staub der Straße, so gut es ging, von den Kleidern zu klopfen.

Dann erschien die dritte, wie einem Märchen entstiegen, mit rotbraunem Haar, einem heiteren Gesicht und lachenden Augen. Der Blick, mit dem sie uns streifte, als sie zur Haustür ging, wo unsere Mutter sie erwartete, genügte, um uns den Wagen vergessen zu lassen: Wir gingen zum Wassertrog und begannen, uns Hände und Gesichter zu waschen. Dann kam die Mutter in einem kleinen Wagen angefahren, und neben ihr auf dem Bock saß die letzte Tochter, schlank und still, mit Locken wie aus Gold und im Licht des Sonnenuntergangs wahrhaft wie die Sonne selbst anzuschauen. Dann saßen wir alle behaglich bei Kerzenschein und Festessen im Haus, umgeben vom Duft der vier Schwestern.

Am nächsten Morgen zeigte sich, dass ein kleiner Topf, in dem sich eines der mitgebrachten Gerichte befunden hatte, zurückgeblieben war – vielleicht der erste einer Reihe von Zufällen, die sich durch mein ganzes Leben ziehen und mir im Lauf der Zeit immer weniger wie Zufälle erscheinen sollten. Meine Mutter wandte sich mir zu und schlug mir vor, den Topf zurückzubringen. Ihr Blick schien zu sagen, dass es sehr wichtig wäre. Ich machte mich auf den Weg.

Die Mutter der vier Mädchen sah mich mit dem gleichen Blick an, als sie die Tür öffnete. Ich reichte ihr den Topf und trat dabei über die Schwelle, gerade weit genug, um ein kurzes Gespräch mit ihr anzufangen – worauf sie offensichtlich nur gewartet hatte. Ich fragte sie, ob die Tochter mit den goldenen Haaren an einem der nächsten Abende mit mir spazieren gehen könne. Sie lächelte, sah mich mit ihren freundlichen braunen Augen an und sagte, es sei gut.

Zuerst führte ich sie auf den Wegen, die ich kannte, und sie ging mit. Es erfüllte mich mit Stolz, dass sie meinen Arm nicht ablehnte, und da ihr langes Haar über meine Schulter fiel, sah ich nicht allzu viel vom Weg. Bald fanden wir uns auf einem anderen Pfad wieder, einem, den ich nicht kannte. Es war ziemlich dunkel geworden: Es war einer der frühen Winterabende in der Wüste, in der wir lebten.

Damit begann meine Lehrzeit. Es ging dabei nicht um Dinge, die man aus Büchern oder in Schulen lernt (wo ich bereits viel Zeit verbracht hatte), sondern um die Dinge, die im Leben eines Menschen wirklich zählen und die wir, wenn wir älter werden, als die wichtigsten überhaupt erkennen: die Dinge des Geistes.

Sie führte mich in einen ummauerten Garten, der an seiner Westseite von einer kleinen steinernen Kapelle begrenzt wurde. In dieser ersten Nacht sah ich eigentlich nichts anderes als einen großen Baum – eine Seltenheit in der Wüste – mit einem mächtigen Stamm und hohen

Ästen, die tief herabhingen und gleichsam ein Zelt bildeten gegen die Nacht und gegen die äußere Welt. Ich lehnte mich mit dem Rücken an den Baum, und sie schmiegte sich an mich. Ich spürte, wie von ihrem Bein, das meines berührte, eine plötzliche, fast übernatürliche Hitze ausstrahlte, als bestehe es aus reinem Sonnenlicht.

In mir regte sich der Impuls, ihr etwas von meinen Studien mitzuteilen, irgendwelche Gedanken aus Büchern – sie mit meiner Schuljungengelehrsamkeit zu beeindrucken und ihr von meinem zunehmenden Ansehen in der Schule zu erzählen. Ich öffnete den Mund, um zu sprechen…

Sie sah mit matten rehbraunen Augen zu mir auf, die Lider halb geschlossen, als erlebe sie gerade eine Lust, von der ich keinerlei Vorstellung hatte, und ich brachte kein Wort heraus. Dieser matte Blick genügte, und ich verstand: Meine wirkliche Aufgabe bestand nicht so sehr darin, Buchwissen anzuhäufen, als vielmehr mich selbst und meinen Stolz zu meistern. Dies lernte ich im Alter von sechzehn Jahren von diesem noch jüngeren Mädchen, und wie zur Belohnung legte sie ihre Wange an meine Brust.

Ich verspürte eine mir unbekannte Regung. Es war das erste Mal, dass ich fleischliche Begierde empfand, die mir von da an eine mächtige und würdige Widersacherin sein sollte. Ich hob die Hände, um ihre Brust zu berühren, und wieder blickten ihre Augen zu mir auf, aber jetzt mit einem Ausdruck der Missbilligung, und ich merkte, dass ich meine Hände nicht bewegen konnte. Und in diesem Moment lernte ich von diesen Augen eine zweite Lektion; ich spürte, wie mein Herz sich der Güte öffnete.

Sie nahm meine Hand, wandte sich ab und bedeutete mir, noch immer ohne ein einziges Wort gesprochen zu haben, mit ihr den Garten zu verlassen. Ich war enttäuscht und verletzt, und im selben Moment, da mir mir dies bewusst wurde, blieb sie stehen, wandte sich rasch nach mir um und blickte mich ein drittes Mal an.

Was ich sah, kann ich nur andeutungsweise beschreiben: Ich sah einen goldenen Engel, aufrecht stehend, die Arme leicht seitlich angehoben, die Handflächen mir zugewandt. Ihr Haar umgab sie wie ein

Heiligenschein, und ihr Gesicht erstrahlte im Licht des Mondes, der über dem Johannisbrotbaum hinter uns herabschien. Und ich sah wieder ihre Augen, die mich fragten, welches Recht ich zu zürnen hätte, jetzt oder jemals wieder; ihr oder irgendeinem anderen Wesen; und ob ich nicht einzig deswegen in diesem Leben war, um zu lernen, die Dunkelheit meines Geistes zu besiegen und dem goldenen Licht in ihm immerwährendes Leben zu schenken.

Und damit begann mein Leben, wie ich es hier schildern werde, und als wir uns trennten, sagte sie nur: »Geh die Sonne berühren. Sie wird dich nicht verletzen.«

Zweites Kapitel

Schmerz

Das Jahr verging, und Sie nahm mich immer wieder mit in den Garten, um den Unterricht fortzusetzen. Es war immer Nacht, und sobald wir durch das Tor getreten waren, sprach Sie kein einziges Wort mehr – Sie lehrte mich durch Ihre Augen und Ihre Hände, Ihr Haar und Ihre Berührungen. Die Lektionen folgten einem stets gleich bleibenden Muster. Ich dachte immer nur an Ihre Wärme und Ihren Duft. Woran Sie dachte, habe ich nie erfahren.

Stundenlang waren wir wie zwei junge Liebende. Wir füllten jeden Augenblick mit Zärtlichkeiten aus oder lagen rücklings im Gras unter dem Johannisbrotbaum, lauschten dem Gemurmel des Brunnens oder den Stimmen der wenigen Nachtvögel der Wüste oder spürten einfach die Lüfte aus der Wüste, die über unsere Körper strichen. Irgendwann kam mir dann meist ein Gedanke in den Sinn, eine Regung von Stolz oder von Verlangen, ein Anflug von Widerwillen oder von Hass, und sofort waren die Augen da, stets halb geschlossen in einer mir unbekannten Seligkeit, jetzt mit einem Mal streng, fast vorwurfsvoll. Dann wusste ich, dass sie wusste, was mir durch den Sinn ging, und hatte keine andere Wahl, als mich selbst und mei-nen Geist wie in einem Spiegel zu sehen, die Nutzlosigkeit und Unreinheit dieser Gedanken zu erkennen und sie einfach zu beenden. Dies war allerdings eine Freude – nicht nur in sich, sondern auch weil Sie mich im nächsten Augenblick belohnte, wie man ein Kind mit einer Süßigkeit belohnt. Jedes Mal, wenn meine Gedanken reineren Vorstellungen wichen, empfing ich eine Liebkosung, einen Kuss oder eine sanfte Berührung durch Ihr

Haar. Und so wurde ich im Garten wie ein Hündchen abgerichtet: dazu, meine Gedanken und meinen Geist zu beobachten und mich zu bemühen, sie im Zaum zu halten.

Die nächtlichen Lektionen hatten ihren eigenen Rhythmus und ihr eigenes Tempo. Parallel dazu ging der schulische Unterricht weiter mit seiner Vermittlung weltlichen Wissens. Die nächtlichen Lektionen wirkten wie eine Welt für sich, was sie auch waren; aber zumeist erschienen mir diejenigen des Tages wirklicher und wichtiger. Ich tat mich hervor, und dies erfüllte mich mit einer Selbstsicherheit, die mit Stolz gemischt war. Diese Gefühle erreichten eines Tages ihren Höhepunkt, als ich einen Brief mit dem Siegel und der eigenhändigen Unterschrift des Königs erhielt. Er lud mich ein, zur Hauptstadt zu reisen, wo ich dem Hof vorgestellt und zur Königlichen Akademie zugelassen werden sollte. Dies war der Traum jedes Schülers in der Provinz und eine große Ehre. Den Brief in der Hand, ritt ich spornstreichs zur »Goldenen«, wie ich Sie für mich nannte, um Ihr meinen Preis zu zeigen.

Es war eine unbezahlbare Lektion zum Thema Eitelkeit – und die beste, die ich je erhalten habe. Ich werde Ihren Blick niemals vergessen, zumal es eines der letzten Male war, da ich Sie sah. Sie saß halb liegend auf einem Sofa, so dass Ihr üppiges Haar sich wie eine goldene Kaskade über die Lehne ergoss, und trug ein einfaches kurzes, seidig schimmerndes Hemdkleid aus einem japanischen Goldstoff, der mit roten Rosen gemustert war. Ich stürzte ins Zimmer, um Ihr den Brief mit dem Siegel des Königs zu zeigen. Triumphierend hielt ich ihn Ihr hin.

»Er ist vom König persönlich! Eine Einladung, an den Hof zu kommen und die Akademie zu besuchen!« Doch in diesen braunen Augen sah ich nicht das leiseste Anzeichen dafür, dass Sie mich auch nur gehört hätte. Sie sah nur mit einem Ausdruck vollkommener Unschuld und Seligkeit zu mir auf. Ihr Blick ähnelte so sehr dem Blick eines Rehs oder eines anderen wilden Tieres, dass man daraus hätte Einfältigkeit herauslesen können, oder vielleicht auch Allwissenheit. Und wieder keine Worte, einzig der Spiegel, in dem ich meinen zunehmenden Hochmut erkannte. Dies ließ mich innehalten, aber nicht umkehren, und noch vor Ablauf des Jahres war ich in die Hauptstadt gezogen.

Was in der Wirklichkeit Jahre in Anspruch nahm, ist in wenigen Augenblicken erzählt: Ich warf mich der Hauptstadt, dem Königshof und der Akademie an die Brust, und sie verschlangen mich. Ich lernte viel und wusste doch wenig dank meiner Lehrer, die hervorragend qualifiziert waren, mir wenig beizubringen. Ich kehrte mit dem begehrten Diplom heim und fühlte mich leer und ein bisschen verloren.

Auch Sie hatte ich aus den Augen verloren. Meine Mutter war gestorben, und meine Brüder waren fort, und mit ihnen jede Möglichkeit, in Erfahrung zu bringen, wo Sie sein mochte. Dennoch fühlte ich mich weiterhin stark zum Garten hingezogen. Ich spürte in mir die Gewissheit, dass ich Ihr wieder begegnen würde und Sie nicht vergeblich in der äußeren Welt zu suchen bräuchte, wenn ich dorthin ging und das Wesen dieses Ortes begriff. Ich fand ein Häuschen, in dem ich wohnen, lesen und schreiben konnte, und gewöhnte mir an, nachts zum Garten hinauszuwandern und dort stundenlang auf und ab zu gehen, auf der hölzernen Bank unter dem Johannisbrotbaum zu sitzen oder am Tor zu stehen und nach Ihr Ausschau zu halten.

Dann eines Nachts, als ich dort im Gebet versunken saß und nur um das eine betete, spürte ich, dass sich jemand hinter mir im Dunkeln näherte. Mein Herz machte einen Sprung, und ich verspürte eine tiefe Dankbarkeit. Ich drehte mich um und blickte erwartungsvoll auf. Doch das Gesicht, das zu mir herabsah, war das eines anderen, und langsam, staunend, erkannte ich es als das Gesicht des größten Meisters der alttibetischen Gelehrsamkeit wieder: Es war das Gesicht Tsongkhapas des Großen, genau so, wie es in den Kopien der vor über fünfhundert Jahren entstandenen Skulpturen dargestellt ist – kein ansprechendes Gesicht, kein freundlicher Blick, nicht das, was wir erwarten oder was wir uns als die äußere Erscheinung großer Gelehrsamkeit und unendlicher Barmherzigkeit vorstellen würden. Stattdessen gewahrte ich eine gestrenge Miene und stechende Augen in einem kleinen Gesicht, das beherrscht wurde von einer gewaltigen Nase gleich dem Schnabel eines Falken und großen, langen Ohren. Und zu all dem gesellte sich eine Aura von Kraft, gemischt mit einer überwältigenden Barmherzigkeit, einem fordernden, tätigen Mitgefühl.

»Sie ist nicht hier«, sagte er schlicht, »oder vielleicht... wie auch immer, was du vor dir siehst, bin nur ich, aber ich kann dir bei deiner Suche eine gewisse Hilfestellung leisten. Ich muss es auch tun, denn du bist ein Mensch, der sein bisheriges Leben vergeudet hat, und du wirst auch zweifellos den Rest vergeuden, sofern du nicht wahrhaft die Lektionen dieses Gartens lernst.«

»Aber ich habe mein Leben doch gar nicht vergeudet«, wandte ich ein. »Ich habe die Königliche Akademie besucht, und ich habe das Diplom der Akademie erworben, und zwar mit Auszeichnung. Ich bin einer unter einer Million in unserem Land. Niemand ist so weit gekommen.«

»Und trotzdem sage ich, du hast dein Leben vergeudet. Was kann dieses Stück Papier, dieses Diplom der Königlichen Akademie, dir schon nützen?«

»Ich könnte ein Meister der Rechtspflege werden, oder der Medizin, oder jeder anderen bedeutenden und angesehenen Wissenschaft, und damit mein Glück machen.«

»Was für ein Glück?«, fragte er und zog mich hoch, stellte mich auf die Füße und starrte mich kampfeslustig an. Ich war ein wenig überrascht festzustellen, wie kleinwüchsig er war, und fühlte mich sofort etwas selbstsicherer.

»Mit ›Glück‹«, sagte ich, »meine ich kein großes Vermögen. Ich weiß natürlich, dass Reichtum nicht das einzige Ziel im Leben ist – das habe ich in meinen Philosophiekursen gelernt. Mit ›Glück‹ meine ich lediglich einen bescheidenen Wohlstand, der einem Mann und seiner Familie ein behagliches Dasein ermöglicht.«

»Und das wäre also keine Vergeudung des Lebens, seiner Familie auf anständige und bescheidene Weise ein behagliches Dasein zu ermöglichen?«

»Nein, natürlich nicht, das wäre keine Vergeudung des Lebens, das wäre ein gutes Leben, ein erfülltes und sinnvolles Leben.«

Beim Wort »sinnvoll« zuckte er zusammen und erblasste leicht, wie ich selbst in der Dunkelheit erkennen konnte. Er fixierte mich mit seinen Falkenaugen und umklammerte dann mit einem Raubvogelgriff meinen Arm.

»Dann ist es also keine Vergeudung des Lebens, dieses ganze Leben in Schmerz und Leiden zu verbringen und absolut nichts zu unternehmen, um diesem Schmerz und Leiden zu entrinnen?«

Ich war verwirrt. »Natürlich wäre es eine Vergeudung, wenn es wirklich nur Schmerz und Leiden wäre, aber das Leben ist schließlich mehr als das. Das Leben bietet auch Schönheit und Behagen; ein gutes Zuhause, eine gute Familie und die Nähe derer, die man liebt, und all seiner Freunde.«

»Dann ist es also kein Schmerz«, sagte er, zog mich an seine Seite und marschierte los, auf die Nordmauer zu, in die Nähe des Tors, »dann ist es nicht schmerzhaft, sich einen Knochen zu brechen oder sich in die Hand zu schneiden oder seine Mutter zu verlieren?«

Nun zuckte ich zusammen, als ich mich an ebendiesen Schmerz erinnerte. »Natürlich ist es schmerzhaft, alle diese Dinge sind schmerzhaft, aber diese Schmerzen sind nicht das Einzige, woraus das Leben besteht. Diese Schmerzen treten nur von Zeit zu Zeit auf, diese Schmerzen erleidet man an bestimmten Tagen, in bestimmten Jahren, und es dürfte kaum einen Menschen geben, dessen Leben restlos angefüllt wäre mit solchen Schmerzen und das nicht auch etwas Schönheit und Glück enthielte.«

»Was für Glück?«, fragte er.

»Was für Glück?« Wieder war ich verblüfft, denn Tsongkhapa der Große, dieser kleine verbissene Mann, der leibhaftig neben mir herging, kam mir ganz und gar nicht wie ein großer Philosoph vor, und ich war allmählich etwas enttäuscht, nicht nur über sein Aussehen, sondern auch über die Fragen, die er stellte. »Glück, nun ja, was ist mit dem Glück eines Kindes, eines frohen, lächelnden Kindes?«

»Das ist also deine Vorstellung von Glück – das Gesicht eines lächelnden Kindes?«

»Ja«, erwiderte ich, »natürlich, genau dieses Gesicht. Wer könnte dessen Schönheit bestreiten? Wer könnte behaupten, dies sei Schmerz oder Leiden?«

Er blieb abrupt stehen, wandte sich rasch nach mir um und fixierte mich mit einer Miene, in der Zorn und Mitleid miteinander zu ringen schienen. »Dieses Kind«, sagte er, »dieses Kind. Wird es nicht entsetzliche Dinge erleben? Wird es nicht, sofern es nicht selbst eher stirbt, den Tod seiner über alles geliebten Eltern erleben? Und wird es nicht Krieg und Hass erleben und die Gewalt, die sich die Menschen gegenseitig antun? Und wird es, wenn es nur lang genug lebt, nicht den Verlust all dessen erleben, was ihm lieb und teuer ist, und wird es selbst nicht zuletzt unausweichlich ein zahnloser, hinfälliger, sterbender Greis werden?«

Ich stutzte betroffen. »Natürlich, natürlich sind all diese Dinge möglich...«

»*Möglich?!*« Er kreischte beinahe. »Möglich? Sind sie nicht vielmehr durchaus wahrscheinlich – ja, sogar *gewiss?*«

»Doch, vermutlich ist es sehr wahrscheinlich, dass jedes Kind, und mag es jetzt auch noch so glücklich sein, früher oder später all diese Dinge erlebt und schließlich ein alter, gebrechlicher, leidender Greis wird.«

»Wie kannst du dann behaupten, das Gesicht des Kindes sei schön?«, fragte er leidenschaftlich.

»Es ist doch offensichtlich«, entgegnete ich, und mein Widerspruch kam ganz spontan, aus innerster Überzeugung. »Das Kind *ist* glücklich, und das Kind *ist* etwas Schönes in dem Moment, in dem es uns so anschaut. Und mag dieses Kind auch später alt werden und die Schrecken des Lebens erfahren, ist es doch in diesem Moment glücklich und schön gewesen.«

»Und demnach ist es angenehm«, entgegnete er sanfter und nachdenklich, »und nicht schmerzhaft, mit der Zunge langsam und fest die Schneide eines Rasiermessers entlangzufahren?«

Die Vorstellung, mit der Zunge die Schneide eines scharfen Rasiermessers entlangzufahren, ließ mich gequält zusammenzucken. »Nein, natürlich würde es wehtun, es würde eine tiefe Wunde verursachen.«

»Aber angenommen«, sagte er, »das Rasiermesser wäre mit Honig bedeckt, und du lecktest den Honig und würdest die warme Süße des Honigs schmecken, ohne zu wissen, dass die Klinge da ist, und du würdest erst im Nachhinein merken, dass du dir die Zunge aufgeschlitzt hast?«

»Es bliebe dennoch ein Schmerz und keine Freude. Ich könnte mir keinen brennenderen Schmerz vorstellen. Wenn ich mir beim Honiglecken zugleich die Zunge zerschnitte, dann wäre es keine Freude, sondern nur Schmerz.«

»Damit behauptest du also«, sagte er selbstsicher, »dass Honig zu lecken keine Freude ist.«

»Honig für sich genommen«, erwiderte ich automatisch, »ist eine Freude.«

»Aber Honig zu lecken, wenn sich unter dem Honig ein Rasiermesser versteckt, das deine Zunge zerschneidet – ist das eine Freude?«

»Nein, das sagten wir bereits – das ist keine Freude.«

»Wenn also eine Freude immer und notwendigerweise von einem unendlich viel größeren Leiden begleitet wird, dann können wir sagen, dass es keine Freude ist – richtig?«

»Ja«, sagte ich triumphierend.

»Ja!«, sagte er triumphierend, und er zeigte mir das Gesicht des Kindes: glücklich, schön, und durch und durch leidvoll.

Drittes Kapitel

Meditation

Die Worte des Meisters Tsongkhapa und, wie ich jetzt meine, auch der Tod meiner Mutter berührten mich tief. Nicht, dass ich mutlos oder gar verzweifelt gewesen wäre; nach außen hin führte ich weiterhin ein normales Leben, setzte meine Studien und meine schriftstellerische Tätigkeit fort und hatte damit ein bescheidenes, aber ausreichendes Auskommen. Doch das Gespräch mit dem Meister und der Tod wurden in meiner Vorstellung zu unzertrennlichen Gefährten: Das eine gab den Grund des anderen ab.

Es traf zu, dass meine Mutter ein gutes Leben gehabt hatte: Sie hatte ihre Kinder großgezogen, sich in ihrer Welt nützlich gemacht, immer und ohne zu zögern für die Bedürfnisse jedes Unbekannten gesorgt, den wir nach Haus gebracht hatten. Doch was hatte das alles für einen Sinn, wenn sie, gleichgültig, wie sie gelebt hatte, alt geworden und so qualvoll an Krebs gestorben war und wenn alles, wofür sie gelebt hatte – ihre Söhne, ihr Zuhause, ihre Arbeit –, bereits jetzt allmählich zu Staub zerfiel und zwangsläufig schon bald, nachdem sie selbst vergessen wäre, in Vergessenheit geraten würde? Sie war der Beweis der Wahrheit dessen, was Tsongkhapa mir im Garten gesagt hatte – dass selbst Dinge, die an sich gut und schön erschienen, es nicht waren, wenn sie unweigerlich mit Tod und Schmerz endeten. Und Tsongkhapa wiederum existierte in meiner Vorstellung allein um ihretwillen: Er war zum Garten gekommen, weil er um meine Nöte gewusst hatte, und er hatte mir einige meiner Fragen beantwortet.

Während die Monate vergingen, beschäftigten mich der Tod und das Gespräch immer mehr, und so drängte es mich schließlich, eine kleine Einsiedelei aufzusuchen, die sich in einiger Entfernung von unserem Wüstenstädtchen befand. Dort fand ich einen gütigen, frommen und gelehrten Abt, der mich freudig aufnahm, mir ein kleines, ruhiges Zimmer zuwies, in dem ich wohnen konnte, und mir auf einem nahe gelegenen Landgut eine Stelle als Bibliothekarsgehilfe verschaffte. Ich verbrachte viel Zeit mit dem Studium heiliger Texte und dachte viel über das Gespräch und den Tod nach. Schließlich gelangte ich zu der Überzeugung, dass es einen Weg gab, der mich zu den Antworten all meiner Fragen führen würde. Ich sehnte mich zutiefst danach, diesen Weg zu finden. Und so zog es mich schließlich zum Garten zurück, und ich betrat ihn eines Abends im Vorfrühling, als die Luft über der Wüste milder zu werden begann und der Boden und die Rosensträucher dieses geliebten Ortes sich mit jungem Grün bedeckten. Dort wartete ich wieder auf Sie.

Diesmal musste ich nicht lange warten, doch umso eher kam die Enttäuschung, denn der Schritt, der sich in der Dunkelheit vom Tor her näherte, unterschied sich gänzlich von Ihrem: Er war nicht hüpfend, sondern gemessen, munter zwar, aber zugleich fast geschäftsmäßig und vor allem gewichtig. Ich wandte mich um und erblickte den großen Meditationsmeister – Kamalashila.

Er entsprach nicht im Mindesten meinen Erwartungen, denn ich hatte mir eine strenge und ernste Persönlichkeit vorgestellt, ein Gesicht und einen Körper, die von den Spuren unablässiger tiefer Meditation gezeichnet waren, von den lang anhaltenden Kasteiungen, die sie vor elfhundert Jahren zu Füßen einer Felswand des Himalaja erduldet hatten. Doch Kamalashila wies keinerlei Ähnlichkeit mit dem Bild auf, das ich mir von ihm gemacht hatte. Er war mittelgroß und pummelig, und sein zu hoch gerafftes Gewand, das gerade seine Knie bedeckte, verlieh ihm ein irgendwie verspieltes, jungenhaftes Aussehen. Sein Gesicht passte zu seiner übrigen Erscheinung: runde, gesunde Backen, eine knollige Nase, eine indisch-dunkle Hautfarbe, ein schlecht rasierter, hier und da mit weißen Haarstoppeln übersprenkelter Schädel, und als

Krönung des Ganzen vergnügte, funkelnde Äuglein, die – wie die ganze Person – unentwegt zu kichern schienen.

»Du willst den Weg kennen lernen!«, sagte er.

»Ja, natürlich«, erwiderte ich, denn es ist eine sehr ernste Angelegenheit, um die wahre Leidhaftigkeit der Welt zu wissen und dringend nach dem Ausweg zu suchen.

»*Warum nicht!*«, lachte er, »und – warum *nicht!*«

»Ich möchte wissen, warum meine Mutter gestorben ist«, erwiderte ich düster, »und ich möchte wissen, ob es irgendetwas gab, was ich für sie hätte tun können, oder ob es irgendetwas gibt, was ich jetzt noch für sie tun könnte – und ich möchte wissen, ob es immer so sein muss.«

»Ja! Ja!«, dröhnte er zurück. »Lässt sich machen! *Warum nicht?* Du musst meditieren lernen!«, und ließ sich auf das Stückchen Rasen unter dem Johannisbrotbaum plumpsen, das mir wegen der zärtlichen Nächte, die ich dort mit Ihr verbracht hatte, so lieb und teuer war.

Mit einer Geste bedeutete er mir, mich neben ihn zu setzen. Auf der Akademie hatte ich mit Freunden ein wenig meditiert, auch hatte ich etwas darüber gelesen, also setzte ich mich aufrecht hin, schloss die Augen und versuchte, an nichts zu denken.

Er kicherte und klopfte mir auf den Rücken. »*Was tust du da?*«, erkundigte er sich vergnügt.

»Meditieren!«, sagte ich.

»Würdest du ein Rennen laufen, ohne dich vorher aufzuwärmen?«, fragte er fröhlich.

»Na ja, eigentlich nicht.«

»Du musst dich *aufwärmen!*«, lachte er und sprang wieder auf.

»Wie wärmt man sich auf?«, fragte ich und stand lustlos auf, da ich an Kniebeugen und ähnliche unangenehme Übungen dachte.

Zum ersten Mal sah mich Kamalashila mit einer gewissen Strenge an. »Jeder will meditieren, aber keiner weiß, wie's geht! *Man muss sich richtig aufwärmen!*«, sagte er.

»Also wie geht nun dieses Aufwärmen?«

»Erst *aufräumen!*«, krähte er und fing an, auf dem kleinen Rasenstück hin und her zu laufen, wobei er sich immer wieder vornüberbeugte und trockene Blätter und Ästchen aufsammelte, bis die Grasfläche glatt und sauber im Mondlicht glänzte und einladend aussah: ein angenehmer Ort zum Meditieren. »Und genauso machst du's in deinem Zimmer, verstanden?«

»Verstanden«, erwiderte ich und wollte mich wieder hinsetzen.

»Die Geschenke nicht vergessen!«, kreischte er.

»Was denn für Geschenke?«, sagte ich.

»Es kommen wichtige Leute!«, kicherte er. »Da brauchst du ein paar hübsche Geschenke für sie!«

Ich blickte argwöhnisch zum Gartentor hinüber und befürchtete schon, eine Horde weiterer lustiger Meditationsmeister hereinplatzen zu sehen. »Wer kommt denn?«, fragte ich.

»Niemand, den *du* sehen könntest!«, erwiderte er. Dann ging er zur Holzbank hinüber, holte aus seinem Obergewand einen Beutel mit kleinen Keramikbecherchen und stellte diese nebeneinander auf die Bank. Drei davon füllte er mit Wasser aus dem Brunnen, dann ging er zu einem Dornbusch, pflückte (nach einem kurzen Gebet, als bäte er den Strauch um Erlaubnis) eine kleine rote Blüte und legte diese in den vierten Becher.

Von einem Salbeistrauch und einem Wacholder, die am Abfluss des Brunnens wuchsen, brach er jeweils ein paar Zweiglein ab, die er in den fünften Becher legte, und in den sechsten gab er etwas trockenes Gras. Dann pflückte er eine Frucht vom Mandarinenbaum am Tor, schälte sie, legte ein paar Stückchen in den siebten Becher und aß den Rest – außer einem kleinen Stück, das er mir in die Hand drückte – mit sichtlichem Genuss nach und nach auf.

»Stell dir vor«, sagte er kauend, »heute Nacht kämen, während wir meditieren, einige sehr wichtige Leute in diesen Garten. Vielleicht sogar eine große Königin mit goldenem Haar und einer goldenen Krone...« Und er zwinkerte mir schelmisch zu, als wüsste er, warum mein Herz mich immer wieder an diesen Ort führte. »Du würdest sie doch bestimmt anständig empfangen wollen, wie ihr Wüstenbewohner das mit euren Gästen immer tut, oder?«

»Aber wen erwartest du denn nun wirklich?«, fragte ich.

»Du *musst* die Erleuchteten einladen!«, kicherte er. »Wie kannst du meditieren, wenn sie nicht bei dir sind? Und wie kannst du meditieren, außer du holst, und wenn auch nur im Geiste, deinen Herz-Lehrer hierher?«

Diese letzten Worte berührten mich tief und schmerzlich, denn beim Wort »Herz-Lehrer« konnte ich mir niemand anderen als die Lehrerin meines Herzens vorstellen: meine goldene Dame.

»Hier«, fuhr er fort und beugte sich schwerfällig über die kleinen Becher, »ordne sie richtig an, so wie ich es dir jetzt zeige. Der eine Becher Wasser ist ein Kristallkelch mit einem nektargleichen Getränk. Es ist gut, einen Gast auf diese Weise willkommen zu heißen.

Als Nächstes kommt *noch* ein Becher Wasser.« Er sortierte die Becherchen um, als führte er einen Zaubertrick mit Nussschalen vor. »Das ist eine Schüssel mit schönem warmem Wasser aus einer Mineralquelle, genau das Richtige, um dem Gast die Füße, müde von der langen Wanderung, zu waschen.

Drittens die Blume. *Jeder* mag Blumen!« Er sog den Duft der Blüte tief in sich ein. »Als Nächstes kommt Räucherwerk!«, und er zog aus den unergründlichen Falten seines Gewandes einen Feuerstein hervor, schlug damit Funken und zündete so die wohlriechenden Blätter an.

»Trägst du immer diese ganzen Dinge mit dir herum?«, fragte ich trocken.

Er drehte sich langsam um und sah mir todernst ins Gesicht. »Du willst den Weg gehen? Dann musst du meditieren. Du willst meditieren? Dann musst du dich *auf-wär-men!* Natürlich habe ich sie überall dabei, und ich meditiere... überall!«

Mit dem glühenden Räucherwerk zündete er das trockene Gras im nächsten Becher an. »Es ist immer gut, eine Lampe anzuzünden, wenn ein Gast kommt. So, jetzt rück diesen kleinen Becher Wasser an die nächste Stelle in der Reihe; das ist eine Duftsalbe, die du auf die Haut des Gastes aufträgst – setz deine Vorstellungskraft ein, koste es aus! Ich bin sicher, du kannst dir einen Gast vorstellen, dem du diese duftende Creme nur zu gern anbieten würdest«, und er warf mir einen vielsagenden Blick zu.

»Als Letztes legst du jetzt das Obst hin: Das ist eine leckere Speise für den geehrten Gast.« Allmählich fragte ich mich, wann – ja *ob* wir überhaupt jemals mit der Meditation anfangen würden. Er ahnte – oder las – meine Gedanken und sagte mit einem ungeduldigen Seufzer: »So viel Zeit muss sein. Die Geschenke müssen richtig ausgelegt werden.«

»Was denn, nehmen sich die Gäste wirklich etwas davon?«, fragte ich schnippisch.

»Natürlich nicht«, sagte er. »Glaubst du etwa, die Erleuchteten sind auf Essen und Trinken angewiesen?«

»Nun, wenn sie das nicht sind«, entgegnete ich, »wozu muss man dann diese Dinge auslegen? Ich dachte, wir wollten meditieren.«

»Willst du rennen? Dann musst du dich *aufwärmen!* Du kannst nicht meditieren, wenn sie nicht hier sind, kannst nicht meditieren, wenn deine Herz-Lehrerin nicht hier bei dir ist und dir hilft, dich segnet, dir Kraft gibt. Geschenke auslegen zeigt, dass du sie gern bei dir hättest... Bitte, kommt her, bleibt eine Weile bei mir, solange ich meditiere.« Und dann stimmte Kamalashila ganz unvermittelt ein hübsches kleines Lied an, ein Gebetslied, das er mit aufwärts gewandtem, engelhaft verklärtem Gesicht und geschlossenen, aber sehenden Augen in die Höhe sandte, als brächte er jemandem dort droben, im sternenfunkelnden Himmel über uns, eine Opfergabe dar.

Er verstummte und sah mich vergnügt an. »Das ist das letzte Geschenk, und es ist das, was ich am liebsten mache. Bringe ihnen immer etwas Musik dar, bevor du dich hinsetzt, um zu meditieren!«

»Wir können uns jetzt also endlich hinsetzen?«, fragte ich, aber auf eine sanfte Weise, denn niemand hätte die Schönheit und die anrührende Stimmung der Meditationsstätte bestreiten können, die Kamalashila gerade geschaffen hatte. Keine Frage – der Garten und ebenso mein Herz waren wirklich *aufgewärmt* worden, und es fühlte sich gut und richtig an, unsere Meditation auf diese Weise zu beginnen.

»Ja, *warum nicht?* Zeit, sich zu setzen!«, rief er aus. Ich bückte mich und wollte mich hinsetzen, aber ich spürte seine Hand, die mich wieder hochzog.

»Was denn noch?«

»Du hast vergessen, dich zu verneigen!«, sagte er in einem Ton, als wundere er sich über meine Gedankenlosigkeit. Er legte seine Hände in Brusthöhe flach aneinander und verneigte sich gemessen und ehrerbietig, als stünde ein höheres Wesen vor ihm. Dann setzte er sich langsam ins Gras.

Ich tat es ihm nach und ließ mich dann gleichfalls im Gras nieder, aber schon sprang er wie ein kleiner Gummiball wieder auf. Allmählich verlor ich die Geduld. Ich fragte mich, wie spät es mittlerweile wohl schon war, und starrte übellaunig vor mich hin.

»Wo ist dein Sitz? Kein Meditationssitz? Das Hinterteil muss höher liegen!« Und er packte mich an der Schulter, drückte mich nach vorn und stopfte mir einen Stoffbausch (den er unter seiner Weste hervorgezaubert hatte) unter das Steißbein.

Dann legte er die Hand auf meinen linken Fußknöchel. »Der muss auf deinen rechten Oberschenkel! Und gerade sitzen!« – ein Klaps auf meinen Rücken – »Die rechte Schulter runter, auf eine Höhe mit der anderen!« – er drückte meine Schultern in die Waagerechte – »Den Kopf gerade halten! Hat man dir denn *gar* nichts beigebracht?« Ich war drauf und dran, den großen närrischen Meister zu erwürgen.

»Weder nach unten noch nach oben neigen, einfach geradeaus – und aufrecht! Der kippt dir ja nach links weg!« Seine Hände lagen wie eine Schraubzwinge an meinen Schläfen und brachten meinen Kopf in Stellung. »Wo ist deine Zunge?«

»Wo sie immer ist, in meinem Mund«, gab ich zurück. Er schien es gar nicht zu hören.

»Leg die Spitze sanft gegen die oberen Schneidezähne, halt den Mund entspannt, alles ganz natürlich, alles wie immer«, begeisterte er sich. »Wir können nicht meditieren, wenn wir die ganze Nacht sabbern oder schlucken müssen, oder? *Hör auf, durch den Mund zu atmen!* Du trocknest völlig aus!« Und damit hatte er mich vollständig gerade gerückt, und ich musste zugeben, dass es ein sehr gutes Gefühl war.

»Sollte ich die Beine nicht so kreuzen, dass *beide* Füße auf den Oberschenkeln liegen, so wie man das auf den Bildern sieht?«, fragte ich.

»Einen vollen Lotos? Klar, wenn du das kannst, aber du kannst das nicht, da brauchst du schon mehr Übung. Die Hauptsache ist, du sitzt völlig bequem, so dass du den Geist konzentrieren kannst, ohne ständig an deine schmerzenden Knie denken zu müssen. Wenn du möchtest, kannst du dich sogar auf die Bank da drüben setzen«, erklärte er, ließ sich neben mir nieder und schlang die Beine zum vollen Lotos.

Ich schloss die Augen und versank in einen Zustand tiefen Friedens, hier im friedlichen Garten, dem Garten meiner Goldenen... und schon fuhr er mich wieder an.

»Was denn, Nickerchen machen?«, fragte er scharf.

Ich öffnete die Augen und richtete sie starr geradeaus auf ein Muster an der gegenüberliegenden Mauer.

»Meditiert ihr in dieser Gegend eigentlich mit dem Geist oder mit den Augen?«, fragte er wieder bissig.

Ich sah ihn ärgerlich an. »Also wenn ich die Augen weder schließen noch offen halten darf, was soll ich bitte *dann* tun?«

»Sieh her«, sagte er, und er hielt den Kopf aufrecht und gerade, aber seine Augen waren nur halb geöffnet und leicht abwärts gerichtet. Sie fixierten nichts Bestimmtes, als sei er tief in Gedanken versunken. Das, so begriff ich, war das ganze Geheimnis. »Wenn du merkst, dass du zu sehr abgelenkt wirst, kannst du die Augen zeitweise schließen, aber dein Geist ist so sehr daran gewöhnt einzuschlafen, wenn du das tust, dass du Probleme damit haben könntest. Achte aber auch darauf, dass du sie nicht zu weit aufmachst, sonst fängst du an, dich umzusehen; und sorge außerdem dafür, dass du einen ruhigen Hintergrund vor dir hast, zum Beispiel eine einfarbige Stoffbahn oder Wand, und dass sich in deinem Blickfeld nichts befindet, was sich bewegt und deine Aufmerksamkeit erregen und deinen Geist ablenken könnte.«

Ich tat, was er sagte, und merkte sofort, wie mein Geist in einen klaren Zustand der Sammlung geriet. Ich machte mich daran, meinen Geist zu leeren...

Und schon war er wieder auf den Beinen und rannte hin und her, und ich gab allmählich die Hoffnung auf, jemals mit ihm zusammen zu meditieren. »Was denn schon wieder?«

»Hörst du nichts?«, fragte er gespannt.

Ich richtete den Blick wieder abwärts und konzentrierte mich. Das Einzige, was ich hören konnte, war das vertraute Murmeln des Brunnens.

»Nur den Brunnen, da drüben an der Mauer«, erwiderte ich.

»Muss *weg!*«, rief er aus. Er ging zur Bank und machte Anstalten, die Becherchen einzusammeln.

»Was?« Ich sprang auf. »Nach der ganzen Arbeit musst du jetzt gehen? Kannst du nicht noch wenigstens ein paar Minuten bleiben und mich neben dir meditieren lassen?«

»Unmöglich«, erklärte er. »Zu viel Krach, zu viel Krach. Nicht gut zum Meditieren. Ich hätt's eher merken sollen. Kein Mensch kann bei so einem Krach meditieren«, und er deutete empört auf den Brunnen.

»Es ist doch gar nicht so laut«, sagte ich. »Komm doch, versuch's.«

Kamalashila sah mich ernst an. »Du hast mich gebeten, dir den Weg zu zeigen. Ich habe dir gesagt, dass es ohne Meditation keinen Weg gibt. Du musst dich entscheiden. Dein hübscher Brunnen oder deine Meditation. Dein Leben, so wie es ist – und wie dasjenige deiner Mutter war –, oder die Freiheit. Die Freiheit oder dein Brunnen. Dein Leben wird dir von nun an immer wieder solche Entscheidungen abverlangen. Ich gehe.«

Verzweifelt sah ich mich um, und mein Blick blieb an den Backsteinen hängen, die ringförmig um den Johannisbrotbaum aufgeschichtet waren. Ich hob einen auf, legte ihn auf die Öffnung des Brunnens, und das Wasser hörte auf zu rinnen. »Bitte, können wir jetzt zusammen meditieren?«, fragte ich leise.

»*Warum nicht!*«, kicherte er, und wir ließen uns beide im Gras nieder, friedlich und bereit, Frieden zu finden.

Nun machte der lustige kleine Mann vor meinen Augen eine erstaunliche Transformation durch. Die Linke legte sich, die Handfläche nach oben, auf seinen Schoß, auf diese legte er dann die Rechte, gleichfalls mit der Handfläche nach oben. Die zwei Daumen waren leicht angehoben und berührten sich sacht. Im selben Augenblick verwandelte sich das sprühende Leben in seinem Gesicht zu absoluter Gelassenheit. Er war vollkommen entspannt, vollkommen still – diese Stille war so tief, dass sie den gesamten Garten in sich einzusaugen schien, ein Reich vollkommenen Schweigens. Es war eine Stille, nach der ich lechzte, eine Ruhe, die mir mein Leben niemals gestattet hatte, und eifrig setzte ich mich neben ihn.

Kamalashila war endlich still – zumindest für ein paar Momente. Dann flüsterte er: »Haben wir uns schon über das *Aufwärmen* unterhalten?«

»Ja, ja«, flüsterte ich hastig zurück und hoffte, er würde jetzt endlich Ruhe geben. »Erinnere dich, das haben wir alles schon erledigt.«

»Nicht *das* Aufwärmen«, wisperte er zurück, »das *andere* Aufwärmen.«

»Wovon redest du eigentlich?«, fragte ich besorgt und machte mich darauf gefasst, ihn jeden Augenblick wieder aufspringen zu sehen. Aber er blieb gelassen und führte mich mit seinen Worten.

»Wenn du mich in die wahre Meditation begleiten willst, musst du deine Gedanken vorbereiten. Sonst kannst du nicht folgen und bleibst zurück.«

»Bitte lehre mich.«

»Beobachte als Erstes deinen Atem, das Einatmen und das Ausatmen. Sieh zu, ob du es schaffst, zehn Atemzüge zu zählen, ohne dass dein Geist abschweift. Beginne mit dem Ausatmen, dann atme wieder ein: das ist ein Atemzug. Schau, ob du zehn davon zählen kannst. Anfangs wirst du es, wenn du ehrlich bist, nicht schaffen, bis zehn zu kommen. Dein Geist wird vorher zu etwas anderem abschweifen.«

Ich versuchte es und stellte fest, dass er Recht hatte. Ich kam nie weiter als bis vier, und schon eilten meine Gedanken davon, zum Garten, zu Ihr.

»Das reicht«, flüsterte er nach ein paar Minuten. »Die Beobachtung des Atems hat nur den Sinn, den Geist in den Leerlauf zu bringen, ihn langsam vom Strudel der weltlichen Gedanken abzuziehen und ihn allmählich nach innen zu richten. Es ist nicht so, dass die Beobachtung des Atems an sich schon ein Ziel wäre, das uns die Freiheit schenken kann.

Jetzt denk einen Moment darüber nach, warum du hier bist: Du suchst nach dem Weg, du suchst, wie ich weiß, Antworten auf die Fragen, die den Tod einer guten Frau betreffen, sowie in Bezug auf die Erkenntnisse, die du durch eine andere Person gewonnen hast. Entscheide hier und jetzt, dass diese Fragen nirgendwo anders beantwortet werden können, ja nirgendwo anders überhaupt *gestellt* werden. Kinder fragen, warum gute Menschen leiden und sterben müssen, und die Erwachsenen bringen ihnen bei, nicht mehr zu fragen. Diese Kinder werden dann zu den Erwachsenen, die ihrerseits zu ihren Kindern sagen: ›Auf diese Fragen gibt es keine Antworten.‹ Entscheide hier, warum du mit mir meditieren willst. Beschließe hier und jetzt, dass du für ein wahres Ziel meditieren willst, für das höchste Ziel, und dass du diese Antworten auf dem Weg suchst. Verschwende dein Leben nicht, verschwende nicht einmal die wenigen Augenblicke, die wir hier zusammen verbringen werden, an irgendein geringeres Ziel.«

Ich dachte über seine Worte nach und erkannte ihre Wahrheit. Ich empfand Freude darüber und fühlte, dass es absolut richtig war, aus diesem einen Grund zu meditieren.

»Bevor wir mit der Meditation beginnen, bitte die Erleuchteten herbeizukommen; bitte deine Herz-Lehrerin herbeizukommen, rufe sie alle herbei, dass sie uns führen und uns helfen mögen. Jetzt kannst du sie nicht sehen, aber du wirst es einst. Wenn sie überhaupt existieren, wenn sie das sind, was man von ihnen sagt, dann werden sie deinen Ruf hören, und sie *werden* kommen. Bitte sie aufrichtig zu kommen, in tiefer Ehrerbietung, jetzt, und sie *werden* kommen.«

Ich tat, was er sagte, und meinte, Ihre Anwesenheit ganz in meiner Nähe zu spüren. Mein Herz hüpfte vor Freude und Hingabe.

»Wir haben uns schon vor ihnen verneigt, bevor wir uns setzten. Verneige dich jetzt noch einmal im Geiste vor ihnen, denn ich sage dir, an dem Tag, da du sie wirklich *siehst,* wirst du dich mit einer einzigen spontanen Bewegung vor ihnen niederwerfen, zu ihren Füßen, voller Seligkeit und Ehrfurcht.«

Wieder tat ich, was er gesagt hatte, und es fühlte sich gut und richtig an.

»Gut, gut, jetzt tue weiterhin, was ich dir sage. Überall auf der Welt bemühen sich aufrichtige Menschen darum zu meditieren, aber es will ihnen nicht gelingen, die Tiefen und Höhen wahrer Meditation zu erreichen, weil sie nicht gelernt haben, auf die richtige Weise durch die Pforten der Meditation zu treten. Ich bringe es dir jetzt bei. Stell dir als Nächstes den ganzen Himmel vor.«

Ich tat's, stellte mir im Geist die ganze azurblaue Himmelskuppel meiner Wüstenheimat vor.

»Fülle ihn jetzt ganz mit süß duftenden, purpur- und elfenbeinfarbenen Rosen, bringe ihn deiner Herz-Lehrerin und den Erleuchteten dar und bitte sie um ihre Hilfe.«

Ich tat's, und wieder fühlte es sich gut und richtig an, und mein Geist fühlte sich der tiefen Meditation noch näher, obwohl wir noch gar nicht zu meditieren begonnen hatten.

»Ein paar Schritte bleiben uns noch zu tun. Reinige jetzt dein Gewissen, denn niemand kann meditieren, solange sein Gewissen nicht rein ist. Das ist ein weiterer Grund, warum es so vielen schwer fällt zu meditieren, warum so wenige jemals die Wunder der tiefen Meditation erleben. Dein Herz muss rein sein, dein Leben muss rein sein. Rufe dir jetzt alle Taten und Worte, ja selbst alle Gedanken ins Gedächtnis, durch die du jemanden verletzt haben könntest. Gestehe sie vor dir selbst ein, sei vollkommen aufrichtig zu dir selbst, entscheide, dass du das alles getan hast, entscheide, dass es nicht gut war, und entscheide, dass du versuchen wirst, es nicht wieder zu tun. Diese Reinigung deines Gewissens und deines Herzens wird deinem Geist Pforten der Meditation öffnen, von deren Existenz du nicht einmal im Traum etwas geahnt hast.«

Ich saß still da und erinnerte mich. Ich entdeckte dabei keine großen Untaten, wohl aber viele kleine alltägliche Schmerzen und Verletzungen, die ich anderen zugefügt hatte, und wischte sie von meinem Herzen.

»Gut, gut. Das macht *richtig Spaß!*«, flüsterte er glücklich. »Nur noch ein paar Schritte; jetzt tu das Gegenteil, denk an alle guten Dinge, die du tust, alle guten Dinge, die du anderen gesagt hast, alle guten und reinen Gedanken, die du je gedacht hast und denkst – ach, und überhaupt, denk an die Güte jedes anderen Wesens, angefangen bei deiner Herz-Lehrerin und dann immer weiter hinunter, und dann… *sei einfach froh, sei glücklich, freue dich* über alles, was gut ist!«

Ich tat's, und es fühlte sich wie ein gutes und richtiges Gegengewicht zur Reinigung meines Gewissens an. Mein Geist platzte schier vor guter Energie und lechzte nach Meditation, wie ein warm gerittenes Rennpferd, das darauf brennt loszupreschen.

»Bitte sie jetzt um Führung – deine Herz-Lehrerin und die Erleuchteten. Und bitte sie, dir weiterhin zu erscheinen, auf all die vielen verschiedenen Weisen, auf die ein erleuchtetes Wesen erscheinen kann (und du hast gar keine Vorstellung, auf wie viele Arten und an wie vielen Orten sie dir erscheinen). Bitte sie, als deine Lehrer zu kommen – sowohl als Lehrer, die wie Lehrer aussehen, als auch in Form all der Dinge und Menschen in deiner Umgebung, die dich ja gleichfalls lehren, dich unentwegt lehren und dich auf dem Weg führen.«

Mit einem tiefen Gefühl der Ehrerbietung, das mich bereits in die Meditation hineinzog, gehorchte ich.

»Und jetzt schließlich flehe sie aus ganzem Herzen an, immer, ob sichtbar oder unsichtbar, in deiner Nähe zu bleiben, dich zu behüten und dich zu ihnen zu führen.«

Ich tat es und geriet durch die Güte dieser Gedanken in einen tiefen meditativen Zustand, eine vollkommene Ruhe. Was der große Kamalashila natürlich wieder einmal nicht dulden konnte.

»Ist dieser Frieden nicht herrlich?«, flüsterte er.

»Oh… ja…« Ich schaffte es kaum, Worte zu artikulieren.

»Und worüber meditierst du?«, flüsterte er zurück.

»Ich habe meinen Geist geleert, und ich versuche, an gar nichts zu denken, und die Gedanken, die mir trotzdem noch kommen, beobachte ich einfach und lasse sie vorüberziehen.«

Irgendwie durchflog sein schwerer kleiner Körper den Raum, der uns trennte, wie ein Blitz, und er stand wieder vor mir, diesmal ernstlich böse. »Dummköpfe! Die Dummköpfe sterben nicht aus! Dummköpfe, die ich in den großen Disputen vor über tausend Jahren erledigt zu haben glaubte! Ich gehe!« Und er machte wieder Anstalten, zur Bank und seinen geweihten Becherchen zu gehen.

»Warte!« Ich schreckte hoch. »Was habe ich falsch gemacht? Erkläre mir, was ich falsch gemacht habe!«

Heftig atmend und schnaufend, setzte er sich mit gekreuzten Beinen vor mir ins Gras und beugte sich vor, so dass sein Gesicht ganz nah bei meinem war. Dann wurde sein Blick milder, und er fragte sanft: »Möchtest du deiner Mutter helfen?«

»Natürlich«, sagte ich. »Du weißt doch, worum es mir geht.«

»Dann denk einmal nach: Was könnte es wohl für einen Nutzen haben, einfach eine Stunde lang dazusitzen und seinen Geist zu leeren? Tun Tiere wie etwa das Kaninchen nicht genau das Gleiche? Und befinden sich Säufer, die nach etlichen Humpen ihres Mets die Besinnung verlieren, nicht in genau dem gleichen Zustand? Ist ihr Geist nicht auch für eine gewisse Zeit leer und still? Komm, denk darüber nach und sag mir: Was glaubst du, warum wir meditieren?«

»Weil wir nach der Wahrheit suchen. Und die Wahrheit liegt in der Stille der Meditation.«

»Nur halb richtig. Die Meditation ist nur ein Werkzeug, aber kein Ziel in sich. Sie ist eine Axt, eine scharfe Axt, mit der wir einen Baum fällen. Das Fällen des Baumes ist Weisheit, höchste Weisheit, und sie ist das Herzstück des Weges. Um der Meditation willen zu meditieren wäre so, als verheizte man die Axt als Brennholz, anstatt sie dazu zu benutzen, Brennholz zu gewinnen. Was ist das Ziel des Weges?«

»Ich hoffe, durch ihn eine Antwort auf die folgenden Fragen zu finden: Warum ist meine gute Mutter unter solchen Qualen gestorben? Warum ist sie überhaupt gestorben? Warum müssen wir alle – Gute wie Böse – leiden und sterben? Warum wird alles Leben und werden alle Werke des Lebens und alle Früchte der Werke des Lebens zu Schmerz und Vernichtung? Das ist das Ziel des Weges, jedenfalls für mich.«

»Gut, und das ist auch richtig so. Nun also, wenn du es schafftest, stunden- und tage- und monatelang zu sitzen und deinen Geist zu leeren, würdest du dann die Antworten finden? Würdest du dann von der Krankheit und dem Verlust der Dinge und Menschen, die dir am Herzen liegen, befreit sein? Würdest du vom Altern befreit sein, würde die Energie deines Körpers und Geistes aufhören, täglich weniger und weniger zu werden – würdest du, mit einem Wort, vom Tod erlöst sein?«

»Ich vermute, nein. Ich vermute, selbst wenn ich imstande wäre, sehr lange hier zu sitzen und meinen Geist zu leeren und still, ruhig und abgeklärt zu bleiben, und selbst bei Hitze und Kälte zu sitzen, bei Regen und Sonnenglut, würde ich trotzdem – da hast du wohl Recht – eines Tages krank werden, und nach und nach immer älter werden und irgendwann nicht mehr imstande sein, hier zu sitzen, und schließlich sterben.«

»Dann bitte«, flüsterte er mir eindringlich zu, »*bitte* ... folge mir jetzt und erlerne die wahre Meditation, und lerne, sie für unsere wahren Ziele einzusetzen.« Er richtete seinen Oberkörper wieder auf, und diesmal setzte er sich mit einer solchen Endgültigkeit, dass ich spürte: Jetzt würde er nicht wieder aufstehen.

»Es gibt drei Arten der Meditation«, fing er an, ohne seine Meditationshaltung zu verändern. »Für die erste bitte ich dich, dir vor deinem inneren geistigen Auge ein Bild deiner Herz-Lehrerin vorzustellen.«

Dies gelang mir mühelos, und ich wartete geduldig auf weitere Anweisungen, denn Sie zu sehen, wenn auch nur vor meinem geistigen Auge, war für mich stets tröstlich.

»Der erste Feind der Meditation«, flüsterte er wieder, »ist die Faulheit oder Trägheit: einfach keine Lust zum Meditieren haben. Und deswegen ist es gut, sich – so wie wir das getan haben – die dringende und heilige Notwendigkeit unserer Meditation ins Gedächtnis zu rufen. Ebenso gut ist es«, kicherte er, »als Objekt der Meditation etwas zu wählen, was zugleich wichtig ist und uns Freude bereitet. Ich glaube nicht, dass wir heute Nacht mit der Trägheit zu kämpfen haben werden.

Nun werde ich«, fuhr er fort, »von Zeit zu Zeit mit den Fingern schnippen. Ich möchte, dass du genau auf deinen Geist achtest und mir dann sagst, wo dein Geist sich in dem Augenblick, in dem ich mit den Fingern schnippe, gerade befindet. Auf diese Weise kann ich dir auch die übrigen Feinde der Meditation zeigen und dir erklären, wie du sie am besten bekämpfst.«

Ich wandte mich im Geiste wieder meinem lieblichen Bild zu, und dieses brachte mich auf Gedanken an den Garten, was mich wiederum an die Uhrzeit denken ließ, die schon ziemlich fortgeschritten sein dürfte, und ich fragte mich, ob ich morgen überhaupt in der Verfassung sein würde, meine Arbeit in der Bibliothek zu ... *schnipp.*

»Wo war dein Geist?«, fragte Kamalashila.

»Ich habe das Bild verloren, ich habe angefangen, an meine Arbeit zu denken«, sagte ich betreten.

»Das ist der zweite Feind«, sagte er. »Das Bild zu verlieren. Du bekämpfst ihn, indem du dir das Bild so vertraut machst – indem du es dir immer wieder in der Meditation vergegenwärtigst, in kurzen, aber häufigen, über den ganzen Tag verteilten Meditationsperioden –, dass du dich ständig an das Objekt erinnerst, damit es für den Geist ständig in greifbarer Nähe bleibt. Jetzt kehre zum Bild zurück.«

Ich tat's, und diesmal gelang es mir schon ein wenig besser, Ihre liebliche Gestalt festzuhalten. Mein Körper war ganz still, und der Garten war ganz still. Die Meditation fühlte sich gut an. Allmählich begann ich, mich wohl zu fühlen, und ich wurde etwas selbstsicherer. Mein Atem ging langsam, mein Körper war ganz still, und Sie war immer da, eine Art verschwommenes goldenes Licht... *schnipp.*

»Wie ist das Bild?«, wisperte er.

»Gut, gut«, erwiderte ich. »Ich bin ganz still, ich fühle mich behaglich und entspannt.«

»Nein, nein«, sagte er streng, »das *Bild.*«

»Oh«, sagte ich, »es war in Ordnung, beständig, vielleicht ein bisschen verschwommen...«

»Typisch«, sagte er ziemlich schroff. »Deine Meditation ist in die Abstumpfung abgeglitten – eine umso gefährlichere Feindin, als sie beinahe unsichtbar ist. In ihrer extremen Ausprägung ist sie leichter zu erkennen: Du wirst einfach schläfrig, dein Kopf fängt an zu nicken. Aber in ihrer subtilen Erscheinungsform ist sie pures Gift; sie lügt dich an, erzählt dir, deine Meditation sei gut, während du dich in Wirklichkeit in einer Art Dämmerzustand befindest – viele Meditierende haben ein gut Teil ihres Lebens auf diese Weise vergeudet.«

»Was soll ich also tun?«, fragte ich.

»Halte eine kleine Ecke deines Geistes frei; wir nennen sie Wachsamkeit. Kopple sie ab. Bringe ihr bei, wie die Feindin aussieht; führe ihr die Anzeichen ihres Kommens vor; vor allem aber weise sie an, Alarm zu schlagen, dich aufzurütteln, sobald die geistige Stumpfheit sich einschleicht, um deine Meditation zu betäuben. Jetzt zurück zu Ihr.«

Ich war – seltsamerweise erst jetzt – ein wenig erschrocken darüber, dass er den Gegenstand meiner Meditation kannte, fasste mich aber rasch wieder. Ich hielt Ihr Bild vor mein geistiges Auge und begann, über Ihre Schönheit und die vielen spirituellen Lektionen nachzudenken, die Sie mir an diesem Ort erteilt hatte. Ich erinnerte mich besonders an die Nacht, als Sie so unschuldig zum Bach gegangen war, der aus dem Brunnen fließt, und ohne zu zögern – nur in Ihr goldenes Haar gekleidet – hineingestiegen war – und es war keine ordinäre oder unsaubere Erinnerung, sondern völlig frei von Begehrlichkeit oder Bosheit: ein schlichtes Einssein mit... *schnipp.*

»Wo war dein Geist?«, fragte Kamalashila streng.

»Bei guten Gedanken, heiligen Gedanken«, erwiderte ich zögernd.

»Es waren vielleicht gute Gedanken, aber nicht gut, wenn sie deine Meditation stören. Du bist vom Bild abgeschweift, zu einem anderen Gedanken und einer anderen Zeit oder einem anderen Ort, zu etwas, worüber du gern nachdenkst, stimmt's?«

Ich gab zu, dass es so war.

»Das ist die Feindin ›geistige Unruhe‹. Sie ist diejenige, die am häufigsten von allen kommt, und sie ist mächtig. Mehr brauche ich nicht zu sagen. Sei wachsam, entdecke die Feindin im selben Moment, in dem sie auftaucht. Und jetzt warne ich dich vor ihrer Gefährtin, die übrigens auch die Gefährtin der Abstumpfung ist: Es ist die Untätigkeit – zu unterlassen, dein Schwert zu erheben, sobald die eine oder andere dieser Feindinnen die Schwelle deiner Meditation überschreitet.

Gegen die Abstumpfung kehre zur Konzentration auf das Bild zurück und bemühe dich um Klarheit, indem du zuerst die Umrisse des Bildes aufbaust und anschließend die Details des Gesichtes, der Hand und so weiter einfügst. Dauert die Stumpfheit an, richte deinen Geist auf einen tiefblauen Himmel, einen sehr leuchtenden, blauen Himmel, lass deinen Geist zu diesem sonnenüberfluteten Himmel werden – es wird dich erfrischen – und kehre dann zurück. Im Extremfall steh auf und spritze dir kaltes Wasser ins Gesicht oder leg dich hin und ruhe dich ein wenig aus, wenn es nicht anders geht.

Gegen die Unruhe sammle deine Gedanken sanft und behutsam in deinem Herzen. Bemühe dich um eine tiefere Stille, halte Geist und Körper still. Verlangsame deine Atmung, zähle, wenn es nicht anders geht, wieder deine Atemzüge, und hole dich wieder zurück. Meditation ist wie der Flug großer Vögel am Himmel; wenn sie in der Ferne auf dem Wind gleiten, sieht es für uns, die wir unten auf der Erde stehen, so aus, als schwebten sie völlig mühelos. Tatsächlich aber nehmen sie unentwegt Korrekturen vor, neigen sich leicht in die eine Richtung, wenn der Wind wechselt, dann in die andere, wenn der Wind erneut wechselt.

Ähnlich verhält es sich mit deiner Meditation. Du musst sie unablässig beobachten und korrigieren, sie wie die Saite einer Laute gestimmt halten: weder zu straff noch zu locker. Dann kommt, nach langer Übung, auch irgendwann der Augenblick, wo die Meditation völlig reibungslos läuft. Dann wird es Zeit, nach dem letzten Feind Ausschau zu halten: dem Drang zu korrigieren, wo keine Korrektur erforderlich ist. Jetzt halte dich an das, was ich gesagt habe, und betrachte wieder das Bild.«

Ich tat wie geheißen und brachte Ihr Bild, das wahre Bild, zurück. Ich hielt es klar und still aufrecht, wenn auch nur für ein paar Minuten, und hörte dann Kamalashila sagen: »Es ist gut. Jetzt die zweite Art der Meditation – wir nennen sie ›Problem-Lösen‹. Ich werde dir ein Problem vorlegen, und du konzentrierst deinen Geist ausschließlich darauf und versuchst, es zu lösen. Dies ist eine wichtige Meditationsart, und sie wird dir später von großem Nutzen sein.«

»Ich werde tun, was du sagst.«

»Konzentriere dich jetzt auf irgendein für sich genommen belangloses Ereignis in deinem Leben, einen unbedeutenden Zufall, der aber dein Leben nachhaltig verändert hat – zum Guten verändert hat.«

Ich versuchte es, und musste augenblicklich an den Topf denken, den Topf, der am Tag des Erntedankfestes im Haus meiner Mutter zurückgeblieben war, der Topf, der mich zu Ihrer Tür geführt hatte.

»Jetzt überlege dir, ob es wirklich ein Zufall war: *Wissen* wir, dass es ein Zufall war? Können wir *sicher* sein, dass es ein Zufall war? Könnte jemand es vielmehr so eingerichtet haben? Welches Motiv könnte jemand gehabt haben, es so einzurichten? Was wären seine möglichen – weltlichen oder spirituellen – Beweggründe? Denke nach, überlege, analysiere und ziehe, wenn du kannst, einen Schluss.«

Ich dachte konzentriert nach. Wenn man berücksichtigte, welche Auswirkungen der Zufall mit dem Topf letztlich auf mein Leben gehabt hatte, war er für mich ohne Frage äußerst wichtig gewesen. Ich war immer davon ausgegangen, dass es ein Zufall gewesen sein musste. Und selbst wenn es kein Zufall gewesen war, erschien es plausibler, dass jemand einfach gewollt hatte, dass ich das Mädchen kennen lernte, als dass jemand gewusst haben könnte, dass diese Begegnung für mich eine Pforte zum Weg des Geistes werden würde. Und doch, wenn es *wirklich* Erleuchtete gab, und wenn sie *wirklich* die Zukunft sahen, so klar wie wir jetzt die Gegenwart sehen, dann könnte man wohl...

Hier unterbrach mich Kamalashila. »Es ist spät. Du kannst dieser Frage allein weiter nachgehen – und musst es auch tun. Lerne jetzt die dritte Art der Meditation kennen. Ich möchte, dass du dir die Schritte, die ich dich heute Nacht gelehrt habe, einen nach dem anderen wieder vergegenwärtigst, angefangen mit dem Augenblick, als ich mich daran machte, den Rasen von Blättern und Ästchen zu säubern. Durchdenke noch einmal den ganzen Aufwärm-Prozess, die Vorbereitung des Ortes und deines Herzens für die Meditation. Geh dann die verschiedenen Arten der Meditation durch und erinnere dich an die Feinde, vor denen ich dich gewarnt habe, und daran, wie du sie besiegen kannst.

Denke zuletzt an die angemessene Art, eine Meditation abzuschließen: Stell dir einen Stein vor, der in die Mitte eines Teiches geworfen wird, und sieh die Ringe, die sich langsam ausbreiten. Mit der Nacht, die wir hier zusammen verbracht haben, und mit jeder deiner Meditationen verhält es sich ganz genauso. Sie sind Ereignisse, sakrale Ereignisse, deren Auswirkungen dein Vorstellungsvermögen bei weitem übersteigen. Versuche dir dieser Ringe bewusst zu sein, denke über sie nach und bete darum, dass sie rasch zu Wellen der Hilfe und der Freude werden mögen, die jedes Lebewesen in deiner Umgebung berühren.«

Ich begann die Rückschau, so wie er mich angewiesen hatte. Er saß schweigend neben mir, in seine eigene Meditation versunken. Anschließend fiel mir noch die letzte Frage ein: »Aber *worüber* soll ich eigentlich meditieren, Meister Kamalashila? Welches Bild, welches Problem oder welche rückblickende Betrachtung kann die Fragen, über die wir gesprochen haben, beantworten?«

»Fang da an, wo wir immer anfangen müssen«, antwortete er. »Stell dir deine Herz-Lehrerin vor und vervollkommne das Bild bis zum Anschein von Wirklichkeit. Bitte Sie dann, dir zu helfen, habe Vertrauen, und vielleicht«, sagte er augenzwinkernd, »wird Sie kommen und dich leiten.«

Viertes Kapitel

Das Leben nach dem Tod

Und so lernte ich zu meditieren und ich begann, mich regelmäßig morgens und abends darin zu üben. Die Konzentrationsfähigkeit meines Geistes nahm stetig zu, und es gelang mir, über immer längere Perioden stillzusitzen. Da ich für meine Meditationen feste Zeiten einhielt, bildete sich allmählich eine Kontinuität zwischen den einzelnen Sitzungen heraus, so dass jede dort anzufangen schien, wo die vorige aufgehört hatte. In der übrigen Zeit, während ich meinen normalen weltlichen Aktivitäten nachging, stellte ich an mir eine tiefere Konzentration fest, eine sehr empfindliche, scharfsichtige Aufmerksamkeit sowie einen größeren Klarblick und eine zunehmende Fähigkeit, die Lösung von Problemen selbst alltäglicher Art gedanklich zu durchdringen.

Aber meine Bemühungen waren und blieben vorwiegend auf das eine große Problem gerichtet: Warum hatte meine Mutter leiden und sterben müssen? Was war das für eine Kraft, die sich jeder guten und reinen Sache auf der Erde – jeder Freude, jeder Beziehung, jedes Erfolgs – bemächtigte und sie mit der Zeit unweigerlich entstellte, in Schmerz verwandelte und schließlich vollkommen zunichte machte? Wenn es mir gelänge, diese Kraft aufzuspüren – denn hinter dem Altern und Sterben aller Dinge *musste* ja eine Ursache stecken –, dann, so sagte ich mir, würde es mir vielleicht gelingen, diese Ursache und damit auch ihre scheinbar unvermeidlichen Folgen zu verändern.

Auf einer persönlicheren, unmittelbareren Ebene vermisste ich meine Mutter selbst nach Jahren noch immer sehr. Ich dachte häufig an sie, fragte mich, ob sie in irgendeiner Form weiterexistierte, ob sie verloren war oder Hilfe brauchte, ob solche Hilfe überhaupt menschenmöglich sei und wie ich es jemals in Erfahrung bringen würde. Und so zog es mich wieder zum Garten, wo sich, wie mir schien, mit der Zeit und mit fortschreitendem inneren Wachstum die Antwort auf *jede* Frage würde finden lassen.

Wie immer war es tiefe Nacht, als ich an diesen gesegneten Ort gelangte, und nichts regte sich als der leichte, sanfte Hauch der Wüste – der Duft des Oleanders aus dem Inneren des Gartens, von Menschenhand gepflanzt, und der schwächere, aber allgegenwärtige Geruch des wilden Gramagrases, der von draußen, aus der Wüste, auf den Garten zuwehte.

Ich verharrte kurz am Tor, wo ich früher stehen geblieben wäre und erwartungsvoll nach Ihr Ausschau gehalten hätte. Doch jetzt kam mir die Idee zu versuchen, Sie auf anderem Weg zu erreichen: *Sie aus meinem Inneren* in den Garten zu ziehen. Und so trat ich ein, ging zum großen Johannisbrotbaum, dessen Äste die einzige Decke zwischen uns und den Sternen gewesen waren, und setzte mich wieder auf die schlichte Holzbank.

Ich beugte mich vor, stützte den Kopf in die Hände und horchte einfach nach Ihr. Ich versetzte mich in die Stille, wie Kamalashila es mich gelehrt hatte, und horchte in das Schweigen zwischen dem Rauschen meines Blutes und dem Geräusch meines Atems, zwischen den dröhnenden Trommelschlägen meines Herzens – als könnte der bloße Akt des Horchens Sie zwingen, hierher zurückzukehren.

Mein Geist war leer und still und auf einen einzigen Gegenstand ausgerichtet – auf Ihre Art zu gehen und den Klang Ihrer Schritte. Ihr Gang hatte keinen gleichmäßigen Rhythmus, sondern wurde immer wieder durch einen kleinen Hüpfer unterbrochen, als tanzte Sie beim Gehen unentwegt. Darauf horchte ich, und nur auf dieses Geräusch wartete ich mit geschlossenen Augen. Es wurde ein langes Warten, und dennoch geschah immer noch nichts.

Dann endlich wurde die Stille meines Geistes durch ein Rascheln und sehr langsame und gemessene Schritte unterbrochen: Sie waren entschlossen und gleichzeitig Ausdruck der Entschlossenheit dessen, der hinter mir im Dunkeln vom Tor herankam. Ich drehte mich um und sah im Mondlicht den Meister Dharmakirti.

Das Erste, was mir an ihm auffiel, war sein Gesicht, das mit den schwermütigen braunen Augen und dem sanften, fast traurigen Lächeln reine Güte vermittelte. Das Zweite war ein Eindruck von Vornehmheit: das gleichmäßige Schreiten eines Edelmanns, die straffe, aufrechte Haltung eines Soldaten, jede Bewegung entschieden und bestimmt. Und die abschließende Botschaft seiner Erscheinung war eine unerbittliche Strenge, die sich in der markanten geraden Nase äußerte, dem kräftigen Kinn und vor allem der Glut der Intelligenz, Gerechtigkeit und Furchtlosigkeit, die in der Tiefe seiner Augen glomm. Er blieb stehen und sah mir eine Minute lang oder länger schweigend in die Augen. Dann sprach er.

»Komm, gehen wir ein paar Schritte durch den Garten.«

Ich stand auf. Wir wandten uns nach links und gingen an der niedrigen steinernen Kapelle vorbei auf die Palmen zu, die den Garten im Süden säumten.

»Gibt es etwas, worüber du reden möchtest?«, fragte er, während wir durch Schatten und Mondlicht schritten.

Wie so oft, war mein Herz beim Gedanken an den Tod, den Tod meiner Mutter, und bei der Frage, ob sie noch immer irgendwo sein mochte. Und um ehrlich zu sein, beschäftigten mich noch zwei weitere Dinge: Ich dachte auch an meinen eigenen Tod. Fast ohne ihn mir vorstellen zu können, fragte ich mich, ob er tatsächlich je eintreten und was danach sein würde – und dann vor allen Dingen, ob Sie im Augenblick meines Todes bei mir sein würde, und ob wir danach zusammen sein würden.

»Ist es wahr, dass wir nach dem Tod weiterleben und dass wir schon gelebt haben, bevor wir in dieses Leben kamen?«

»Lass mich dir ein paar Fragen stellen. Vielleicht wirst du selbst auf die Antworten kommen«, erwiderte er mit einer Stimme, die Güte und

Verständnis für meine Besorgnisse verriet, als seien sie ihm wohl bekannt. Zugleich hatte sie aber auch einen Unterton, der mir eine Ahnung von der stählernen Härte der Logik hinter seinen Worten vermittelte, vom eisernen Griff des kalten und unerbittlichen Verstandes, mit dessen Hilfe er – zu seinen Lebzeiten, in Indien, vor dreizehnhundert Jahren – das unklare Denken anderer in die Schranken gewiesen und widerlegt hatte.

»Bitte, frage mich.«

»Woraus besteht der Körper?«

»Aus Haut, Blut, Flüssigkeiten, festen Knochen, weicheren Organen und Haaren, die manche Stellen bedecken.«

»Sind diese Dinge materiell?«

»Ja, natürlich, wir können sie berühren und fühlen, sie drücken, sie haben ein Gewicht, sie können brechen oder zerreißen. Wir schneiden sie sogar auf, wenn es notwendig ist.«

»Und woraus besteht der Geist?«

»Ich weiß nicht, ob wir heutzutage sagen würden, dass er *aus etwas besteht.* Er ist eher einfach da und – manchmal mehr, manchmal weniger – mit Gedanken und Wünschen und Hoffnungen erfüllt, denen ich zuhöre, während sie durch diesen Raum, meinen Geist, strömen.«

»Und ähneln diese Gedanken den Elementen deines Körpers? Kannst du sie sehen oder sie berühren oder sie in Stücke zerbrechen?«

»Wenn du damit meinst: Haben sie eine Farbe oder können sie sich hart oder weich, warm oder kalt anfühlen oder können sie meine Hand liebkosen wie das Wasser des Meeres – dann nein, so nicht, sie sind ganz klar und unsichtbar, wie Kristall, wie die Luft, schwerelos, aber unaufhörlich in Bewegung, in einem stetigen Strom, mein ganzes Leben hindurch.«

»Aber hat dein Geist einen besonderen Ort, an dem er verweilt, so wie deine Arme und Beine und dein Kopf immer eine bestimmte Stelle einnehmen?«

»Nun ja, es heißt, er habe tatsächlich einen Ort, im Kopf, unter dem Knochen, in etwas, was wir Gehirn nennen...« Meine Stimme wurde immer leiser, denn ich hatte gespürt, wie er zusammenfuhr, sein Körper kaum merklich zuckte, und dann wandte er sein Gesicht mir zu, und seine Augen hefteten sich auf mich, und sie fingen an leise zu glühen, wie bei einem wilden Tier, das geschlafen hatte und jetzt langsam, Unheil kündend, aufwachte.

»Und der Geist befindet sich im Gehirn?«, fragte er streng.

»Ich glaube ja.«

»Und in deiner Hand nicht?«, fragte er und umklammerte meine Hand unvermittelt fest mit beiden Händen, so dass ich die Kraft seiner Muskeln spürte.

»Na ja, vielleicht...« Meine Zuversicht schwand zusehends.

»Du spürst meine Finger also nicht?« Aber ich spürte sie durchaus, und zwar mit zunehmendem Unbehagen.

»Natürlich spüre ich sie.«

»Dann hast du in deiner Hand also Bewusstsein?«

»Ja, ja, ich habe Bewusstsein und spüre deine Hand.«

»Dein Bewusstsein reicht also bis zu deiner Hand?«

»Ja«, sagte ich, jetzt schon etwas selbstsicherer.

»Also reicht auch dein Geist bis zu deiner Hand?«

»Ja, ja, mein Geist, mein Bewusstsein dehnt sich über meinen ganzen Körper aus, bis an den äußersten Rand der Haut, überallhin.«

»Wir können also sagen, dass dein Geist sich überall innerhalb der Grenzen deiner Haut befindet?«

»Ja, ja, das können wir sagen.«

»Und nirgendwo sonst?« Wieder dieser stählerne Glanz in den Augen, die mich fixierten.

»Nein, sonst nirgends – jenseits meiner Fingerspitzen habe ich kein Gefühl, jenseits der Grenzen meines Körpers habe ich kein Bewusstsein.«

»Du bist also nicht imstande, an... dieses weiche Gras zu denken, da hinten, unter dem Johannisbrotbaum, in der Nähe des Brunnens?«, fragte er in einem leicht spöttischen Ton, als wüsste er, dass ich häufig an dieses weiche Lager dachte.

»Doch, natürlich.«

»Dann können wir also sagen, dass dein Geist auch bis dahin reicht, über deine Fingerspitzen hinaus und über die ganze Länge des Gartens hinweg?«

»Ja, ja, das können wir sagen.«

»Dann ist der Geist also in Wirklichkeit unfassbar und weit reichend, und er kann weit über die Grenzen des physischen Körpers hinausgehen?«

»Ja.«

»Und er ist tatsächlich völlig anders geartet als der Körper – er kann an die entlegensten Orte fliegen, kann an Orte denken, weit jenseits der Sterne, die jetzt auf uns herabschauen?«

»Ja.«

»Und er hat fast keinerlei Ähnlichkeit mit dem Körper, dieser Kristallvogel-Geist, er ist nicht auf dieses feste Gebilde aus Fleisch und Knochen beschränkt, er lässt sich nicht berühren, er lässt sich nicht drücken, er lässt sich nicht wiegen, man kann ihn weder sehen noch schneiden noch messen – habe ich Recht?«

»Ja, vollkommen Recht.«

»Wie kannst du also sagen, er sei das Gehirn oder er sei auf das Gehirn beschränkt oder er befinde sich im Gehirn, wenn er doch überallhin fliegen kann, wie es ihm beliebt?«

Ich fühlte mich zunehmend unbehaglicher, nicht zuletzt deswegen, weil meine Hand jetzt vollständig von seinen beiden Händen umschlossen und fest gegen seine Brust gedrückt war und seine Fragen mehr und mehr an Dringlichkeit gewannen. »Ich habe nicht gesagt, dass der Geist das Gehirn ist, ich habe gesagt, dass er sich im Gehirn befindet.«

»Geist und Gehirn stehen also miteinander in Beziehung, der Geist bleibt im Gehirn – beziehungsweise auch im übrigen Körper?«

»Ja, das ist richtig.«

»Wenn wir also sagen, zwei Dinge stünden miteinander in Beziehung, folgt daraus dann, dass es sich um zwei verschiedene Dinge handelt?«

»Ja, wenn zwei Dinge miteinander in Beziehung stehen, dann müssen es zwangsläufig zwei verschiedene Dinge sein – das weiß jedes Schulkind.«

»Dann sind wir uns also darin einig, dass Geist und Körper zwar in Beziehung zueinander stehen, aber zwei völlig verschiedene Dinge sind, durch und durch verschieden?«

»Ja.«

»Jetzt möchte ich dir eine andere Frage stellen«, sagte er, und ohne meine Hand loszulassen, schob er den linken Fuß ein Stück vor. Und da wusste ich, jetzt würden machtvolle Argumente kommen, denn diese Haltung pflegten die altindischen Streitredner einzunehmen, wenn sie mit donnernder Stimme die gegnerischen Thesen attackierten: mit seitlich abgewandtem Körper, wie Faustkämpfer, als wollten sie den Gegenschlägen eine möglichst kleine Angriffsfläche bieten.

»Verändert sich der Körper?«

»Natürlich, der Mensch wird älter, der Körper wird älter, mehr Runzeln, weniger Kraft, graue Haare.«

»Und warum verändert sich der Körper?«

»Aus vielerlei Gründen, aber der wichtigste ist natürlich – wie selbst der jüngste Novize weiß –, dass seine Ursachen sich verändern. Da die Ursachen sich verändern, verändert sich die Wirkung. Die Energie, die den Körper hervorbrachte, erschöpft sich mehr und mehr, daher verfällt auch der Körper zwangsläufig mehr und mehr.«

»Dann ist die Veränderlichkeit eines Dinges also der Beweis dafür, dass dieses Ding eine Ursache hat?«

»Ja.«

»Und was verursacht den Körper?«

»Er hat viele Ursachen, aber ich könnte mir denken, dass die wichtigste die Eltern sind: das Blut und die Eizelle der Mutter und das Sperma des Vaters. Wenn diese zwei Ursachen zusammenkommen und alle übrigen mitwirkenden Faktoren vorhanden sind, dann fängt der Körper an, Zelle für Zelle zu wachsen.«

»Ja, richtig, die physischen Elemente deiner Mutter und deines Vaters verbanden sich, und dein Körper fing an zu wachsen. Dies ist die so genannte ›Materialursache‹: der Stoff, der sich in die ersten Momente deines Körpers umwandelte – ebenso wie der Ton die primäre oder Materialursache des Keramikgefäßes ist. Materialursache – das müsstest du eigentlich verstehen. Was ist die Materialursache eines Baumes?«

»Ich vermute, der Samen des Baumes.«

»Richtig. Und die mitwirkenden Faktoren?«

»Der Erdboden, das Sonnenlicht, Wasser und sorgfältige Pflege.«

»Richtig. Wodurch unterscheidet sich die Materialursache also von den übrigen Faktoren?«

»Vermutlich, wie du gesagt hast: Sie ist der Stoff, der sich selbst in die Wirkung verwandelt; die Essenz, die, wenn der richtige Augenblick kommt, in die Wirkung umschlägt – der Same ist der Stoff, der sich im richtigen Augenblick in den Keim des Baumes verwandelt, und der Ton ist der Stoff, der sich in das Gefäß verwandelt.«

»Und dieser Stoff – die Materie der Ursache –, muss sie der Materie oder dem Stoff der Wirkung ähneln?«

»Ja, ich denke schon. Ja, die beiden müssten sogar sehr viel miteinander gemeinsam haben, einander äußerst ähnlich sein.«

»Jetzt haben wir also den entscheidenden Punkt erreicht«, sagte Meister Dharmakirti, und tatsächlich merkte ich, dass er mich, während wir redeten, zum dunkelsten Teil des Gartens geführt hatte, in den Schatten der Palmen und der hohen Südmauer, wohin kein Mondlicht gelangte, an eine Stelle, wohin Sie und ich uns nie gewagt hatten. »Schließe die Augen«, sagte er.

Ich schloss sie mit einem Lächeln, da ich mir sagte, dass es in dieser dunklen Ecke des Gartes wohl kaum eine Rolle spielen würde, ob sie offen oder geschlossen waren. Er öffnete meine Hand, die er noch immer umfasst hielt, und drückte sie sich flach an die Brust. Ich spürte, dass er sich in Meditation versenkte. Es fühlte sich so an, als öffnete er einen Kanal oder Durchgang von seinem Herzen zu meinem Geist, von seiner Brust zu meiner Hand. Und dann sprach er wieder.

»Stell dir deinen Geist über die gesamte Dauer deines Lebens vor: einen klaren kristallenen Strom aus einem unsichtbaren Stoff, der durch die Tage deines Aufenthalts in dieser Welt fließt.«

Wir schwiegen minutenlang. Allmählich begann ich das Bild zu sehen, einen gleichmäßigen, ununterbrochenen Strom von Gedanken, der bis zu meinen frühesten Erinnerungen zurückreichte.

»Denke an deinen Geist, wie er heute Nachmittag war, bevor du zum Garten kamst.«

Ich tat wie geheißen.

Was war die Materialursache deines Geistes von heute Nachmittag? Was war es, was sich in deinen Geist von heute Nachmittag verwandelte?

Ich sah es klar und deutlich. Eine Antwort war gar nicht nötig noch wurde eine erwartet. Es war der Geist, mein eigener Geist, von einem früheren Zeitpunkt an demselben Tag. Mein Geist am Nachmittag war das Wasser meines Geistes am Vormittag, das inzwischen weitergeflossen war.

Schau wieder hin – was war die Materialursache dieses anderen Geistes, des Geistes, den du heute Vormittag hattest?

Wieder erkannte ich, dass es der Geist des vergangenen Abends war, bis zum Zeitpunkt meines Aufwachens.

Und woher kam dein diesjähriger Geist?

Aus dem letztjährigen natürlich, dem klaren Fluss weiter stromaufwärts.

Und woher kam der letztjährige Geist?

Aus dem Jahr davor.

Und diejenigen aller vorausgegangenen Jahre?

Aus meinem Geist, als ich ein Kind war, aus dem Geist eines Kindes.

Und der Geist des Kindes?

Aus dem Geist eines Säuglings.

Und der Geist des Säuglings?

Aus dem Geist eines Fötus, der im Mutterleib heranwuchs.

Da – halte ihn fest – hefte deinen Geist darauf. Denke an einen einzelnen winzigen Punkt im unsichtbaren Strom der Geschichte deines Geistes: Hefte deinen Geist auf diesen allerersten Moment des Gewahrens, diesen allerersten Augenblick von Bewusstsein im Schoß deiner Mutter – und wenn es auch noch so primitiv war.

Natürlich konnte ich mich nicht daran erinnern, aber vorstellen konnte ich mir diesen Moment: Es musste ihn gegeben haben, meinen allerersten Gedanken, mein allererstes primitives Gewahrwerden – wohl ein Gewahrwerden der Wärme und Feuchtigkeit im Leib meiner Mutter, ihrer mich umgebenden Gegenwart.

Jetzt halte diesen Augenblick fest – konzentriere deinen ganzen Geist auf diesen einen Augenblick.

Ich tat's. Er starrte mich an – nicht mit seinen Augen, sondern mit seinem starken Geist. Nun brachen wir unser Schweigen.

»Hat sich dieser erste Augenblick je verändert?«

»Natürlich, denn ich denke ja *jetzt,* viele Jahre später.«

»Dann hatte also auch er eine Ursache?«

»Notwendigerweise.«

»Hatte er eine Materialursache?«

»Ja.«

»War die Materialursache deines allerersten Gedankens etwas Körperliches – etwas, was du hättest berühren oder drücken oder wiegen oder schneiden können?«

»Nein, nein, das sagten wir ja bereits – die Materialursache muss ein der Wirkung ähnlicher Stoff sein, also ein geistiger Stoff, nichts Körperliches.«

»Ein anderer Geist?«

»Natürlich.«

»Wessen Geist?«

»Derjenige meiner Eltern?«

»Denkst du so wie deine Eltern?«

»In welchem Sinne?«

»Hast du ihre Vorlieben und Abneigungen, ihre Einsichten, ihre Zweifel?«

»Manche schon, aber von einer wirklichen Identität kann nicht die Rede sein.«

»Du hast also eine unterschiedliche geistige Beschaffenheit?«

»Ja, meine eigene – mein Geist hat seine eigenen spezifischen Vorlieben, Abneigungen und so weiter, und er hat sie von jeher gehabt, schon seit meiner frühesten Kindheit.«

»Wenn es also nicht der Geist deiner Eltern war, der diesen ersten Moment deines Geistes verursachte, diesen ersten Moment des Gewahrwerdens im Mutterleib, wessen Geist war es dann?«

»Mein eigener?«

»Von wann?«

»Von vorher.«

Er ließ meine Hand los, sie fiel schlaff herunter, unsere Augen öffneten sich, und die seinigen bohrten sich mit einem leidenschaftlichen Blick in meine, einem fast wütenden oder von einer Art göttlicher Begeisterung beseelten Blick.

Ich erkannte, dass ich schon früher gelebt hatte, bevor ich zu meiner Mutter kam.

»Gut«, sagte er nickend, und sein Gesicht wurde allmählich wieder weich, und die Glut verglomm. Er war wieder der ruhige ältere Mönch, weißhaarig, von unbestimmbarem Alter, vielleicht vierzig, fünfzig oder sechzig oder alterslos. »Gut, gut. Du hast es erkannt. Und jetzt bist du wirklich bereit, etwas zu lernen.«

Er bewegte sich auf das hellere Licht entlang der Ostmauer des Gartens zu, wo das Wasser des Brunnens auf seine ruhige Weise herablacht, und zog mich sanft hinter sich her.

Fünftes Kapitel

Die Reise des Todes

Durch mein Gespräch mit Dharmakirti wusste ich, dass meine Mutter tatsächlich noch lebte – nicht, weil ich sie mit meinen Augen gesehen hätte, sondern weil ich sie mit meinem Geist gesehen hatte; und nicht, weil ich sie vor meinem geistigen Auge hätte sehen können, wohl aber weil ich in meinem Geist beweisen konnte, dass sie noch immer existierte – und das war die gleiche Wahrheit, wie etwas mit den Augen zu sehen. Auch spürte ich, dass mein eigenes Schicksal aufs Engste mit dem ihrigen verknüpft war: Wo immer sie hingegangen sein mochte, dorthin würde auch ich gehen – das, so spürte ich, war unsere Verbindung. Und wohin ich auch ging – ich wollte es schaffen, dort auch die Goldene wiederzufinden.

Ich bediente mich der Meditation, so gut ich konnte, und strebte danach, diese Dinge in Erfahrung zu bringen, aber ohne fremde Hilfe konnte es mir nicht gelingen, das erkannte ich bald selbst. Und so entschloss ich mich, abermals zum Garten zurückzukehren – ein Entschluss, der mir umso leichter fiel, als dies für mich stets ein Ort der Antworten und der Freude gewesen war.

Diesmal war es Winter, und die Reise zog sich so lang hin, dass ich erst sehr spät ankam; als ich durch das Tor trat, ging es schon auf Mitternacht. Diesmal war der Mond nicht voll, sondern nur eine schmale Sichel, und das Gras lag unter einem Silberglanz von Wüstenreif. Die

Kälte schnitt mir ins Fleisch und raubte mir die Geduld, und zum ersten Mal saß ich auf der Bank unter dem Johannisbrotbaum nicht mit dem Rücken zum Tor, sondern ihm zugewandt – als forderte ich fast, dass Sie wenigstens dieses eine Mal schnell käme. Doch ich wartete lange, und es waren die letzten, wenn auch starken Fäden des Glaubens, die meine Augen auf die Eisenspitzen des Tores geheftet hielten, dort, wo sich mir das Gesicht jedes Ankommenden zeigen musste.

Als er kam, erschrak ich – denn kein goldenes Antlitz und Haar, kein Sonnenlicht und keine Wärme, sondern ein nackter Schädel, zwei dunkle Augenhöhlen, in bleichen Schatten eingesunken, waren hoch über dem Tor erschienen. Er durchmaß die Entfernung vom Tor zu meiner Bank rasch und lautlos, ein Gespenst in einem langen, über den Boden schleifenden Gewand, das seine auffällige Körpergröße noch unterstrich. Und dann stand er neben mir und starrte mit seinem freudlosen Gesicht auf mich herab, der Meister des höheren Wissens, er, Vasubandhu.

Er war hager, und seine Gliedmaßen waren lang, aber keineswegs dünn, sondern kräftig und fest, mit zähen Sehnen, die trotz seines Alters, das ich auf ungefähr siebzig Jahre schätzte, noch nichts von ihrer Kraft eingebüßt hatten. Seine Stirn war niedrig und seine Kinnlade kantig, alles an ihm war straff und gespannt, so dass seine Haut wie ein bloßer Farbanstrich auf einem Schädel aussah. Seine Lippen waren fest zusammengekniffen, und von der Nase zu den Mundwinkeln verliefen tiefe Falten bitteren Ernstes. Ich brachte kein Wort heraus und wartete darauf, dass er sprach. Er jedoch starrte weiter reglos auf mich herab, und das weiche Gras und der fröhliche Brunnen waren nicht mehr bei mir, sondern hinter mir.

»Wirst du heute sterben?«, fragte er schlicht.

Bei jedem anderen, der aussah wie er, in dieser Dunkelheit und Einsamkeit, hätte ich dies vielleicht als Drohung aufgefasst – aber dem Gewand, einem Mönchsgewand, brachte ich Vertrauen entgegen, und so antwortete ich ebenso schlicht: »Ich weiß es nicht.«

»Aber denk nach: *Wirst du heute sterben?«,* fragte er noch einmal herrisch.

»Es könnte sein, es ist immer möglich, es ist niemals auszuschließen... aber es ist bislang noch nicht passiert, also denke ich eher nein, heute nicht.«

»Sieh dir deinen Körper an«, befahl er. »Ist das ein Körper, der sterben wird?«

Ich starrte auf meine Hände hinunter und betrachtete die Finger, die vor Kälte inzwischen fast taub waren, und ich dachte an die Hände meiner toten Mutter, an den Morgen, als wir sie in einer Lache ihres eigenen Blutes fanden, weil die Krebsgeschwüre sich bis zu ihrem Herzen durchgefressen hatten. »Ja, ja, das ist ein Körper, der sterben wird.«

»Und wenn der Tod kommt«, fuhr er eindringlich fort, »gibt es einen Ort, wohin du fliehen kannst, kennst du irgendeinen Ort, wo der Tod dich nicht erreichen kann?«

»Nein, einen solchen Ort gibt es nicht. Weder eine steinerne Burg noch ein Boot auf hoher See, weder eine Einsiedelei tief im dichtesten Wald noch eine eiserne Kammer. Der Tod gelangt dort überallhin, unaufhaltsam.«

»Aber du bist jung. Ist der Tod nicht etwas für die Alten? Holt der Tod seine Opfer nicht in einer natürlichen Reihenfolge, erst die Ältesten und dann Jüngere und Jüngere?«

Ich dachte einen Augenblick nach. »Früher oder später müssen wir unweigerlich sterben, und so erwarten wir den Tod eher bei jenen, die schon lange gelebt haben. Aber nein, ich kann nicht behaupten, dass es eine gesetzmäßige Reihenfolge gäbe, sie scheint eher zufällig zu sein, und viele meiner jungen Freunde sind auch schon gestorben – der Tod scheint sich an keine Reihenfolge zu halten.«

»Aber es muss doch wohl einen Weg geben, den Tod aufzuhalten, irgendeine neue Entdeckung auf dem Gebiet der Heilkunde, irgendwelche geheimen Zaubersprüche, die manche Priester kennen – irgendeine Möglichkeit, unser Leben vor dem Tod zu verbergen.«

»Oh, es gibt Arzneien, und manchmal scheinen sie tatsächlich seine Ankunft hinauszuzögern. Aber nein, kein Arzt hat bislang eine Arznei entdeckt, die den Tod tatsächlich für immer abhalten könnte, und kein Priester hat Worte gefunden, die uns vor seinem Zugriff bewahren.«

»Aber könnten wir diese Arzneien nicht weise einsetzen, und könnten unsere besten und begabtesten Gelehrten nicht all ihre Anstrengungen darauf verwenden, gesunde Ernährungsweisen und Übungen für den Körper zu ermitteln, um unsere Lebensspanne zumindest zu verlängern?«

Ich dachte gründlich darüber nach, denn dieselbe Frage hatte ich mir auch schon häufig gestellt, und die Antwort hatte mich beunruhigt. »Ja, wir können alle diese Dinge tun, und es scheint tatsächlich so, als ob wir dadurch unsere Lebensspanne verlängern könnten – aber so paradox es auch klingt: Gerade während wir unseren Körper bewegen und während wir uns gesunde Speisen beschaffen, sie zubereiten und essen – gerade während wir all diese Dinge tun, verrinnt ebendiese Lebenszeit, die wir durch sie hinzugewinnen, unaufhaltsam und treibt uns immer weiter auf unsere Todesstunde zu. Wir können den den Wettlauf zum Tod weder aufhalten noch auch nur verlangsamen.«

Vasubandhu stand schweigend da, und als der Klang meiner Stimme verhallt war, hörte ich den Bach, der aus dem Brunnen hinter mir herausfloss, und mir war, als forderte er mich auf, an das Wasser meines Lebens zu denken, das ein bestimmtes, festes Ding zu sein schien, eine Quelle zwischen den Felsen, aber in Wirklichkeit nur ein unaufhörliches Verrinnen war, ein pausenloses Verfliegen kostbarer Augenblicke.

»Und wie viele Stunden hast du heute meditiert?«, fragte er schließlich.

»Na ja, normalerweise bin ich da sehr gewissenhaft, aber heute hatte ich in der Bibliothek zusätzliche Arbeit zu erledigen, und dann kamen die Vorbereitungen für die Reise hierher hinzu, und dann habe ich noch rasch eine Kleinigkeit im Gasthof gegessen, und...«

»Beantworte meine Frage.«

»Ich habe überhaupt nicht meditiert, ich hatte keine Zeit.«

»Und gestern, *als* du Zeit hattest, wie lange hast du da meditiert? Wie lange hast du dich der wichtigeren Aufgabe gewidmet, wie viel Zeit hast du deinem Geist gegönnt statt diesem Körper, der schon so bald verwesen wird?«

»Oh, gestern *habe* ich meditiert, fast eine Stunde lang, am Morgen.«

»Eine einzige Stunde im Laufe eines ganzen Tages?«, fragte er.

»Na ja, normalerweise versuche ich, eine Stunde lang zu meditieren, einen Teil davon morgens, einen Teil abends.«

»Eine einzige Stunde?«, wiederholte er.

»Na ja, einschließlich der Vorbereitung und allem anderen; und häufig gibt es noch Dinge, die ich für die Arbeit erledigen muss, oder es kommt die eine oder andere Störung dazwischen. Wenn ich ehrlich sein soll, ist es alles in allem eher eine halbe Stunde, oder vielleicht zwanzig Minuten.«

»Zwanzig Minuten, von einem Tag mit vierundzwanzig Stunden?«, fragte er wieder.

»Ja, ja, insgesamt sind's, denke ich, rund zwanzig Minuten – wenn ich es einrichten kann.« Ich sah hinab auf den kalten Boden.

»Und mit Essen, wie viel Zeit verbringst du mit Essen?«, fragte er. »Und mit Schlafen und damit, dich mit deinen Freunden zu unterhalten und sinnlos darüber nachzudenken, was du hättest tun können oder noch tun könntest? Und selbst auf dem Abort: Wie viel Zeit?«

»Na ja, all diese Dinge... so vergeht eben der Tag, so verbringe ich den Tag.«

»Dann ist es in Wirklichkeit so, als wärest du bereits gestorben. Es bleibt so wenig Zeit, so wenig kostbare Zeit bis zum Tod, und selbst dieses wenige vergeudest du, also bleibt dir tatsächlich überhaupt keine Zeit. Du hast überhaupt keine Zeit mehr. Ich würde sagen, du bist schon so gut wie tot.«

Ich saß schweigend da.

»Weißt du«, fragte er sanft, als spreche er aus eigener Erfahrung, »wie einem Siebzigjährigen sein verflossenes Leben erscheint?«

»Nein, ich bin noch jung.«

Er seufzte. »Stell dir einen langen Traum vor, einen Traum wie das Leben selbst, mit gelegentlichen erfreulichen Momenten, dann wieder mit Augenblicken großen Leids, aber nichtsdestoweniger insgesamt erfüllt und bunt.«

Ich konnte es mir vorstellen.

»Und jetzt stell dir den Augenblick des Erwachens vor.«

Auch das stellte ich mir vor.

»Und stell dir nun den Gemütszustand eines Menschen vor, der gerade aufgewacht ist und auf den Traum zurückblickt.«

Ich tat's, denn ich hatte selbst schon solche Träume gehabt, und es hatte mich jedes Mal wieder verblüfft, dass der ganze Traum im Nachhinein so wirkte, als habe er nur einige wenige Augenblicke gedauert und sei rasch verflogen. Er nickte und schwieg eine Weile. Dann sagte er noch einmal: »Ich habe dich gefragt: Wirst du heute sterben?«

»Ich weiß es wirklich nicht«, sagte ich wahrheitsgemäß.

»Dann möchte ich dir eine Geschichte erzählen«, sagte er mit leiser, heiserer Stimme. »Es gibt einen Mann. Er hat einem anderen Mann, einem sehr starken und gefährlichen Mann, ein großes Unrecht angetan. Und der gefährliche Mann hat ihm gedroht und hat geschworen, dass er noch vor Ende des Monats nachts zu seinem Haus kommen, einbrechen und ihm die Kehle durchschneiden wird.«

Seine Worte – und die kalte Nacht und die ganze Atmosphäre, die sich auf meinen geliebten Garten gesenkt hatte – ließen mich leicht erschaudern.

»Nun frage ich dich: Wenn es irgendwelche Vorkehrungen zu treffen gilt – wenn Schlösser an den Türen angebracht werden sollten und Riegel an den Fensterläden, und wenn es Möglichkeiten zu ersinnen gilt, sobald der Augenblick gekommen ist, Hilfe zu rufen –, wäre es dann besser, wenn der Bedrohte diese Maßnahmen am Abend der allerersten Nacht ergriffe, oder sollte er den nächsten Abend abwarten oder vielleicht die nächste Woche, wenn er weiß, dass der Mann mit dem Messer irgendwann, in irgendeiner Nacht, vor Ablauf des Monats kommt?«

»Nun, natürlich sollte er seine Vorkehrungen sofort treffen.«

»Aber was, wenn der Mann mit dem Messer später kommt, vielleicht sogar erst in der allerletzten Nacht des Monats, oder in der Nacht davor?«

»Nun, das wäre gleichgültig, denn die Vorkehrungen wären dann auf jeden Fall getroffen. Sollten aber die Vorkehrungen später getroffen werden, und der Mörder käme früher, dann wäre alles verloren.«

»Du hast natürlich Recht. Wie lang ist ein Menschenleben?«

»Heutzutage siebzig Jahre. Die Menschen werden siebzig Jahre alt.«

»Nein, nein, ich habe nicht nach der durchschnittlichen *Lebenserwartung* gefragt. Ich habe gefragt, wie lang ein Menschenleben ist. Wie lange lebt ein Mensch?«

»Nun, manche leben länger, manche weniger lang. Die meisten werden heutzutage ungefähr siebzig Jahre alt.«

Er räusperte sich und wandte die Augen ab, sichtlich kurz davor, in Zorn zu geraten. »Ich frage dich noch einmal: Wie lang ist ein Menschenleben?«

»Also, wenn du es *so* formulierst...«

»Wie ›so‹?«, gab er scharf zurück.

»Also gut, schön. Ich kann es nicht sagen. Wir wissen es nicht. Das menschliche Leben hat keine festgelegte Länge. Das Leben hat keine bestimmte Dauer – manche sterben im hohen Alter, andere in der Fülle ihrer mittleren Jahre, andere in der Blüte der Jugend, andere als Säuglinge, andere sogar noch bevor sie den Mutterleib verlassen haben. Unser Leben – das jeweilige Leben des Einzelnen – umfasst keine bestimmte, im Voraus bemessene Anzahl von Tagen.«

»Und ist es leicht zu sterben, oder ist es schwer zu sterben?«, fuhr er unerbittlich fort.

»Ich meine, dass es ziemlich schwer sein muss; ich bin jetzt schon über zwanzig Jahre am Leben, länger als ein robuster Wagen aushält, fast die Hälfte der Lebensdauer eines Wüstenhauses aus Stein und Mörtel.«

»Dann hast du also noch nie davon gehört, dass jemand durch einen kleinen Schnitt gestorben ist, der sich entzündet hat, oder dadurch, dass er in einen kleinen Teich gefallen ist, oder dass er durch einen plötzlichen Fausthieb, im Zorn verabreicht, niedergestreckt wurde?«

»Na ja, doch, von all dem habe ich schon gehört.«

»Und du hast noch nie davon gehört, dass jemand gerade durch eines der Dinge getötet wurde, die uns das Leben eigentlich erleichtern oder überhaupt erst ermöglichen sollten? Noch nie von jemandem gehört, der von einem Wagen überrollt wurde, oder dem eine Milchkuh mit einem Tritt den Schädel zertrümmerte? Von jemandem, der an einem köstlichen Gericht erstickte, das seine Frau liebevoll für ihn zubereitet hatte? Von jemandem, der unter den Händen des Arztes starb, der ihn gerade behandelte? Von jemandem, der in seinem Haus die Treppe hinunterstürzte oder der starb, als ihm ein Ziegel des Daches, das ihn vor der Witterung schützen sollte, auf den Kopf fiel?«

»Doch, das passiert, glaube ich, nicht selten.«

»Und du hast ein wenig Physiologie studiert; sag mir, welche Funktion haben die Lungen?«

»Den Körper zu kühlen, ihn mit Luft zu versorgen und die Wirkung des heißeren Elements, der Galle, zu mildern.«

»Und welche Funktion hat die Leber?«

»Galle zu produzieren und damit die Verdauung zu unterstützen, so dass die Nahrung den Körper mit Energie und Wärme versorgen kann.«

»Und wenn die Körperwärme unzureichend ist und das Wind-Element in den Lungen zu stark wird?«

»Dann stirbt der Mensch an Lungenentzündung.«

»Aber wenn umgekehrt das Wind-Element zu schwach wird und keine Kühlung des Körpers mehr stattfindet?«

»Dann stirbt der Mensch an Fieber.«

»Können wir also sagen, dass unser eigener Körper, diese Maschine, die sich in solch einem wunderbaren inneren Gleichgewicht zu befinden scheint, tatsächlich ein tödlicher Unfall ist, der nur darauf wartet, sich zu ereignen – dass die spezifischen Funktionen der Organe bewirken, dass ebendiese Organe gegeneinander kämpfen, und dass es nur eine Frage der Zeit ist, bis ein Organ die Oberhand über alle anderen gewinnt und den Körper tötet?«

Es war ein seltsamer Gedanke, dass, wenn nichts Äußeres mich tötete, mein eigener Körper dies tun würde, aber ich musste zugeben, dass es stimmte. »So ist es.«

»Und trifft es also nicht zu, dass dieser Körper sehr leicht zu töten ist? Trifft es nicht zu, dass gerade das, womit wir uns zu unserem Schutz, für unsere Ernährung, unsere Fortbewegung und unsere Behaglichkeit umgeben, oder sogar der Körper selbst, uns höchstwahrscheinlich früher oder später töten wird?«

Es erfüllte mich mit zunehmendem Unbehagen, über Dinge nachzudenken, die wir von Natur aus lieber ungedacht lassen, doch ich musste ihm Recht geben und nickte wortlos.

»Und trifft es nicht weiter zu, dass es nahezu ein Ding der Unmöglichkeit ist und eine Tätigkeit, die fast das ganze Leben in Anspruch nimmt, lediglich für die leiblichen Bedürfnisse dieses Körpers zu sorgen? Arbeiten nicht die meisten Menschen auf diesem Planeten von früh bis spät, nur um sich zu ernähren und zu kleiden, und scheitern sie nicht oft genug an dieser Aufgabe und verhungern?«

»Ja, es stimmt alles, stimmt alles.«

»Wir sind also, wie du zugeben musst, buchstäblich zum Sterben geboren, habe ich Recht?«

Ich nickte wieder.

Wieder verstummte Vasubandhu, und der ganze Garten versank in tiefes Schweigen, ein Schweigen, das ganz anderer Art war als das selige Schweigen des meditierenden Meisters Kamalashila – eher eine Stille des Todes, eine Winterstille, und der Garten schien mit einem Mal nur aus dem Stein der Mauern zu bestehen und nicht mehr aus der Lebenskraft seiner schönen Pflanzen und Bäume.

Ich sah wieder zu ihm auf; er blickte, in Gedanken versunken, in die Ferne, in die Dunkelheit über der südlichen Mauer zu seiner Rechten. Und dann sah er wieder zu mir herab, und ich staunte über die Metamorphose seines Gesichts: Die steinerne Kälte hatte sich in ein fast brennendes Mitgefühl verwandelt, und seine Augen glänzten und waren voller Tränen.

»Und wenn ein Mann Angehörige und Freunde hat – geliebte Menschen, vertraute Freunde, lebenslange Gefährten, Frau und Kinder und Kameraden, die ihn durch ein ganzes Leben begleitet haben – und dieser Mensch dann stirbt, dieser Mensch im Sterben liegt, in seinem Bett liegt und seine Todesstunde anbrechen sieht, kommen die Verwandten und Freunde dann und scharen sich weinend um ihn, und halten die einen seine Hände und strecken andere die Hände aus, um seine Wange, seine Brust oder seine Beine zu berühren?«

»Ja, ja, das habe ich selbst erlebt. Ich habe selbst am Bett gestanden.«

»Und hast du gesehen, wie er, noch während sie sich an ihn klammern, dahingeht?«

»Ja, ich habe es gesehen.«

»Allein dahingeht?«

»Ja, allein; die anderen mögen sich noch so sehr an ihn klammern, aber niemand kann ihn begleiten.«

»Aber wenn ihn schon niemand begleiten kann, kann er doch sicher ein paar Dinge, an denen sein Herz hängt, mitnehmen – nur ein paar der Habseligkeiten, für die er ein ganzes Leben geopfert hat, die er mit so großer Mühsal erarbeitet und mit so großem Eifer in dem Haus gehütet hat, das er sein Eigen nennt?«

»Nein, nein, ein ganzes Leben umsonst, jedes Ding, jedes noch so kleine Stückchen jedes einzelnen Dinges, jeder Pfennig, jedes mühselig errungene bisschen Gut, das er je besessen hat, alles muss er zurücklassen, restlos.«

»Aber den Körper? Nicht einmal den kostbaren und über alles geliebten Körper? Nicht einmal den Körper, unseren eigenen Körper, den wir so viele Jahre lang so fürsorglich ernährt haben – das Haar, das wir täglich auf vielfältige Weise frisiert, die Haut, die wir gewaschen und gesalbt haben, unser eigenes Gesicht, unsere Identität?«

»Nein, nichts, unseren Körper nicht, nicht einmal unseren Namen. Wir können nichts mitnehmen; wir ziehen gänzlich, vollkommen allein weiter.«

»Und in diesem Augenblick, im allerletzten Augenblick, wen rufen wir da um Hilfe? Gibt es einen engen Freund, der uns helfen kann, gibt es einen mächtigen Herrn oder reichen Gönner, der gerufen werden könnte, gibt es einen Arzt, bei dem wir noch im Augenblick des Todes Hilfe erhoffen könnten?«

»Nein, niemanden, es ist alles umsonst. Es gibt niemanden, den wir herbeirufen könnten.«

»Und so können wir also abschließend sagen, dass der Tod uns absolut gewiss ist?«

»Ja.«

Ich wagte es kaum, ihn anzusehen. »Ja, so heißt es.«

Er funkelte mich wutentbrannt an, wie jemand, der gerade einen Verräter entlarvt hat, einen Verräter, wegen dessen Lügen viele unschuldige Menschen leiden und sterben mussten. »Und kannst du mir«, fragte er, »auch nur den Krümel eines Beweises dafür liefern, dass, wenn der Körper stirbt, auch der Geist stirbt?«

»Nun, wenn der Körper stirbt, hört der Mensch auf, sich zu bewegen, und er hört auf zu sprechen, und er scheint auch aufzuhören zu denken.«

»Und kannst du das sehen, *weißt* du, dass er aufgehört hat zu denken?«

»Nein, den Geist können wir nicht sehen, er ist nicht wie der Körper, er besteht nicht aus demselben Stoff wie der Körper. Er ist etwas Unsichtbares und Wissendes und gänzlich verschieden von der Haut und den Knochen, die sich berühren, schneiden und messen lassen. Aber aus den Lautäußerungen des Mundes und dem Mienenspiel des ganzen Gesichts können wir erschließen, was der Geist gerade denkt.«

»Wenn der Körper einen irreparablen Schaden erlitten hat – wenn er die Fähigkeit verloren hat, die Zunge und das Gesicht zu bewegen –, dann hat also auch dieses unsichtbare und wissende Etwas, das wir ›Geist‹ nennen, ein Ende gefunden – schlicht weil es nicht mehr imstande ist, sich durch das Mienenspiel und die Sprache auszudrücken. Willst du das damit sagen?«

Ich begriff, worauf er hinauswollte: Es war so, als behaupte man, ein Reiter sei tot, nur weil sein Pferd gestorben ist, oder die Hand, die einen Hammer hält, sei tot, nur weil der Griff des Hammers zerbrochen ist. Allmählich verstand ich: Die Vorstellung, dass der unsichtbare und unfassbare Geist sterben musste, wenn das Werkzeug, durch das er sich äußerte, starb, war auch nur etwas, an das wir glaubten, weil unsere Eltern daran geglaubt hatten. Sie war lediglich eine dieser nicht hinterfragten Vorstellungen, die wir für wahr halten, weil alle in unserer Umgebung sie für wahr halten und sie von jeher, seit ihrer Kindheit, für wahr gehalten haben. Und unsere Kinder werden sie gleichfalls für wahr halten, einfach weil wir das tun, und zwar ohne den geringsten Grund. Ich konnte Vasubandhu nicht den geringsten Beweis dafür anführen, warum der Geist sterben sollte, nur weil der Körper stirbt und wir den Einfluss des Geistes auf diesen Körper nicht mehr feststellen können.

»Ich weiß, dass du mit den unfehlbaren Augen der Vernunft gesehen hast, dass du schon früher gelebt hast. Du magst die näheren Umstände nicht kennen, und ich behaupte auch nicht, dass du sie leicht in Erfahrung bringen kannst, aber du weißt aufgrund des leidenschaftslosen Zeugnisses der Logik, unbeeinflusst von all den unhaltbaren Annahmen, mit denen wir als Kinder befrachtet werden, dass du schon früher gelebt hast. Und so ist es absolut logisch, dass dein Geist fortbesteht und dass er nicht lediglich deswegen sterben würde, weil der Körper stirbt.«

»Angenommen, er lebt tatsächlich weiter«, sagte ich schon etwas hoffnungsvoller, da wir jetzt endlich den Punkt erreicht hatten, dessentwegen ich überhaupt zum Garten gekommen war – um etwas über meine Mutter zu erfahren, und ebenso über meine eigene Zukunft, meine Zukunft mit Ihr.

»Dann muss er sich natürlich irgendwohin begeben«, erklärte er schlicht.

»Ja«, sagte ich, »ich habe davon gehört; von der Reinkarnation; und dass wir die Person ausfindig machen müssen, die jetzt lebt und die früher unser Freund oder Verwandter war, und dass manche sich zu diesem Zweck an Seher wenden, an Menschen, die erkennen können, wohin unsere Freunde und Verwandten gelangt sind.« Ich blickte zu Vasubandhu auf, um festzustellen, ob er mich mit seiner Weisheit dabei leiten konnte.

Er sah mir direkt in die Augen, und jetzt flossen die Tränen ungehindert über das harte Gesicht, und seine heisere Stimme bebte vor Rührung. »Glaubst du etwa«, fragte er leise, »dass ein menschliches Leben, die Art von Leben, wie du es jetzt führst und wie deine Mutter es geführt hat, so leicht zu erlangen ist? Glaubst du vielleicht, dass jeder Geist, der weiterzieht, in einen solchen Körper und ein solches Leben gelangt?«

»Nun, so heißt es doch«, antwortete ich hartnäckig, da ich nicht hören wollte, was ich jetzt von ihm zu hören befürchtete.

Wieder wandte er den Blick ab und sah mich dann wieder an. »Glaubst du wirklich, wenn du auch nur einen Augenblick lang darüber nachdenkst, dass die Welt, die du jetzt vor dir siehst, die einzige Welt ist? Kannst du dir als der vernünftig denkende Mensch, der du bist, wirklich vorstellen, jede mögliche Daseinssphäre mit jeder nur möglichen Lebensform sei hier, unmittelbar vor deinen Augen? Legt nicht gerade die Tatsache, dass diese Welt für dich sichtbar ist, die Vermutung nahe, dass es auch andere Welten gibt – ja höchstwahrscheinlich sogar eine unendliche Anzahl weiterer Welten, von denen du keinerlei Kenntnis hast?«

Als ich auch nur für einen kurzen Moment darüber nachdachte und die Sterne in der kalten Luft über seiner Schulter erblickte und mich an die Mikrokosmen von Lebewesen erinnerte, die sichtbar und unsichtbar im Gras und in der Quelle des Gartens existierten, und über die unendlichen Kammern meines eigenen Geistes reflektierte, jene Stätten in ihm, die mir vertraut waren, und all jene anderen, die ich noch gar nicht entdeckt hatte – da musste ich zugeben, dass die Welt, die ich kannte, wahrscheinlich nur die allerwinzigste Facette eines unvorstellbar größeren Universums unendlich mannigfaltiger Sphären war. Und direkt im Anschluss an diese Erkenntnis kam eine weitere: die Einsicht, dass die Hoffnung, meine Mutter je wiederfinden zu können, vollkommen vergeblich war.

Er las meine Gedanken und sagte leise, aber eindringlich: »Ich will dir mit wenigen Worten von den Daseinssphären erzählen. Du brauchst mir jetzt nicht zu glauben, aber man kann diese Dinge beweisen, und wenn die Zeit gekommen ist, wirst du den Beweis erhalten. Man kann sie sehen, und auch du kannst – oder besser gesagt, *wirst* – sie sehen, wenn die Zeit dafür reif ist.

Es gibt Reiche, Reiche, in die der Geist gelangt, wo du dich schon im ersten Moment, in dem du die Augen aufschlägst, im Körper eines Erwachsenen befindest. Und das Erste, was du dann siehst, wenn du nach oben blickst, ist ein anderer Mann, der, ein Messer oder eine Keule in der Hand, mordgierig auf dich losstürzt. Instinktiv tastest du den Boden nach einer Waffe ab, einem Stock, einem Stein, ergreifst, was auch immer du findest, und irgendetwas in dir treibt dich dazu, mit gleicher Wut zurückzuschlagen – und so vergeht dein Leben, ein ganzes Leben blutdürstiger Raserei, in dem es nur Töten und Getötetwerden gibt. Und wenn du getötet wirst, bewirkt ein eigenartiger Fluch, dass du nicht sterben kannst, sondern schon binnen weniger Minuten wiederauferstehen und weiterkämpfen und leiden und sterben musst, immer wieder aufs Neue, immer so weiter, jahrtausendelang.

Es gibt Reiche, wo du, sobald du die Augen aufschlägst, ganz mit Flammen bedeckt bist. Du kannst nicht sterben. Du brennst einfach. Du spürst die Qual des Verbrennens. Du schreist und schreist und schreist, und du tust nichts anderes, kannst nichts anderes tun. Du verbrennst.

Es gibt Reiche, in denen du nur läufst und läufst, unentwegt auf der Flucht vor riesigen, Grauen erregenden Hunden mit eisernen Fängen, die nach deinen Beinen schnappen und deine Waden zerfleischen, und du kannst dich nirgendwohin retten, und es hört niemals auf, du kannst immer nur laufen.

Es gibt Reiche unaufhörlichen Mangels. Sie werden bewohnt von Gespenstern, die von Hunger und Durst getrieben wehklagend umherirren auf der Suche nach der Erquickung, die sie niemals finden können, und dennoch unaufhörlich, endlos, hoffnungslos weitersuchen. Dies alles sind Reiche, die du jetzt nicht sehen kannst.«

Er verstummte und wandte sich wieder ab, und mit einem Mal merkte ich, dass mein Gesicht nass war, nass von den Tränen, die von seinem Gesicht herabgetropft waren.

»Und selbst diese Welt, selbst die Reiche, *die* du sehen kannst...«, sagte er leise. »Stell dir vor, was es bedeutet, in dieser Daseinssphäre ein Tier zu sein. Ich kenne euch Menschen, ich weiß, was ihr denkt. Ihr meint, Tiere leben in einem Zustand natürlicher Harmonie, in stummer Zwiesprache mit den Bäumen und Gewässern und Bergen. Aber ich will dir verraten, wie es sich wirklich verhält, und wenn ich etwas Falsches sage, unterbrich mich nur. Was denkst du wohl, warum die Vögel so rasch auffliegen, wenn du dich näherst? Was meinst du, warum die Fische davonschießen, sobald der Schatten einer menschlichen Hand auf die Oberfläche ihres Wassers fällt? Was glaubst du, warum der Hirsch vor dir flieht und der Fuchs und der Rabe und die Maus? Warum fliehen sie ständig so ängstlich vor dir?

Sie fliehen, weil das Leben eines Tieres ein Leben voller Angst ist. Das Leben eines Tieres besteht immer nur aus *einem,* immer nur aus einem einzigen Bestreben, nämlich zu vermeiden, von anderen Tieren gefressen zu werden. Tiere fressen oder werden gefressen. Sie fressen die Schwächeren, und sie werden von den Stärkeren gefressen. Sie fliehen, weil sie nicht gefressen werden wollen. Ihr ganzes Dasein halten sie ständig Ausschau nach Gefahr, und *du* bist die Gefahr. Du bist ein stärkeres Tier. Du bist die größte Gefahr. Du bist das Tier, das sie fangen und zwingen wird, Frondienste zu leisten, oder das ihnen das Fell abziehen wird, um sich darin zu kleiden, oder das ihr Fleisch verzehren wird.

Begreife also, was es wirklich bedeutet, ein Tier zu sein. Begreife, wie selbst die Reiche, die du sehen kannst, in Wahrheit beschaffen sind. Und glaube ja nicht«, fuhr er fast wütend fort, »bilde dir nicht ein, rede dir nicht ein, *dein* Geist sei davon ausgenommen, obwohl jeder Geist diese Lebensform annehmen kann. Sei nicht so vermessen, sei nicht so dumm! Gebrauche deinen Geist, erkenne, dass dein Geist weiterzieht, erkenne, dass er irgendwohin gehen muss. Erkenne, dass andere Geister in diese Reiche geraten sind, erkenne, dass auch dein Geist ohne weiteres in diese Reiche geraten könnte. Der Geist hört nicht auf. Der Geist lässt sich nicht anhalten. Du kannst deinen Geist nicht festhalten, selbst wenn du es möchtest. Er muss weiterwandern, und es gibt Reiche, die deine Vorstellungskraft übersteigen, Reiche unvorstellbaren Leidens, in die er durchaus geraten könnte.«

Er beendete diese leidenschaftliche Rede fast atemlos, und jetzt schienen sein Alter und die Kälte zum ersten Mal ihre Wirkung zu zeigen, und er blickte müde und traurig zu mir herab.

»Du darfst nicht in diese Reiche geraten, ich will nicht, dass du in diese Reiche gerätst. Wir sagten vorhin, nichts und niemand könne dir im Augenblick deines Todes helfen. Aber das stimmt nicht, denn es gibt etwas, was dir helfen kann, und das ist Wissen, heiliges Wissen, spirituelles Wissen. Dieses Wissen kannst du erwerben, und du wirst es erwerben. Einstweilen aber durchdenke noch einmal, was ich dich gelehrt habe, die drei Grundsätze des Todes: dass sein Kommen gewiss ist, dass sein Zeitpunkt ungewiss ist, und dass nichts Weltliches dir dann helfen kann. Meditiere über jeden einzelnen Punkt, den wir erörtert haben, und beweise dir noch einmal selbst die Gewissheit des Todes und alles Übrige. Dies ist die so genannte Meditation über den Tod.

Ich spreche nicht so, um dich zu beunruhigen, es geht mir nicht darum, dich zu ängstigen. Das ist nicht der Zweck der Todesmeditation. Der Mensch, der diese Meditation nie gelernt hat, der Mensch, der diese Meditation nie durchgeführt hat, *er* hat Grund – hat allen Grund –, sich vor dem Tod zu fürchten, und wird im Augenblick des Todes von Entsetzen erfüllt sein. Aber wenn du diese Meditation erlernst, sie dir vollkommen aneignest und dann lernst, welche Vorkehrungen es zu treffen gilt, dann kannst du zuversichtlich sterben, ohne jegliche Angst, denn dann hast du deine Reise gründlich geplant: Du kennst dann den weiteren Weg und das Reich, in das er führt – ein gutes Reich, ein guter Ort.

Der starke Mann mit dem Messer wird kommen, ehe der Monat endet, um seinen Feind zu ermorden. Verriegle die Türen, mache dich bereit; lerne, was es zu lernen gilt, und beginne damit – heute Nacht!«

Sechstes Kapitel

Freiheit

Die kalte Nacht mit Meister Vasubandhu hinterließ in mir eine tiefe Erschütterung und das Gefühl, von den Antworten, die ich suchte, weiter denn je entfernt zu sein. Wenn alles, was er gesagt hatte, der Wahrheit entsprach – und ich sah nicht, wie ich mit meinen geistigen Mitteln auch nur eines seiner Worte hätte widerlegen können –, dann bestand mein Problem nicht mehr nur in einer unbestimmten Sehnsucht, meine Mutter zu finden und ihr zu helfen, sowie in dem Wunsch, die für mich wichtige spirituelle Bedeutung der Dame des Gartens zu verstehen; die Angelegenheit war dann weit dringender. Wenn der Geist mit dem Tod nicht aufhörte zu sein – und soweit ich feststellen konnte, gab es absolut keinen Beweis dafür, dass er das tat – und wenn es eine nahezu unendliche Vielfalt von Welten und Lebensformen gab, in die mein Geist nach dem Tod wandern konnte, und wenn viele dieser Lebensformen nichts als Leiden waren – dann hatte sich meine bisherige geruhsame Suche schlagartig in ein Rennen um Leben und Tod verwandelt, einen Wettlauf gegen die Zeit, gegen meinen eigenen Tod.

Deswegen trat ich meine nächste Reise zum Garten an, sobald ich es einrichten konnte. Es war bereits im folgenden Frühjahr. In der Wüste ist dies eine Zeit, in der die Natur sich im Fluss befindet – nicht wie in Ländern mit großen Bäumen und viel Grün, wo die Frühlingslüfte die Zweige wecken, die dann Knospen zu treiben beginnen; in der Wüste herrscht zu dieser Jahreszeit tagsüber eine angenehme Mischung aus Wärme und Frische, die nachts zu einer fast frostigen Kühle wird, in der aber noch die Wärme des Tages nachklingt, und die sanften Pastelltöne nehmen allmählich, Grad um Grad, an Intensität zu.

Als ich diesmal durch das Tor des Gartens trat, bewegte mich etwas dazu, mich nicht wie gewohnt auf die Bank zu setzen, sondern auf den geliebten Rasen, der durch das zarte junge Frühlingsgras jetzt noch weicher als sonst war. Ich setzte mich hin, zog die Knie an, legte das Kinn darauf und betrachtete erst eine Weile das kristallene Wasser, das sich über den Rand des Brunnens ergoss, und schloss zuletzt die Augen und träumte – es war tatsächlich eher ein Traum als ein aktiver Wunsch –, dass Sie jetzt endlich kommen möge.

Kein Laut war zu hören, aber mit der Zeit spürte ich etwas Eigenartiges, eine strahlende Wärme an meiner Seite, und roch dann einen köstlichen Duft, den ich kaum beschreiben kann, etwas wie Gardenie oder Flieder, mit Honig vermischt. Von den Dingen, die ich, seit ich erwachsen war, an diesem Ort erlebt hatte, kam es Ihr am nächsten, und mit einem stummen Gebet neigte ich den Kopf, legte die rechte Wange auf das Knie und öffnete langsam die Augen.

Obwohl ich ein solches Wesen noch nie gesehen hatte – oder falls doch, ich mir dessen nicht bewusst war –, wusste ich sofort, dass dies Maitreya war, der Erleuchtete, der, wie es heißt, als Nächster auf diesem Planeten wandeln wird. Ich erkannte ihn von den alten Rollbildern her wieder, die ihm allerdings trotz ihrer großen Schönheit nicht annähernd gerecht wurden. Ich könnte mir vorstellen, dass die Maler im Laufe der letzten sechzehnhundert Jahre, seit er zum letzten Mal einem Menschen leibhaftig begegnet war, schier verzweifelt sein müssen beim Versuch, seine Herrlichkeit getreu wiederzugeben.

Er saß wie ich im Gras mit angezogenen Knien, aber nach hinten gelehnt, und jeder Zoll seiner Gestalt war Ausdruck einer vollkommenen Anmut und Ungezwungenheit. Sein langes schwarzes Haar wallte ihm über die Schultern, und sein jugendlicher, schlanker und muskulöser Körper glänzte in einem sehr sanften, milden goldenen Licht. Er trug einen blauen Lendenschurz aus einem schimmernden, weich fließenden seidenartigen Stoff und war in wunderbarer, unbefangener Unschuld über und über mit Juwelen bedeckt: Er trug lange

Ohrgehängen aus goldgefassten Türkisen, einen Halsreif aus mild funkelnden weißen Diamanten, einen Brustschmuck aus Rubin und einer Art Mondstein, schöne Armreifen aus Goldfiligran und Saphiren und an den Fesseln lose umeinander geschlungene Ketten abwechselnd aus Gold und rosen-, ebenholz- und elfenbeinfarbenen Perlen.

Sein energisches und schönes Gesicht war unverwechselbar männlich, während seine Bewegungen und seine Sitzhaltung etwas unwiderstehlich Weibliches an sich hatten, und so erschien er wie ein rundum in sich vollständiges Wesen, wie die Fleisch gewordene Vollkommenheit. Er blickte mich mit einem unverhohlenen Ausdruck vollkommener Liebe und vollkommenen Erbarmens an, als sei ich zugleich sein Kind und sein Geliebter, seine Gemahlin und sein liebster Bruder. Gleichzeitig äußerte sich in diesem Blick etwas wie eine tiefe Besorgnis, als hätte er gerade erfahren, dass ich schwer krank sei und nicht mehr lange zu leben habe.

»Ich liebe dich«, waren seine ersten Worte. Er sprach sie mit einer solchen Natürlichkeit, einer so vollkommenen Unbefangenheit aus, als sei dies grundsätzlich das Allererste, was man einem wildfremden Menschen sagen – und vollkommen aufrichtig meinen – sollte.

Ich lächelte und hatte augenblicklich das Gefühl, mich in der Gegenwart eines lieben alten Freundes zu befinden, und wir saßen da und sahen uns einfach in die Augen, ohne irgendetwas sagen zu müssen. Zuletzt – ich weiß nicht, wie viel Zeit vergangen war – wandte er sich ab und richtete den Blick auf das kostbare, köstliche Wüstenwasser, das aus dem Brunnen rann. Dann sprach er wieder.

»Ich weiß deinen Geist, ich weiß alles, was je in deinem Geist gewesen ist, ich weiß alles, was je in deinen Geist kommen wird, und ich weiß, was jetzt in deinem Geist ist: Ich weiß deinen Geist. Aber es würde mich glücklich machen«, und er wandte seine Augen langsam wieder mir zu, »wenn wir die Freuden der Zwiesprache auskosten könnten, und daher bitte ich dich, mein Lieber: Sprich so, wie es dir am liebsten ist, und ich werde dir ebenso antworten.«

Ich verspürte keinerlei Gehemmtheit, keinerlei Distanz zwischen uns: nur eine vollkommene Bereitschaft, alles, was ich gedacht hatte, aus mir herausströmen zu lassen. Und das tat ich auch und erklärte, dass ich mich um meine Mutter sorgte, da ich wüsste, dass sie noch immer irgendwo existieren müsse, und inzwischen auch wüsste, dass sie sich in großer Gefahr befinden könne. Und ich sagte, dass ich mich auch selbst persönlich verloren fühlte und fast nicht mehr zu hoffen wagte, Sie je zu finden, die ich hier im Garten suchte. Er hörte mir vollkommen aufmerksam zu, wieder mit diesem Blick, der mir jetzt eher wie der Blick eines reinen, unschuldigen und liebenden Kindes vorkam, das zum Gesicht seiner Mutter emporschaut.

»Mehr als alles andere möchte ich, dass du findest, was du suchst; nichts würde mich glücklicher machen«, sagte er mit einem Ton vollkommener Aufrichtigkeit. »Und das Letzte, was ich jemals wollte, wäre, dir Anlass zu weiteren Zweifeln oder größerer Besorgnis zu geben. Aber ich muss wahrheitsgemäß sprechen – zu etwas anderem bin ich gar nicht fähig –, und ich sage dir: Die Schrecken der Sphären, von denen Vasubandhu sprach, sind vielleicht nichts im Vergleich zu den Leiden *deiner* Sphäre, *deiner* Welt. Die Aura von Leiden jedoch, die dich und all die anderen umgibt, die mit dir hier in deiner Welt leben, ist für mich und meinesgleichen ein weit herzzerreißenderer Anblick als alle Leiden jener anderen, verborgenen Reiche.

Vielleicht ist es deswegen, weil ihr so kurz davor steht, jegliches Leiden hinter euch zu lassen – weil ihr über alles verfügt, was ihr braucht, um die vollkommene Freiheit zu erlangen. Oder vielleicht«, sagte er, und sein Gesicht zuckte leicht, als wollte er gleich in Tränen ausbrechen, »vielleicht ist das Herzzerreißendste an eurem Anblick die Weise, *wie* ihr leidet: ohne euch bewusst zu werden, *dass* ihr leidet, weswegen ihr so fügsam und beständig und hoffnungslos leidet.«

»Was sind diese Leiden? Lehre mich diese Leiden, damit ich wenigstens die Wahrheit weiß!«, sagte ich, ehe ich mich versah, mit flehentlicher Stimme – der Stimme eines Menschen, der darum bittet, traurige Wahrheiten zu erfahren, die er vielleicht schon immer gewusst, denen er aber nie ins Auge zu sehen gewagt hat.

Er wandte mir sein goldenes Antlitz und die liebevollen dunkelbraunen Augen zu und sagte sanft: »In der Welt, in der du jetzt lebst, in der Art Leben, die du jetzt gezwungen bist zu führen, ist nichts von Bestand. Ist dir das noch nicht aufgefallen? Du kannst dich auf nichts verlassen, nichts bleibt so, wie es war. Die Kräfte, die deine Welt bestimmen, die Kräfte, die dich und deine Welt hervorgebracht haben und die den Ablauf der Zeit und aller Ereignisse in deinem Leben festlegen, sind von einer unsteten Beschaffenheit, von einem gewissen Schwanken gekennzeichnet, und dies macht es unmöglich, dass ein beliebiges Ding deiner Welt für dich längere Zeit das bleibt, was es war.

Und am meisten schmerzt es mich«, sagte er mit einem leisen Seufzer, »wenn ihr Menschen endlich jemanden gefunden habt, den ihr auf eure Weise lieben könnt und der euch seinerseits liebt. Und dann schlägt etwas um, und die Kräfte verschieben sich, und ohne es zu wollen – ihr könnt wirklich nichts dafür –, angetrieben von Kräften, die unabhängig von euch wirken, verändert ihr euch beide, und aus der Liebe wird Mögen, und das Mögen verkümmert zu Gleichgültigkeit, und die Gleichgültigkeit verkehrt sich in Abneigung, und die Abneigung steigert sich schließlich zu Hass, und so geschieht es in eurer Welt, kraft der Natur eurer Welt, immer wieder, dass ihr zuletzt das Ding hasst, das ihr anfangs geliebt habt, und die Menschen, die euch am nächsten stehen, am Ende gerade diejenigen sind, für die ihr nichts empfindet.«

Die Wahrheit seiner Worte, die durch mein ganzes Leben bestätigt wurde, löste einen tiefen Schmerz aus mir heraus, und der Schmerz strahlte von mir fort, ihm entgegen – wo ihm auf halbem Wege dieses goldene Licht begegnete, und es war ein Gefühl, als umarmte eine Mutter ein Kind, das sich wehgetan hat, und tröstete es durch ihr bloßes Da-Sein.

Er hielt inne, als widerstrebte es ihm fortzufahren, aber ich nickte stumm, bat ihn wortlos weiterzusprechen, als wüssten wir beide, dass ich alles wissen musste, um endlich frei sein zu können – ja um überhaupt nur den Wunsch verspüren zu können, frei zu sein.

Er blickte mir direkt ins Gesicht, wie um mir mit diesen liebevollen Augen Kraft zu geben. »Und es gibt noch ein weiteres Leiden, das euch Menschen verfolgt, das Grausamste von allen, und ich erzähle dir davon nur, weil ich dich liebe. In eurem gegenwärtigen Zustand seid ihr alle absolut und vollkommen unfähig, Zufriedenheit zu empfinden.

Eure Begehrlichkeit ist unendlich. Wie eine gewaltige Geißel treibt sie euch an, peitscht euch erbarmungslos vor sich her, treibt euch dazu, euch mehr und mehr anzueignen, mehr und mehr zu wollen, immer mehr als ihr gerade habt. Ihr ringt hoffnungslos wie kleine Insekten darum, der Welt und euren Mit-Insekten irgendeine kleine, bedeutungslose Freude abzutrotzen, und kaum habt ihr sie errungen, zwingt euch eure Unzufriedenheit, aufzuspringen und wieder loszustürzen und einer zweiten, ebenso bedeutungslosen Freude nachzujagen, die euch, sollte sie euch durch irgendeinen dummen Zufall tatsächlich zuteil werden, ebenso wenig befriedigen kann, so dass die Jagd aufs Neue losgeht...« Er hielt inne, als bereitete es ihm Schmerzen, sich vorstellen zu müssen, wie unser Geist funktionierte.

»Stell dir vor«, sagte er dann, und starrte jetzt durch mich hindurch, auf irgendeinen Punkt im Raum hinter mir, »stell dir vor, was für ein Gefühl es ist, dazusitzen und mit einem Geist, der alles weiß, eine unendliche Kette von Sternen und Planeten zu betrachten und auf einer unendlichen Anzahl dieser Planeten Lebewesen zu sehen. Stell dir weiter vor, diese unendlichen Zahlen von Wesen jeden Morgen, wenn ihr jeweiliger Planet sich im täglichen Rhythmus seinem nächstgelegenen Stern zuwendet, aufwachen und dann durch die wenigen kostbaren Stunden ihres Lebens hetzen zu sehen, von ihrer Unzufriedenheit unbarmherzig dazu getrieben, nach sinnlosen Freuden zu haschen, die immer schwerer und schwerer zu erlangen sind und, einmal erlangt, einfach nicht aufrechtzuerhalten sind. Stell dir vor, dann zusehen zu müssen, wie diese armen Kreaturen, am Ende ihrer körperlichen und geistigen Kräfte, zusammenbrechen und an diesen vergeblichen Anstrengungen sterben – und das alles nur, weil sie sich nicht mit dem zufrieden geben können, was sie schon haben und was in den allermeisten Fällen alles ist, was sie bräuchten, um wahres Glück zu erlangen, so wie ich es erlangt habe.«

Und Maitreya verstummte und schwieg diesmal lange Zeit, ein Schweigen, das die pure Grausamkeit war – die vollkommen unbeabsichtigte Grausamkeit eines Wesens, das zu nichts als reiner Liebe fähig war –, denn ich konnte nicht umhin zu erkennen, dass er mit diesen

Worten mein Leben geschildert hatte und das Leben aller Menschen um mich herum.

Endlich reckte er sich mit den unschuldig sinnlichen Bewegungen einer Katze nach hinten und nahm aus der Vertiefung zwischen den Wurzeln des Johannisbrotbaums eine Handvoll Sand. Er rollte sich auf den Bauch und starrte ins Gras, das durch den Glanz seines Gesichts in ein sanftes Licht getaucht wurde. Langsam, träumerisch, hob er die geballte Faust und begann dann, den Sand in einem haarfeinen Strahl herabrieseln zu lassen. Die Körnchen glitzerten, als sie durch den Lichtschein seines Gesichts fielen, und sammelten sich zu einem Häuflein zwischen den Grashalmen.

»Sieh dir den Haufen an«, befahl er sanft. »Er hat die Größe eines Himalaja-Gipfels, er ist ein Berg, der die Hälfte des Himmels verfinstert, jedes menschliche Vorstellungsvermögen übersteigt. Und jedes Sandkörnchen ist ein Körper, ein Leichnam – manche dick, manche dünn, manche dunkel, manche hell, manche mit zwei Beinen, manche mit vier, manche jung, manche alt, manche mit Fell bedeckt, manche mit der unendlich weichen, rosigen Haut eines reizenden Säuglings; Tausende und Millionen von Leichnamen, hier aufgehäuft zwischen den Grashalmen. Das sind alles deine Körper, denn ich habe dich beobachtet und habe gewartet und gehofft, Jahrhundert um Jahrhundert, dass du eines Tages rein genug wärest, um mich zu sehen, und im Laufe dieser Jahre, dieser vielen Jahre, hast du einen Körper nach dem anderen angenommen, die verschiedenartigsten Körper, unendlich viele Körper, Myriaden von Körpern, bist in ihnen gekrochen, in ihnen gegangen, mit ihnen geflogen, mit ihnen gestorben: Immer und immer wieder bist du dem Nichts nachgejagt, ein vollkommen nichtiges Leben lang, und bist mit nichts gestorben.« Er beugte sich hinunter und blies das Häufchen fort.

Wir schwiegen wieder kurz, aber ich spürte, dass er mit der Schilderung meiner Existenz noch nicht fertig war. Er änderte wieder seine Haltung, wieder mit dieser sinnlich geschmeidigen Bewegung, legte sich auf den Rücken und starrte in den Sternenhimmel, sichtlich erfüllt von einer vollkommenen Seligkeit, die mich an Sie erinnerte.

»Solche Sterne, solche hohen Sterne! Weißt du, vielleicht würde es dich ein wenig glücklich machen zu erfahren, dass du, während ich dich im Laufe des Werdens und Vergehens ganzer Galaxien beobachtet habe, unglaubliche Höhen erreicht hast. Ich habe gesehen, wie du von den Bewohnern eines ganzen Planeten zu ihrem unumschränkten Herrscher erhoben wurdest; ich habe gesehen, wie du als erster und einziger Mensch den höchsten Berg deines Planeten bestiegst; ich habe dich als die bei weitem schönste Frau, den reichsten Kaufmann, das bewunderteste, berühmteste, begabteste, intelligenteste und gefeiertes-te Wesen deines ganzen jeweiligen Planeten gesehen.

Doch jedes Mal – und du kennst dies aus deinem eigenen, jetzigen Leben – hast du irgendwann nachgelassen: Die Dinge haben sich geändert, du bist ein bisschen weniger schön geworden oder ein bisschen weniger schnell oder ein bisschen weniger stark, und dann war jemand anders da, und die Zeit hat dich unerbittlich hinuntergezogen, bis du wieder ganz unten warst, tiefer unten als zu Beginn, schlimmer dran als am Anfang, nicht nur ein Nichts, sondern ein vergessenes und vernachlässigtes Nichts. Es gibt keinen Ruhm, kein Glück, keinen Wohlstand, kein Behagen, keine Gemeinschaft mit Freunden oder Angehörigen – nichts, was nicht mit der Zeit zum niedersten Stadium des Verfalls herabsänke und schließlich zu Staub zerfiele. Glaube mir, denn ich habe es gesehen, und du weißt, dass es wahr ist, denn ich liebe dich.

Und das alles wäre erträglicher«, sagte er in einem abschließenden Ton, »wenn wir unseren Weg gemeinsam gehen könnten; wenn wir unser Leiden erkennen und uns zusammenschließen würden, alle Lebendigen, zu einer einzigen Schar, um unsere Schmerzen vereint auf uns zu nehmen, einander zu lieben und zu unterstützen. Doch auch dies lassen die Kräfte, die unser Dasein bestimmen, nicht zu. Diese Kräfte stoßen uns durch die Zeit, treiben uns vor sich her durch ein kurzes, besinnungsloses Leben und gestatten uns nur allerkürzeste Pausen, um mit anderen zusammen zu sein. Wir ziehen durchs Leben, wir verbinden uns mit Freunden oder Geliebten oder Ehepartnern oder Angehörigen, finden ineinander Trost und Gesellschaft und Unterstützung, und dann reißen uns diese Kräfte unweigerlich wieder auseinander. Es gibt niemanden hier in deiner Welt, mit dem du für immer zusammenbleiben könntest, niemanden, der mehr als nur einige wenige Schritte des Weges mit dir gehen könnte – und dann wirst du unerbittlich in eine Zukunft vollkommenen Alleinseins geworfen. Du bist immer allein. Du wirst allein geboren, du wanderst allein durch diese Welt, und dann stirbst du, immer allein.« Er seufzte, schloss die Augen und legte sich rücklings ins Gras, für sich in vollkommenem Frieden, wegen meines Lebens und meiner Welt von abgrundtiefem Leid gequält.

Stunden schienen zu vergehen, während wir da im Gras lagen und ich versuchte, seine Worte zu begreifen – so schwierig es auch war: die traurigste aller möglichen Welten, vom glücklichsten aller Wesen beschrieben. Dann begann ein sanftes Licht den Raum, in dem wir lagen, zu erfüllen, bis die ganze Fläche unter den Ästen des Johannisbrotbaums in einen weichen goldenen Schimmer getaucht war. Ich erinnere mich, dass ich dachte, die Dämmerung breche an, und dass ich eigentlich sehr müde sein müsste, es aber gar nicht war, bis ich erkannte, dass es Maitreya war, der so leuchtete, eine fast weiß glühende Helligkeit verbreitete und den Pflanzen und Bäumen ein neues Sonnenlicht spendete.

Langsam, genüsslich öffneten sich seine Augen, aber nur halb, wodurch sie mich an Sie erinnerten, die sich stets in einem geheimnisvollen Zustand der Freude befunden zu haben schien, der über meinen Verstand ging. Er lächelte ein strahlendes Lächeln und flüsterte: »Die Frage, die du gerade stellen wolltest – bitte.«

Es kam mir ein wenig absonderlich vor, mit einem Wesen, das alles wusste, was ich je gesagt hatte oder jemals sagen würde, sprechen zu wollen, aber die Frage – die wichtigste Frage überhaupt – drängte übermächtig aus mir heraus: »Aber was ist die Ursache all dieser Dinge? Was sind die Kräfte, von denen du dauernd sprichst? Warum müssen wir so leiden? Was treibt uns zum Leiden? Muss es immer so sein?«, fragte ich drängend.

Da streckte er die Arme aus und setzte sich mit gekreuzten Beinen auf, mir direkt gegenüber. Er nahm meine Hand, legte sie in seinen

Schoß und begann wie selbstverständlich, sie zu streicheln. Ich verspürte eine leichte Befangenheit und versuchte, meinen Arm unauffällig zurückzuziehen, aber seine Hände waren stark. Ich wunderte mich selbst ein wenig über meinen Widerstand, und ich dachte, dass ich nicht einmal genügend lieben konnte, um mich von der vollkommenen Liebe lieben zu lassen. Er streichelte meine Hand.

»Stell dir vor«, sagte er, und das Licht schien um einen weiteren Grad heller zu werden und tauchte mein ganzes Gesicht und meine Brust in warmes Gold, »stell dir vor, wie es wäre, wenn du jedes Mal von vollkommener Seligkeit erfüllt würdest, wenn jemand in deiner Umgebung etwas bekommt, was er sich gewünscht hat. Stell dir vor, wie es wäre, ganz genauso glücklich zu sein wie er, wenn er ein Wort des Lobes erhält oder ein kostbares, lange ersehntes Gut empfängt oder einen neuen lieben Freund oder Gefährten findet. Und stell dir vor, du könntest sogar dann so empfinden, wenn du eigentlich gehofft hattest, selbst dieses Gut oder diesen Freund zu bekommen. Stell dir vor, du könntest so restlos und vollkommen an der Freude anderer teilhaben, dass du sie nicht mehr von deiner eigenen unterscheiden kannst. Was ich meine, ist – stell dir vor, wie es wäre, für den Rest deines Lebens frei zu sein vom Gefühl des...« Er hielt inne, als suchte er nach einem Wort, das ihm entfallen war, weil er seit Jahrhunderten nicht einmal mehr daran gedacht hatte. »...des *Neids.*«

Und damit löste er eine seiner Hände von meiner und streckte sie aus und zog mit einem Finger sanft eine senkrechte Linie über meine Stirn, die am Haaransatz anfing und unmittelbar über dem Punkt zwischen meinen Augenbrauen endete. Bei dieser sanften Berührung wallte in mir ein Gefühl übermächtiger Erleichterung auf, ich spürte eine große Befreiung von einer großen Sorge, und die Haut meiner Stirn entspannte sich auf eine Weise, wie sie es nicht mehr getan hatte, seit der Neid, dessen Opfer ich seit meiner Kindheit gewesen war, dort erstmals seine Furche eingegraben hatte. In dem Moment konnte ich mir wahrhaftig vorstellen, den Rest meiner Tage ohne Neid zu verbringen, und es kam mir in den Sinn, wie viel Zeit ich dadurch sparen würde, wie viel von meinem begrenzten geistigen Raum dadurch für andere, glücklichere Gedanken frei werden würde. Ich fühlte mich so, als hätte mich jemand aus einem engen Verschlag befreit und in einen großen goldenen Saal eingelassen, der dem anmutigsten, schlichtesten und freudigsten Tanz vorbehalten war.

»Und jetzt stell dir vor«, mittlerweile war sein Antlitz ein einziges strahlendes, schönes Lächeln, »du hättest ein vollkommenes Verständnis der allergrundlegendsten Kräfte der Wirklichkeit und wüsstest daher genau, wie du die Dinge, die du dir wünschst – was auch immer es sein mag – herbeiführen kannst, so dass du dich nie wieder blindlings abzumühen, nie wieder nach Dingen zu jagen und zu haschen bräuchtest, sondern einfach gelassen und zufrieden auf die sicheren Resultate deiner Güte warten könntest. Was ich zu sagen versuche – und es bereitet mir gewisse Schwierigkeiten, es so auszudrücken, dass du es verstehst –, ist dies: Was, wenn du vollkommen frei von dieser Emotion wärst, die euch Geschöpfen so sehr zu schaffen macht, der Emotion, die euch so unglücklich und unerfüllt macht... Was, wenn du nicht länger«, hier hielt er wieder inne, um die richtigen Worte zu suchen, *»Dinge wolltest?«*

Diese Vorstellung war für mich unendlich schwieriger zu fassen, aber ich wusste dennoch augenblicklich (vielleicht mehr durch die Liebkosung seiner Hand als durch seine Worte) genau, was er meinte. Er redete nicht vom Wollen oder Wünschen schlechthin – ich spürte zum Beispiel, dass er durchaus wünschte, dass ich ihn verstand, und dass er durchaus wünschte, dass ich glücklich würde –, er sprach vielmehr von der Art von Wollen, die mir Tag für Tag, Minute für Minute das Leben vergällte, die mein Herz rastlos machte, mir jeglichen Seelenfrieden raubte, mich gewaltsam daran hinderte, gerade die Befriedigung und Freude zu empfinden, deren Herbeiführung das Wollen zu bezwecken meinte. Da erhielt ich eine kurze Kostprobe des Gefühls, von dem er sprach, und ich gelangte vom goldenen Tanzsaal in einen blassblauen Himmel: Mein Geist war ebenso frei und grenzenlos wie dieser Himmel, und als ich an das noch vor mir liegende Leben dachte, da schien es mir, als müsste es ein einziges stilles und gewisses Glück sein. Ich spürte seine Hand kaum. Sie lag flach auf meiner Stirn, wie die Hand einer Mutter, die einem fiebernden Kind ein kühlendes, feuchtes, linderndes Tuch an die Wange drückt.

»Und das Gegenteil«, sagte er dann, und seine Stimme klang jetzt wie alle Vögel des Gartens, da mit dem Ende der Nacht die Sonne nahte, »stell dir jetzt dich selbst vor, und sieh etwas Unerfreuliches dir widerfahren, oder jemand, der unangenehm ist, dir begegnen: Stell dir solch ein Ereignis, stell dir solch einen Menschen vor. Etwas läuft nicht so wie geplant. Jemand sagt etwas Verletzendes zu dir. Und jetzt stell dir vor, dass du vollkommen gleichmütig reagierst; dir sind die letztendlichen Ursachen dieser Ereignisse vollkommen klar, du weißt, was sie hervorbringt, du weißt, wie sie enden werden, und für den Augenblick beobachtest du sie bloß – traurig vielleicht, aber ohne dieses Gefühl der ... *Abneigung.«*

Wieder wurde mir die ungeheure Kluft vor Augen geführt, die die Denkweise dieses goldenen Wesens von der Art und Weise trennte, wie ich nur zu denken imstande war. Ich versuchte mir vorzustellen, wie ich wäre, wenn ich absolut nichts und niemandem mit Abneigung begegnete. Und wieder begriff ich instinktiv die genauere Bedeutung seiner Worte, erkannte, dass er auf seine erleuchtete Art durchaus Abneigung gegen die Tatsache verspürte, dass ich und alle übrigen Wesen meiner Welt litten, wusste aber, dass seine Abneigung eher eine Form von Mitgefühl war, dass seine Sorge um uns sich in seinem Herzen nur süß und gesund anfühlen konnte, und dass er unfähig war, die Verwirrung und den Widerwillen zu empfinden, der uns erfüllte, wenn wir Abneigung gegenüber einem unangenehmen Menschen oder einer unerwünschten Situation empfanden.

Mir war klar, dass er nicht sagte: »Stell dir vor, wie es wäre, keinen Schmerz zu empfinden«, oder: »Stell dir vor, wie es wäre, wenn es dir gleichgültig wäre, dass du Schmerz empfindest.« Er sagte vielmehr: »Stell dir vor, wie es wäre, wenn du – wenn Schmerz dich heimsuchte – mit aller Klarheit die in der Natur der Wirklichkeit begründeten Ursachen für diesen Schmerz erkennen und in einem tiefen, unerschütterlichen Zustand des Seelenfriedens verharren würdest, während du dich freudig daranmachen würdest, dem jeweiligen Schmerz ein für alle Mal ein Ende zu bereiten.«

Und tatsächlich schenkte dieser Gedanke meinem Geist eine noch tiefere, noch weiter gehende Freiheit, als könnte er nun gar das Himmelsblau verlassen und sich zu den Sternen des Himmels aufschwingen. Man stelle sich nur vor: ein ganzes Leben vor mir, völlig frei von diesen Gedanken und Empfindungen, die meinen Geist zu einem derart unerfreulichen Ort machten – und jetzt so viel freier Raum, so viel freie Zeit für den Geist, zu lieben, zu erschaffen und anderen zu geben. Selbstvergessen starrte ich zur Krone des Johannisbrotbaums empor, hingerissen, ekstatisch, sogar Maitreyas Gegenwart vergessend.

»Warte ein Momentchen«, lachte er sanft, entzückt über mein Entzücken, »es kommt noch besser.« Und ich richtete Blick und Herz wieder auf ihn.

»Stell dir jetzt«, sagte er lächelnd, »gemeinsam mit mir eine Welt vor, in der du einfach ein Kind bist, ein unschuldiges, lachendes, erwartungsvolles, glückliches Kind. Du läufst offen und empfänglich durchs Leben, glücklich, von jedem Wesen in deiner Umgebung zu lernen. Jedes Mal, wenn du jemandem begegnest, entdeckst du etwas, was du von ihm lernen kannst, irgendeine süße und wertvolle Lehre – du beherrschst die Kunst, aufmerksam zuzuhören, als lauschtest du auf die Stimme eines einzelnen Singvogels in der Wüste, und unfehlbar wird dir ein Diamant oder Rubin der Erkenntnis zuteil, der dein schon überfließendes Herz noch weiter füllt. Jeder ist dein geliebter Lehrmeister, jeder beschenkt dich mit dem einen oder anderen Lebens-Juwel. Wieder fällt es mir schwer, dies in Worte zu fassen, die du verstehen kannst, aber was ich meine ist... stell dir dich selbst vor, deinen Geist, als für den Rest deines Lebens restlos frei vom Gefühl des – wie nennt ihr das noch mal?« Er sah mich verschmitzt an, als müsste ich jetzt das Wort erraten, aber dessen Gegenteil, so wie er es beschrieben hatte, war mir so fremd, dass ich einfach nicht darauf kam, und so sprach er es zuletzt doch selbst aus: *»...Stolzes!«*

Wenn ich mir gegenüber ehrlich war, konnte ich kaum hoffen, diesen teuren ständigen Begleiter hinter mir zu lassen, wohl aber schaffte ich es, den Begriff der kindlichen Offenheit zu fassen, und dieser Gedanke fühlte sich an wie ein verborgenes kostbares Geschenk, das ich eines Tages vielleicht irgendwo entlang meines Lebensweges aus eigener Kraft entdecken könnte. Maitreya war ansteckend. Ich war... nun ja, glücklich.

»Schließ jetzt die Augen«, fuhr er fort, und ich spürte auf Gesicht und Augenlidern die leichte Berührung seiner warmen Fingerkuppen, »und stell dir vor, du seiest zum vollkommenen Verständnis der innersten Gesetze des Daseins gelangt: Nichts ist dir mehr ein Rätsel, du kennst die wahren Ursachen jedes einzelnen Ereignisses, du weißt um die tiefen, verborgenen Beziehungen zwischen allen existierenden Dingen. Du weißt, was die Menschen, so lange es schon Welten gibt, zu wissen erstrebt haben, du weißt, warum jedes einzelne Ereignis sich ereignet, du weißt, warum jeder Gedanke gedacht wird, du weißt, warum jeder Schmerz empfunden wird. Und du kennst die vollkommene Lösung für jedes Leiden – oder besser gesagt: Du hast ein vollkommenes Verständnis der Grundgesetze, die wahrhaft alle Sphären und Welten bewegen, und kein Ereignis ist dir unerklärlich, kein Problem für dich ohne eine Lösung.

Kurz gesagt: Du weißt genau, wie du handeln musst, um das alltägliche *und* das höchste Glück zu verwirklichen, für dich selbst ebenso wie für die Menschen in deiner Umgebung. Dein Geist ist völlig frei von der Verfassung... wie sollen wir sie nennen? Sie ist das große Unvermögen alles Lebendigen, das Leben an sich zu verstehen, sie ist der Geisteszustand, der denkt, man müsse nehmen und nicht geben, um zu empfangen. Sie ist der Geisteszustand, der denkt, man müsse die eigenen Bedürfnisse befriedigen, und nicht diejenigen der anderen, um wahrhaft glücklich zu werden. Sie ist dieses vollkommene Verkennen der Natur der Wirklichkeit, das die Menschen dazu treibt, ihr ganzes Leben lang eben das Glück systematisch und restlos zu zerstören, dessen Erlangung sie ihr Leben geweiht haben. Es ist, mit einem Wort...«, und dann stieß er es hervor, als speie er darauf, »...die *Unwissenheit,* das Nichtwissen darum, wie die Wirklichkeit wirklich funktioniert.«

Da ich schwerlich wusste, wie die Wirklichkeit wirklich funktionierte, und einräumen musste, dass die Wissenschaft zur Erklärung dieser Wirklichkeit in meiner Welt noch sehr unterentwickelt war, konnte ich nur raten, wovon Maitreya sprach. Denn es würde mir wohl jeder Mensch bestätigen, dass wir alle auf der Suche nach dem Geheimnis des Glücks waren, dass aber unser derzeitiger Wissensstand uns nichts anderes als Krieg, Hass und Elend bescherte. Doch wieder hatte ich das Gefühl, dass mir die Berührung seiner Fingerspitzen ein gewisses Verständnis schenkte: die Ahnung, dass tatsächlich gewisse Gesetze der Wirklichkeit existieren könnten, die sich – sofern wir sie irgendwann vollständig begriffen – dazu benutzen ließen, uns von allem Leiden zu befreien. Blitzartig erfüllte mich diese Erkenntnis gleichzeitig mit großer Zuversicht und großer Verwunderung, und ein übermächtiges Verlangen erfasste mich, wenn irgend möglich mehr von diesen Gesetzen zu erfahren.

»Und zweifle niemals, mein Liebling«, allmählich gewöhnte ich mich an diese Wendungen, ja ich fühlte mich zu dem Geisteszustand, der sie hervorbrachte, in immer stärkerem Maße hingezogen, »zweifle niemals daran«, sagte er, »dass es möglich ist, diese Dinge zu wissen, und dass es Wesen gibt, die sie schon wissen, und dass sie rings um dich stehen, bereit und willens, dich zu diesem Wissen zu führen, und dass dieses Wissen dir absolute Freiheit und Seligkeit schenken kann. Stell dir also vor, den Rest deines Lebens frei von dieser Skepsis und diesen Zweifeln zu verbringen, die so viele gescheite Spötter vollkommen schutzlos und nackt in den Tod getrieben haben.« Ich meinte zwar, dass derlei Zweifel – vor allem dank meinem Glauben an Sie und diesen heiligen Ort, sowie meinem unablässigen Drang, immer wieder hierher zurückzukehren, um mein Leben zu suchen – keine allzu große Gefahr für mich darstellten, aber mir wurde bewusst, dass man solche bescheidenen, guten spirituellen Angewohnheiten, die sich jeder von uns aneignen kann, leicht wieder verliert. Daher fasste ich den Entschluss, meine Gewissheit, dass es einen Weg – und Führer auf diesem Weg – geben musste, wertzuschätzen und zu schützen. Und kaum hatte ich »Führer auf diesem Weg« gedacht, versank ich in Gedanken an Sie.

Maitreya respektierte dieses Abschweifen, er sah, wie es einst in ferner Zukunft zu einem Abschluss kommen würde, und blieb eine Zeit lang stumm. Wir badeten in der Sommerwärme der Rosen und Mandarinen und Pflaumen, im Dufthauch, den die unerwartete Wärme aus allem Lebendigen im Garten hervorgelockt hatte, und ich glaube, ich muss sogar geschlafen haben, dort im Gras am Ende des Winters, unter der Decke reiner und vorbehaltloser Liebe, die Maitreyas Geist entströmte.

Dann war sein Mund nah an meinem Ohr, und er sagte: »Morgen wirst du zu deiner Arbeit zurückkehren, zu deinen Studien und deinem Schreiben, und mittendrin wirst du dich an die Worte erinnern, die ich jetzt spreche. Du wirst inmitten der Geschäftigkeit des Tages innehalten und dir als Letztes deinen Geist als endgültig von den gefährlichsten aller unheilsamen Gedanken befreit vorstellen: den intellektuellen Gedanken, jenen Gedanken, die zwar einen Weg suchen, aber auf eine unrichtige Weise, eine Weise, die dich geradewegs wieder in die Finsternis zurückstoßen kann, der du gerade erst teilweise entstiegen bist.

Es sind dies die Ideen, die dir etwa einreden, dass du nach dem Tod nicht weiterexistieren wirst oder dass du durch nichts Vergangenes verursacht bist; oder dass kein Zusammenhang besteht zwischen den guten und den bösen Dingen, die wir tun, und den guten und bösen Erlebnissen, die uns anschließend widerfahren; oder dass Handlungen, die anderen oder uns selbst Schaden zufügen, uns je auch nur einem einzigen unserer spirituellen Ziele näher bringen könnten, ebensowenig wie das Befolgen von irgendwelchen unbeweisbaren und unüberprüften Lehren uns weiterbringen würden. Stell dir deinen Geist in diesem Moment dann als rein, lauter und stark vor, stell ihn dir vor, wie er sucht, findet, prüft, schlussfolgert, loszieht – und zum Ziel gelangt.«

»Ein würdiger Nachtisch«, sagte ich schläfrig, »zu diesem erlesenen Mahl, mit dem du heute Nacht mein Herz erquickt hast. Und ich *verspreche«*, flüsterte ich, »dass ich meinen Geist zu dem machen werde, wovon du sprichst, dass ich diese negativen Gedanken und Empfindungen, die mir meine Lebenszeit und meine Freude rauben, für immer aus ihm verbannen werde; und dass ich einzig den guten Gedanken Gehör schenken werde, denn du hast mir einen lieblichen Vorgeschmack davon gegeben, wie ich ohne all dieses Üble sein könnte: frei, wahrhaft frei.«

Ich spürte, wie seine Hände mit unschuldiger Zuneigung energisch über die ganze Länge meines Rücken fuhren, vom Nacken bis ganz hinunter und wieder hinauf. »Es ist gut, mein Lieber, es ist gut, denn heute Nacht ist dir aufgegangen, was wahre Freiheit ist; nämlich, wie du selbst sagst, das Freisein von diesen Giften des Geistes, die Freiheit, in dir die vollkommene, niemals endende Gelassenheit zu finden und in ihr zu wohnen immerdar. Aber diese Gifte als das, was sie sind, zu erkennen, zu begreifen, dass diese Gedanken – die wir paradoxerweise in unserem Herzen wie wahre Schätze hegen und pflegen – in Wahrheit die Ursache all unseres Leidens sind, ist noch nicht genug.

Morgen wirst du, schon eher als du glaubst, entdecken, dass du diese negativen Empfindungen nicht einfach dadurch ausreißen kannst, indem du den Entschluss dazu fasst, ja nicht einmal durch ein gewisses Maß an ehrlichen Bemühungen. Ehe du dich versiehst, wirst du wieder aus Unwissenheit Dinge wollen, wirst wieder gegen andere Dinge aus Unwissenheit Abneigung empfinden. Du wirst neidisch sein, du wirst stolz sein, und du wirst viele Aspekte des Weges in Zweifel ziehen – sogar diese Begegnung, mich selbst und deine holde Dame. Oh, du wirst Fortschritte machen, und selbst hier, heute Nacht, hast du bereits Fortschritte gemacht, und ich freue mich darüber, denn ich sehe dich immer näher und näher kommen.

Aber letzten Endes gibt es nur einen Weg, diese Feinde, diese Gedanken, für immer aus deinem Geist zu verbannen.« Ich wusste, dass dieses Lichtwesen, Maitreya, sich anschickte, mir das Geheimnis der Erlangung der Freiheit zu offenbaren, und natürlich war dies der Zweck meines ganzen Daseins. Aber wie es in solchen Augenblicken, an den entscheidendsten Wendepunkten unseres Lebens, meist geschieht, war ich in dem Moment fast völlig abwesend, eingelullt von der großen goldenen Sphäre, die den Garten ebenso wie meine Gedanken umgab, und so hörte ich ihn ganz leise – *dachte,* ich hörte ihn – sagen: »Du musst – bitte, Lieber! – du *musst* dahin kommen, ihn selbst zu erfahren, den heiligen Zustand der Leere!«

Siebtes Kapitel

Handlungen und ihre Folgen

Während der folgenden Monate hatte ich keinen Anlass, zum Garten zurückzukehren. Die erleuchtende Begegnung mit einem Erleuchteten, und dazu keinem Geringeren als Maitreya, hatte mir so viel zu denken gegeben, dass ich es nicht einmal schaffte, meine nächsten Fragen in Worte zu fassen. Der ganze Frühling verstrich mir mit der rückblickenden Betrachtung der Bedingung meiner Existenz. Besonders viel Zeit widmete ich der Bewusstmachung und Bestätigung der Tatsache, dass ich kraft der Natur meines Geistes unfähig war, mich mit einem beliebigen gewonnenen Gut endgültig zufrieden zu geben: dass ich binnen kürzester Zeit jeder beliebigen neuen Sache, die ich erlangt hatte – mochte es nun ein Gegenstand sein oder ein Mensch in einer bestimmten Beziehung –, überdrüssig wurde und etwas anderes wollte. Ich hatte immer geglaubt, irgendetwas stimme mit mir nicht, ich sei ein schlechter Mensch, weil ich ständig diesen Drang nach mehr und immer mehr verspürte, aber jetzt musste ich mit zunehmender Neugier an das denken, was Maitreya wiederholt andeutungsweise als den wahren Grund dafür angegeben hatte: irgendwelche Kräfte, irgendwelche Mächte, die sich meinem Einfluss entzogen; »bereits aktivierte« Kräfte, hatte er gesagt, die meine Welt, mich selbst und all meine Gedanken hervorbrachten – alle nur vorstellbaren Qualen und Leiden, und darunter eben auch diese Unfähigkeit, dauerhafte Zufriedenheit zu erleben.

Als ich ihn nach diesen Kräften gefragt hatte, hatte er nur von verschiedenen Gedanken gesprochen – »giftige« Gedanken hatte er sie genannt –, die tatsächlich einen Großteil meines Lebens prägten: Neid und Eifersucht, Dinge zu wollen, Dinge abzulehnen, Stolz und derlei mehr. Ich versuchte, irgendeinen Zusammenhang zwischen diesen Gedanken und den Leiden in meiner Welt herzustellen, aber irgendein Bindeglied fehlte. Ich dachte, wie immer, an meine Mutter, diese gute Frau, die ein sehr gutes, größtenteils rechtschaffenes Leben geführt hatte. Wie ich wohl wusste, hatte sie durch den Krebs, der ihr zuletzt das Herz zerfressen hatte, entsetzlich gelitten; und doch war sie von allen Menschen, die ich bislang kennen gelernt hatte, vermutlich diejenige gewesen, deren Geist am wenigsten von diesen Giften enthalten hatte: Sie hatte nur selten Zorn oder Eifersucht gezeigt, hatte fast alle Menschen geliebt, mit denen sie zu tun hatte, und war ihrerseits von diesen geliebt worden, und sie hatte es sich zu einer Hauptaufgabe im Leben gemacht, ihre Kinder zu tugendhaften und rechtschaffenen Menschen zu erziehen. Ich konnte nachvollziehen, dass die Niederungen des Geistes unseren Seelenfrieden zerstörten, aber wie es möglich sein sollte, dass sie Krankheit, Krieg, Armut und sogar den Tod verursachten – *das* ging über mein Vorstellungsvermögen.

Auch wenn die heißesten Tage des Wüstensommers bereits vorüber waren, durchglühte die Sonne noch immer die Erde und die Luft, als ich mich, mit meinen neuen Fragen gerüstet, das nächste Mal zum Garten aufmachte. Als ich dort eintraf, war ich nicht in der Stimmung für holde Begegnungen mit heiligen Engeln, sondern fühlte mich eher wie ein Faustkämpfer, der die Arena betritt, um mit einem ebenbürtigen Gegner entschlossene Wort-Schläge und Argumente zu wechseln. Und ich wurde nicht enttäuscht, denn kaum hatte ich mich auf die Bank gesetzt, als Seine Heiligkeit Gendün Drub, der Erste Dalai Lama, durch das Gartentor hereinmarschiert kam.

Er war vor fünfhundert Jahren im wilden Innenland Tibets auf die Welt gekommen, als Sohn von Nomaden – und jede seiner Bewegungen verriet Selbstvertrauen und Entschlossenheit. Das Erste, was an seiner Erscheinung ins Auge fiel, war der mächtige Brustkorb, der sein Gewand schier zu sprengen schien; dann die Arme, die selbst jetzt noch, da er auf die sechzig zuging, kräftig und muskulös waren. Seine intelligenten Augen waren weit geöffnet, und seine Stirn war von tiefen Falten durchzogen, Furchen, die lange Jahre tiefen Nachdenkens widerspiegelten und die man für die Narben gewaltiger Schwerthiebe hätte halten können. Mit einer einzigen Bewegung trat er an mich heran, fegte mich von der Bank herunter und nahm in Gedanken versunken selbst darauf Platz.

»Was *hält denn* diese Welt in Gang?«, brüllte er unvermittelt zu mir herab, so dass es mir vor Schreck die Sprache verschlug.

Er beugte sich wild schnaubend tief zu mir herab und verlangte nach einer Antwort.

»Ich weiß es nicht – genau um das zu erfahren, bin ich ja hierher gekommen, ich bin mir nicht sicher, aber ich glaube, vielleicht…«

»Glaube! Vielleicht! Nicht sicher! Schön, ich werd's dir verraten: Diese üblen Gedanken, die sind's! Diese üblen Gedanken und die Handlungen, zu denen sie dich veranlassen! Die sind's!« Und er setzte sich triumphierend zurück, als habe er gerade in einer großen philosophischen Debatte einen ebenbürtigen Gegenredner zerschmettert und nicht lediglich meine eingeschüchterte Wenigkeit.

Ich wollte fragen, wie das alles miteinander zusammenhing, aber ich hatte ein bisschen Angst, ihn in seinen Gedankengängen zu unterbrechen, also schwieg ich lieber. Es schien zu funktionieren, denn plötzlich deutete er mit dem Finger auf mich und donnerte wieder los: »Wir müssen den Zusammenhang herausbekommen: Was bringt dich dazu, Dinge zu tun, was ist es, was du tust, und dann vor allem, wie kommt's, dass die Welt ein so entsetzlicher Ort ist!«

Ich nickte und wartete. Er blickte nach unten und überlegte.

»Was meinst du, wo alles anfängt!«, platzte er wieder ebenso unvermittelt los.

»Verzeihung, *was* anfängt… wie *was* anfängt?«, fragte ich zaghaft. Er hatte so eine Art, einen durcheinander zu bringen, oder eine Frage zu stellen, die man in dem Moment am allerwenigsten erwartet hätte, so dass man sprachlos und verdutzt dasaß, während er einen anstarrte und auf die Antwort wartete, die ihm natürlich vollkommen offensichtlich erschien.

»Was bringt uns dazu, die Dinge zu tun, die wir tun, und die Dinge zu sagen, die wir sagen?«

Ich dachte einen Augenblick lang nach und kam glücklicherweise rasch auf eine Antwort: »Wir denken. Wir denken daran, etwas zu tun oder zu sagen, und dann tun wir es. Mit dem Denken fängt alles an.«

Dem Ersten Dalai Lama klappte die Kinnlade herunter, als wundere er sich darüber, dass ich die Frage richtig beantworten konnte, und dann strahlte er mich mit einem Lächeln an, das mich für dieses Verhör (das sich, wie mir schwante, noch über den größten Teil der Nacht hinziehen würde) mehr als entschädigte. »Das ist... richtig! Gut so!« Dann versank er wieder in Gedanken.

»Wie viele?«, fragte er mich mit einem finsteren Blick als Nächstes und erwartete sichtlich, dass ich augenblicklich antwortete.

»Verzeihung, wie viele... wie viele *was?«,* fragte ich, aus Angst, ihn zu verärgern, fast im Flüsterton zurück.

»Gedanken natürlich!« Er wirkte geradezu schockiert über meine Unfähigkeit, seinem Gedankengang zu folgen, obwohl er vergessen hatte, ihn, wenn auch nur mit wenigen Stichworten, zu skizzieren. Ebenso hatte er seine Mönchsschärpe vollkommen vergessen, die ihm wegen seiner wilden Gesten und seines dauernden Vor- und Zurückschaukelns von den Schultern gerutscht war und mittlerweile halb auf der Bank, halb auf dem Boden lag. »Wie viele Gedanken kannst du in der Zeit denken, die ich brauche, um mit den Fingern zu schnippen?« Und er stieß die Hand vor und schnippte direkt vor meiner Nase mit den Fingern, so wie es die großen Streitredner von jeher getan haben, um ihre Gegner zu verwirren.

Ich dachte nach, und dann kam mir die Idee, meine Denk-Zeit zu messen, und ich gelangte zu dem Resultat von ungefähr einem Gedanken pro fünf Fingerschnipser. »Ungefähr fünf Fingerschnipser«, erwiderte ich selbstsicher. »Man braucht rund fünf Fingerschnipser, um auch nur einen einzigen Gedanken zu denken.«

Er lehnte sich auf der Bank zurück und verschränkte die muskulösen Arme vor seiner mächtigen Brust, die mittlerweile fast völlig unbedeckt war. Mit einem gequälten Blick, als litte er große Schmerzen, sah er mich an. »Denken!«, sagte er. »Denken! Ich meine nicht ganze Gedanken, Gedanken, die wie Sätze einen Anfang und ein Ende haben, Gedanken wie etwa Entscheidungen oder Fragen. Ich meine die Gedankenfetzen und Impulssplitter, die dich in einem Augenblick der Erregung dazu bringen können, etwas zu tun oder zu sagen! *Das* sind die Gedanken, mit denen alles anfängt! *Das* sind die ersten Regungen der gewaltigen Kräfte, die die unendlichen Reiche unseres Universums erschaffen! Jetzt sag mir und denke diesmal nach: Wie viele Gedanken ereignen sich in der Zeit, die ich brauche, um…« Und wieder schoss seine Faust unter meine Nase, und er schnippte mit seinen kräftigen Fingern, dass es nur so knallte.

Wieder wusste ich nicht weiter, aber diesmal wartete er meine Antwort gar nicht erst ab. »Fünfundsechzig!«, donnerte er, als verkünde er eine Wahrheit, die die Welt retten würde – und vielleicht war es wirklich so. »Dein Geist vollendet in dieser Zeit fünfundsechzig diskrete, unterschiedene Denk-Akte – ich meine, in der Zeit, die ich brauche, um…« Er hob den Arm, und ich schloss die Augen und machte mich auf einen weiteren Knall direkt vor meinem Gesicht gefasst, aber es folgte nur eine unheimliche Stille. Ich öffnete die Augen und sah, dass er noch immer mit erhobener Hand dasaß, die Finger in Schnipphaltung erstarrt, denn sein Geist war schon wieder vorausgeeilt, und er hatte vergessen, wie es ihm so häufig zu passieren schien, seinen Körper nachfolgen zu lassen.

»Und ist dir klar«, fuhr er fort und fixierte mich mit äußerster Konzentration, »dass jeder Denk-Akt einen diskreten Eindruck, einen klaren, bleibenden Eindruck in deinem Geist hinterlässt?«

Dies erschien mir glaubwürdig, denn ich wusste durchaus, dass bestimmte Gedanken, wie zum Beispiel eine heftige Empfindung von Zorn, schon oft tagelang in mir nachgewirkt hatten.

»Nicht *die* Art von Eindruck!«, brüllte er, so erfahren in der Kunst der philosophischen Debatte, dass er immer den nächsten Gedanken voraussehen konnte, den mein Geist denken würde. »Ich rede von *Welt*-Eindrücken!«

Eingeschüchtert, wie ich war, traute ich mich nicht, ihn zu fragen, was ein *Welt*-Eindruck denn sein mochte.

»Ein *Welt*-Eindruck«, sagte er mit einer gewissen Herablassung, als rede er mit einem kleinen Kind (was ich im spirituellen Sinne gemessen an ihm wahrscheinlich wirklich war), »ist ein geistiger Eindruck, *der deine Welt erschafft,* der die Ursache dafür ist, dass du jeden einzelnen Ort und jeden einzelnen Menschen – und jede Einzelheit jedes Ortes und jedes Menschen –, denen du im Laufe deines Lebens begegnest, überhaupt wahrnimmst!«

Seine durch unzählige Debatten geschulten Augen beobachteten die meinigen, bemerkten, wie meine Pupillen kurz zur Seite zuckten, als ich mich bemühte, seine Worte zu verstehen, und schätzten ab, wie viel Hilfe ich genau benötigte. »Stell dir zum Beispiel vor«, begann er, »der Aufseher der Bibliothek, in der du tagsüber arbeitest, habe dich wegen irgendeines Fehlers, den du gemacht hast, vor dem Besitzer des Landgutes und der ganzen versammelten Dienerschaft angeschrien. Du spürst, wie der Zorn heftig in dir aufwallt, und dann wirfst du ihm ebenfalls ein paar wütende Worte an den Kopf.

Stell dir vor, dass dieser zornig-glühende Augenblick einen Eindruck in deinem Geist hinterlässt, einen Samen in ihn legt. Und was wissen wir über Samen?!«, schrie er mich wieder an, aber allmählich begriff ich, dass das einfach seine Art war, und so entspannte ich mich ein wenig.

»Nun«, sagte ich in der Hoffnung, meine Antwort sei diejenige, die er hören wollte, obwohl sie mir dafür allzu simpel erschien, »Samen wachsen, und dann bringen sie Pflanzen hervor.«

Wieder belohnte er mich mit diesem beglückten Entdecker-Lächeln, strahlte mich mit der ganzen Geisteskraft an, die seinen Körper einst gezwungen hatte, sich zu einem solchen Muskelpaket zu entwickeln. »Richtig! Du hast... absolut Recht! Gut überlegt!« Und er versank wieder in Gedanken.

»Aber was tun Samen eigentlich genau?«, fragte er dann und warf mir einen kurzen Blick von der Seite zu, als stelle er mir mit dieser Frage eine Falle.

»Nun, als Erstes«, erwiderte ich, ohne lange nachzudenken, »können wir vermutlich sagen, dass gute Samen gute Pflanzen hervorbringen und schlechte Samen schlechte Pflanzen. Das heißt, der Samen irgendeiner süßen Frucht wird niemals eine scharfe Pfefferschote hervorbringen, und der Samen der Pfefferpflanze kann nie einen Baum mit süßen Früchten hervorbringen.«

Erneut klappte ihm die Kinnlade wie vor übergroßem Erstaunen herunter, und seine Augen leuchteten. »Wieder richtig! Wieder vollkommen und ganz und gar richtig!« Ich freute mich königlich.

»Wenn also der Eindruck oder Samen, den der Geist empfängt, von einem unerfreulichen Gedanken, einem verletzenden Gedanken stammt, dann können wir mit absoluter Gewissheit sagen, dass kein gutes Resultat daraus erwachsen kann, dass dieser *Welt*-Eindruck niemals einen Teil unserer Welt erschaffen kann, der erfreulich wäre – richtig?«

Dies erschien mir vollkommen logisch, und so nickte ich.

»Und umgekehrt: Können wir sagen, dass, wenn ein Mensch einen guten Gedanken denkt, einen wohlwollenden oder mitfühlenden Gedanken, dieser Gedanke nie zu einem negativen Eindruck führen könnte, sondern nur zu einem guten Eindruck, einem Eindruck, der einen angenehmen Teil unserer Welt erschafft?«

Wieder nickte ich, denn dies klang nicht minder logisch.

»Gut!«, rief er aus, als hätte ich eine herrliche und schwierige Leistung vollbracht. »Und jetzt… Was können wir außerdem noch über die Tätigkeit von Samen sagen?«

Ich versuchte, über Samen nachzudenken, und erinnerte mich an die Hütte in den Bergen, nördlich der Wüste, wohin wir in meiner Kindheit gelegentlich gefahren waren. Ein Sturm hatte einmal eine hohe Kiefer umgeweht, so dass sie auf das Dach der Hütte fiel, und mein Vater hatte mich mit einer Axt aufs Dach geschickt, damit ich die Äste des Baums abhackte, bevor die Sparren unter dem Gewicht nachgaben. Meine Knie zitterten, da ich ganz und gar nicht schwindelfrei bin. Ich erinnerte mich, dass ich nach unten schaute und an einem meiner Stiefel einen winzigen Samen sah, der aus einem kleinen Kiefernzapfen herausgefallen und dort an einem Regentropfen haften geblieben war. Damals dachte ich Folgendes: Wenn ich nur da gewesen wäre, als der Samen dieser riesigen Kiefer seinen Keim aus dem Boden getrieben hat, und ihn aus der Erde gerissen und auf die Steine geworfen hätte, dann müsste ich mich jetzt nicht mit einem Baum herumschlagen, der vielleicht eine Million Mal schwerer ist als der Samen, aus dem er hervorgegangen ist. Und so antwortete ich dem Dalai Lama: »Samen fangen klein an. Samen sind anfangs winzig; und die Dinge, die aus ihnen wachsen, können unendlich viel größer werden, Millionen Mal größer als die Samen selbst.«

Er warf die Arme triumphierend in die Höhe, als hätte er gerade einen Wettlauf gegen eine riesige Schar von schnellfüßigen Gegnern gewonnen, und brüllte: »Wieder richtig! Perfekt! Wunderbar! Und genauso verhält es sich mit den Samen des Geistes, mit den Eindrücken, die unsere Gedanken in unserem Geist hinterlassen: Der geringfügigste Eindruck verwandelt sich – bei ausreichender Zeit und Nahrung – in ein gigantisches Ergebnis, das zur Ursache wichtiger Ereignisse in unserem Leben und unserer Welt wird.

Geistige Samen verhalten sich ebenso wie materielle Samen, und wie könnten wir auch erwarten, dass es anders wäre? Denk an ein Kind, das ein einfaches inspirierendes Buch liest, von dem sein ganzes späteres Leben geprägt und bestimmt wird. Denk an eine Handvoll Männer, die zusammen an einem Tisch sitzen und Gedanken formulieren, die auf Jahrhunderte hinaus einer großen Nation ihren Stempel aufdrücken werden. Dies ist die Macht der Samen des Geistes.«

Dann saß er wieder da und sah mich mit funkelnden Augen an, und ich vermutete, dass er wieder auf die Antwort auf eine Frage wartete, die er abermals laut auszusprechen vergessen hatte. Also dachte ich nach und versuchte mein Glück, da es ihn zu freuen schien, wenn ich überhaupt etwas antwortete, während jedes Schweigen ihn in Rage brachte.

»Da ist noch etwas«, sagte ich, in Gedanken wieder bei der gewaltigen Kiefer, »was sich über Samen sagen ließe. Wenn sie nie in die Erde kommen, wachsen sie auch nie.«

Der Erste Dalai Lama fing an, auf der Bank auf und ab zu hüpfen, so dass die dünnen Latten, die die Sitzfläche bildeten, Besorgnis erregend knirschten unmd knackten. Dann klatschte er wie ein kleiner Junge vergnügt in die Hände. »Ganz genau! Wenn du keinen schlechten Gedanken denkst, erzeugst du auch keinen schlechten Eindruck für eine schlechte Welt. Aber unterlassen wir es, einen guten Gedanken zu denken, entgeht uns auch ein möglicher Eindruck für eine gute Welt. Habe ich Recht?«, fragte er rhetorisch und sah mich herausfordernd an – aber diesmal war ich gerüstet.

»Mir fällt noch ein weiterer Punkt ein«, sagte ich ermutigt, und mir wurde bewusst, dass auch ich jetzt aufrecht im Gras kniete und dabei heftig gestikulierte. »Ist ein Samen erst einmal in die Erde gekommen und liegt er in der richtigen Erde und bekommt er all das Wasser, das Sonnenlicht und die Nährstoffe, die er benötigt, gibt es keine Macht im Universum, die ihn daran hindern könnte, zu einem Baum heranzuwachsen.«

Er juchzte schier vor Freude: »Siehst du wohl! Damit haben wir also vier Grundgesetze, die für alle Samen gelten – solche, die in die Erde gesteckt werden, und solche, die in den Geist gesetzt werden: Gute Samen bringen gute, schlechte Samen bringen schlechte Resultate hervor; Samen wachsen immer zu etwas unendlich viel Größerem heran, als sie selbst sind; nicht gesäte Samen wachsen nie; und gesäte und richtig genährte Samen *können gar nicht anders* als wachsen!«

Dann wandte er sich ab und blickte zu den Rosensträuchern hinüber, die an der Nordmauer des Gartes standen, und instinktiv sah ich auch dorthin, weil ich dachte, dass vielleicht jemand gekommen war. Aber das war nur seine Weise nachzudenken, und er verharrte mehrere Minuten lang in dieser starren halb abgewandten Haltung. Während des Schweigens ging mir eine bestimmte Abfolge von Gedanken immer wieder durch den Kopf. Ich konnte mir wohl vorstellen, dass die Gedanken, die ich dachte, die Worte, die ich sprach, die Taten, die ich beging, irgendeinen Eindruck in meinem Geist hinterließen, aber ich konnte nicht nachvollziehen, wie solche Eindrücke einen Einfluss auf die Entstehung meiner realen Umwelt und meiner Mitmenschen haben sollten. Ich ahnte allerdings, dass er diese Gedanken vorhergesehen hatte, und wartete geduldig auf seine Erläuterungen. Er wandte sich mir wieder zu.

»Es ist ein bisschen schwierig«, begann er, »später wirst du mehr erfahren, und dadurch wird es für dich klarer werden. Aber stell dir einstweilen vor, dass dein Geist wie eine reine, durchsichtige Glasscheibe ist. Wenn du einen Gedanken denkst oder etwas sagst oder tust, dann setzt sich ein winziger Fleck, wie ein kleiner Farbtupfer, auf dem Glas ab. Stell dir aber vor, dass dieser Fleck sich irgendwo am Rand deines Geistes befindet und du dir dessen noch gar nicht bewusst bist. Die Zeit vergeht, und der Fleck, der Samen in deinem Geist, reift allmählich heran, das heißt, er beginnt in dein Bewusstsein zu dringen. Sobald er gekeimt hat, beginnt er wie alle Samen zu wachsen, und schon bald überzieht er die ganze Glasscheibe mit irgendwelchen Farben und Mustern. Dann keimen weitere Samen in rascher Folge und bedecken das Glas des Geistes mit einem ganzen Kaleidoskop einander überlagernder farbiger Muster. Dadurch entsteht für den Geist die Illusion der Bewegung. Die Muster gaukeln dem Geist unterschiedliche Objekte vor: eine lang gestreckte Form, die sich von der Tür her nähert, einen ovalen Mund, der sich öffnet, schroffe Laute, die aus dieser Öffnung hervorgestoßen werden – und so wird der Geist dazu verleitet, den Bibliotheksleiter wahrzunehmen, der einen wegen irgendeines Fehlers tadelt.«

Ich dachte lange nach und sagte dann: »Ich kann mir vorstellen, dass ein einzelnes Bild auf diese Weise zustande kommen könnte, sagen wir mal, die Wahrnehmung einer einzelnen Blüte oder Frucht. Aber so wie du das beschreibst, müssten ja in einer einzigen Minute viele Tausende von geistigen Eindrücken oder Samen zur Reife gelangen, um die ungeheure Mannigfaltigkeit der Welt, die wir mit einem einzigen Blick vor uns sehen, und den von uns wahrgenommenen flüssigen Ablauf der Zeit erzeugen zu können.«

Diesmal kam keine Antwort. Er sah mir lediglich in die Augen und wartete darauf, dass ich selbst darauf kam. Und tatsächlich erinnerte ich mich an die fünfundsechzig Eindrücke, die dem Geist durch die flüchtigen Impulse, die ich während eines einzigen Fingerschnippens empfand, eingeprägt wurden. Nach kurzem Nachdenken multiplizierte ich diese Eindrücke oder Samen mit vielen Millionen, so wie sich ja auch das Gewicht des Kiefernsamens viele Millionen Mal vervielfachte, während er zu einem mächtigen Baum heranwuchs. Es war absolut möglich, dass diese Eindrücke tatsächlich Millionen von Informationseinheiten hervorbrachten, die dafür erforderlich waren, meine Eindrücke von der Welt zu erschaffen und selbst nur eine Minute lang aufrechtzuerhalten. Aber wie verhielt es sich mit der *Qualität* dieser Eindrücke? Was bedingte meine positiven, was meine negativen Erlebnisse?

Meine Lippen öffneten sich, ich wollte schon die Frage stellen, aber im selben Moment führte er die offene Hand an sein Kinn, und ich verstand, dass ich auch dieses Problem durch eigenes Nachdenken lösen sollte. Natürlich! Er hatte es mir ja bereits erklärt – oder sollte ich vielleicht eher sagen: Er hatte mich bereits dazu gebracht, mir selbst darüber klar zu werden. Wenn die Eindrücke gut waren, dann waren auch die Erlebnisse gut; waren die Eindrücke schlecht, waren auch die Erlebnisse schlecht. Aus Pflaumensamen wachsen süße Pflaumen, aus Zitronensamen wachsen saure Zitronen, und es wird niemals anders sein. Der Schmerz in meinem Leben rührte von etwas her – einem Gedanken, einer Äußerung oder einer Tat –, das ebenfalls schmerzhaft gewesen war, das einem anderen Wesen Schmerzen bereitet hatte. In diesem Moment begannen sich ganze Welten der Einsicht vor mir aufzutun: Dutzende von Fragen, Fragen eines ganzen Lebens, wurden mit einem Schlag beantwortet. Doch dann kam mir ein Zweifel.

»Aber was ist mit meiner Mutter?«, fragte ich, »einem Menschen, der nahezu vollständig frei von bösen Gedanken und verletzenden Worten und Taten war, einer Frau, die unmöglich Samen in ihren Geist gesetzt haben konnte, die stark genug gewesen wären, jahrelang die Wahrnehmung von Krebsgeschwüren aufrechtzuerhalten, die ihren Körper marterten und sich ihr zuletzt ins Herz hineinfraßen?«

»Hat vielleicht jemand behauptet«, sagte er bestimmt, aber freundlich, »*sie selbst* habe diese Samen gesetzt?«

»Willst du damit etwa sagen, dass ein anderer Eindrücke in meinem Geist hinterlassen kann und dass ich dann gezwungen bin, die Folgen der Handlungen eines anderen zu erleben? Das ist unlogisch, das ist ungerecht!«, wandte ich ein.

»Das will ich damit *nicht* sagen«, erwiderte er, wieder mit freundlicher Bestimmtheit, als führte er mich an einem steilen Abgrund entlang, »denn es ist für uns absolut unmöglich, diese Welt-Eindrücke woanders als in unserem eigenen Geist zu hinterlassen.«

Plötzlich dämmerte es mir – und die Erkenntnis war äußerst schmerzhaft, doch sie bedeutete auch eine große Erleichterung, denn in diesem Augenblick eröffnete sich mir eine weitere tiefe Wahrheit. »Wie lange?«, fragte ich nur, da ich wusste, dass er die Frage verstehen würde.

»In manchen Fällen können die geistigen Eindrücke, die Welt-Eindrücke, zur Reife gelangen und bewirken, dass wir bestimmte Details unserer Welt und der Menschen, denen wir begegnen, wahrnehmen, bevor der Körper stirbt – das heißt, *bevor* der Geist in eine andere Existenz weiterzieht. Häufig ist das aber nicht der Fall, und so tragen wir in unserem Geist, bis zum Tod und darüber hinaus, eine nahezu unendliche Anzahl von Eindrücken, die ebendiesem Geist durch alle Gedanken, Worte und Taten dieser und all unserer früheren Existenzen eingeprägt wurden. Deine Welt, deine Wahrnehmung der Welt und alle inneren wie äußeren Erfahrungen deines Lebens wurden zum größten Teil in einer Vergangenheit in Gang gesetzt, an die du keinerlei bewusste Erinnerung hast. Und das«, sagte er, und als er zu mir herabsah, standen seine weit geöffneten klugen Augen voller Tränen, »ist auch der Grund, warum gute Menschen leiden.«

Ich nickte, und ich spürte ein tiefes Gefühl der Befreiung, diese – erwartungsgemäß – klare und schlichte Antwort auf eine Frage zu erhalten, die sich jeder menschliche Geist, der je auf diesem Planeten gelebt hatte, irgendwann in seinem Leben gestellt haben musste. Doch dann kam mir eine weitere Frage in den Sinn: »Woran liegt es, dass manche geistigen Eindrücke oder Samen stärker sind und heftigere Auswirkungen zeitigen als andere? Warum verursacht der eine Eindruck ein jahrelanges Krebsleiden und ein anderer Eindruck lediglich einen kleinen Schnitt im Finger?«

Seine düstere Stimmung hellte sich ein wenig auf, und der Streitredner in ihm meldete sich wieder zu Wort.

»Alles Leben ist heilig, und jedes Leben ist gleichermaßen wertvoll. Aber würde es mehr Schaden verursachen, einen großen Arzt zu töten, der viele Menschenleben retten könnte, oder beispielsweise einen herrenlosen Hund totzuschlagen?«

»Es würde mehr Menschen schaden, den Arzt zu töten«, erwiderte ich.

»Und deswegen würde diese Tat auch einen viel stärkeren Eindruck hinterlassen«, entgegnete der Dalai Lama. »Dies gilt auch für Menschen, die uns besonders unterstützt und gefördert haben: für unsere Eltern etwa und vor allem für unseren Herz-Lehrer. Jede gute oder böse Tat, die man einem solchen Menschen gegenüber verübt, hinterlässt einen äußerst tiefen Eindruck.«

»Dies trifft mit Sicherheit auf meine Eltern zu«, meinte ich, »die mir, so lange sie lebten, unendlich viel Gutes getan haben. Aber ich weiß von Freunden, die weit weniger fürsorgliche Eltern hatten, und so dürften die Eindrücke in *deren* Fall ja wohl weit oberflächlicher ausfallen.«

Diesmal wurde ich nicht lediglich mit einem missmutigen Stirnrunzeln konfrontiert, sondern mit der ganzen Wucht seines zornigen Antlitzes. »Einzig mit einem Geist und einem Körper, wie du sie jetzt besitzt«, flüsterte er und schien sich nur unter Aufbietung all seiner Kräfte beherrschen zu können, »vermag man klar und logisch zu denken und den spirituellen Weg zu erlernen und damit dem Leiden zu entkommen, das seit ewigen Zeiten eine unendliche Zahl von Lebewesen gepeinigt hat. Und so gehören deine Eltern allein schon durch ihr Mitwirken an der Erschaffung solch eines Geistes und Körpers zu den heiligsten Wesen in deinem ganzen Universum – wie sie sich anschließend auch verhalten haben mögen. Einmal eingeprägt, sind Eindrücke nur sehr schwer zu ändern, und deswegen empfehle ich dir, wenn dir an deinem Wohl etwas liegt, diese Dinge sorgfältiger zu durchdenken und Dummheiten von der Art, wie du sie gerade geäußert hast, künftig zu vermeiden.«

Er beruhigte sich ein wenig und fuhr dann fort: »Es gibt noch weitere Faktoren, die einen Einfluss darauf haben, wie stark oder schwach solche Eindrücke sind. Einer davon ist natürlich die eigene Motivation. Wie du aus eigener Erfahrung weißt, herrscht in der Welt der weit verbreitete Irrglaube, der Geist höre auf zu sein, nur weil der Körper aufhört zu leben. Den Menschen ist einfach nicht bewusst, dass der Geist fortbestehen und weiterziehen muss und dass er in den meisten Fällen an einen Ort entsetzlicher Leiden gelangt. Und so hat es zu allen Zeiten immer wieder Menschen gegeben, die ihre Eltern getötet haben, weil sie alt waren und unter großen Schmerzen litten und vielleicht sogar darum gebeten hatten, getötet zu werden. Wenn die Kinder tatsächlich einen solchen Mord verüben – einen der schlimmsten Morde, die ein Mensch überhaupt verüben kann –, so ist der Eindruck bei ihnen dennoch etwas weniger stark als unter anderen Umständen, da ihre – wenn auch irregeleitete – Motivation der Wunsch war, ihrem Vater oder ihrer Mutter weitere Leiden zu ersparen. Ähnliches gilt auch für Dinge, die wir versehentlich oder im Affekt tun, also ohne Vorbedacht.

Die Verwurzelung dieser Samen oder Eindrücke im Geist ist also weitgehend durch die Art und Weise bestimmt, wie der Handelnde die Tat oder die Worte oder die Gedanken, die er gerade verübt oder spricht oder denkt, im Augenblick seines Handelns wahrnimmt. Und somit ist ein weiterer Faktor das *Erkennen:* Erkennen wir die wahre Identität des Menschen, dem wir gerade helfen oder einen Schaden zufügen? Es gibt zum Beispiel Länder in dieser Welt, in denen den Menschen nicht klar ist, dass der Geist bereits im Augenblick der Empfängnis in den Körper eintritt, im Moment der Verschmelzung der Eizelle der Mutter mit dem Spermium des Vaters. Dies wiederum liegt daran, dass sie das Wachstum der Haut und der Knochen und des Blutes mit der Entwicklung des Geistes verwechseln, der sich doch in Wirklichkeit von jedem materiellen Ding völlig unterscheidet – er ist unsichtbar, erkenntnisfähig, bewusst, gewichtslos, ungreifbar und unmessbar. Und so sehen sie es nicht als Mord an, wenn sie den Tod eines

Fötus verursachen, weil sie den Fötus nicht als Lebewesen betrachten. Auch hier ist der Eindruck, so entsetzlich und weit reichend seine Auswirkungen letzlich sein mögen, doch etwas weniger stark, als es sonst der Fall wäre, eben weil diese Menschen das Lebewesen nicht als solches identifiziert haben. Jetzt sag du mir: Was sonst an unserer Absicht oder Motivation könnte eine bestimmte Tat, ein bestimmtes Wort oder einen bestimmten Gedanken schwerwiegender machen und damit zu einem weit tieferen Eindruck beitragen?«

Der Erste Dalai Lama schien mittlerweile ein bisschen sanftmütiger zu werden, und so fühlte ich mich weniger gedrängt, augenblicklich zu antworten. Nach einer Weile sagte ich: »Ich könnte mir vorstellen, dass ein Eindruck stärker wird, wenn eine Tat von intensiven Emotionen – von brennendem Verlangen oder Hass, von großem Mitleid oder von glühender Liebe – begleitet wird.«

»Recht hast du!«, brüllte er, und ich verspürte, dass ich etwas verdrossen über das Wiedererwachen des Löwen in ihm war, denn wie es schien, würde ich mich jetzt wieder bemühen müssen, ein bisschen schneller zu denken. »Und wie steht's mit dem Aspekt, ob du überhaupt etwas tust oder nicht tust?«

Ich war leicht verwirrt. »Was meinst du damit? Ich dachte, wir reden gerade über Dinge, die Menschen sagen oder tun oder denken.«

»Ich meine, was ist, wenn du einen Mord planst, aber nicht dazu kommst, ihn auch auszuführen?«, sagte er mit einem ziemlich ungeduldigen Unterton.

»Na ja, dann hinterlässt es vermutlich auch keinen Eindruck«, entgegnete ich leichtfertig, aber als der Abgrund sich vor mir auftat, machte ich rasch einen Satz zurück. »Ich meine, dann entsteht vermutlich nur der Eindruck der Absicht und der Planung des Mordes, derjenige der wirklichen Tat, des Erdolchens des Opfers oder was auch immer aber nicht.« Zu meiner Erleichterung ließ er meinen Ausrutscher kommentarlos durchgehen und fuhr fort.

»Richtig. Und jetzt nimm einmal an, du stößt tatsächlich mit dem Dolch zu. Empfängt dein Geist damit zwangsläufig den Eindruck, einen Menschen getötet zu haben?«

»Nun ja, nicht unbedingt«, sagte ich. »Was ist, wenn der Betreffende nicht stirbt? Was, wenn er nur verwundet wird und sich wieder erholt?«

»Wieder richtig!«, donnerte der Dalai Lama. »Du siehst also: Damit ein Eindruck vollkommen wird, damit ein Samen, sei es ein guter oder ein böser, auf vollkommene Weise tief in den Boden gelangt und so zu einem wichtigen künftigen Ereignis heranwachsen kann, muss die Tat oder das Wort oder der Gedanke, der ihn verursacht, auf einen klaren Gegenstand abzielen. Wir müssen außerdem eine klare Motivation haben und die Tat gut planen. Wir müssen weiterhin den Gegenstand als das erkennen, was er ist. Während wir die eigentliche Tat ausführen, müssen wir von einer gleich bleibenden Emotion durchdrungen sein und wir müssen die Tat wirklich ausführen, sie zu dem erwünschten Abschluss bringen sowie uns ihres Abgeschlossenseins und unserer Urheberschaft an der Tat bewusst sein. Ein Samen, der unter Erfüllung all dieser Bedingungen gesetzt wird, ist ein kräftiger und wirkungsvoller Samen.«

»Aber lassen sich diese Samen nicht auch irgendwie beeinflussen?«, dachte ich laut nach. »Gleichen sie darin nicht allen übrigen veränderlichen Dingen? Haben sie nicht Ursachen, und werden sie nicht von bestimmten Faktoren beeinflusst? Pflanzensamen können ja auch in die Erde gesteckt worden sein, und es können gesunde, unversehrte und kräftige Samen sein, aber dennoch haben wir viele Möglichkeiten, sie am Keimen und Wachsen zu hindern: Wir können ihnen etwa Sonnenlicht oder Feuchtigkeit vorenthalten, wir können den Boden verbrennen, in dem sie liegen, wir können sie ausgraben und sie auf nackten Fels werfen und dort liegen lassen, bis sie verderben.

Denn mir scheint«, sagte ich nach kurzer Überlegung beunruhigt, »dass jeder von uns schon im Laufe weniger Stunden buchstäblich Tausende von größeren Samen eingesammelt haben dürfte, darunter auch viele negative – wenn auch nur durch eine vorübergehende Verärgerung über einen Reisegenossen oder über die Langsamkeit des Wagens. Wenn es nun keine Möglichkeit gibt, die Samen zu beeinflussen«, sorgte ich mich eigensüchtig, »dann dürften wir alle zu nahezu endlosem Leiden verdammt sein.«

»So ist es auch«, sagte der Dalai Lama ernsthaft und fixierte mich, tief in Gedanken versunken – zu tief, um mich mit dem gewohnten überschwänglichen Lob für meine richtigen Überlegungen zu belohnen. »Wir tragen viele Samen, eine nahezu unendliche Anzahl von Samen, in den verborgenen Winkeln unseres Geistes mit uns herum. Forderte man uns auf, eine Liste aller negativen Gedanken, Worte oder Taten zu erstellen, die sich nur im Laufe der letzten wenigen Stunden angesammelt haben, würden wir zwangsläufig den allergrößten Teil von ihnen übersehen, so unvorstellbar rasch wie sie durch unseren Geist und unser Leben huschen. Aber im Buch unseres Geistes werden sie allesamt gewissenhaft und unerbittlich festgehalten. Und so wird jeder denkende Mensch, der die Furcht erregende Macht dieser Eindrücke begriffen hat, mit Sicherheit genau die Frage stellen, die du gerade eben gestellt hast.«

Mit einem kurzen Blick stellte er den Stand des Mondes fest, und ich befürchtete für einen Moment, er könnte mich verlassen, ohne mir eine Antwort gegeben zu haben. Aber als er mir sein Gesicht, in dem noch die Spuren jenes rein weißen Lichts schimmerten, wieder zuwandte, entdeckte ich in seinen Augen einen irgendwie wohlig-matten Blick, der mich fast an jemanden erinnerte, der mir aber auf alle Fälle verriet, dass der Dalai Lama gern bereit gewesen wäre, notfalls den Rest seines Lebens auf dieser Bank zu verbringen, wenn er dadurch hätte sicher sein können, dass ich die Worte, die er im Begriff war auszusprechen, vollkommen verstand.

»Du musst die Kunst erlernen, die negativen Eindrücke aus deinem Geist zu tilgen und die positiven bis zur Vollkommenheit zu vergrößern und in ihrem Wachstum zu beschleunigen.

Die letztere Aufgabe muss ich jemand anderem überlassen. *Ich* werde dich heute Nacht die Kunst lehren, negative Eindrücke zu tilgen. Wird sie gewissenhaft ausgeführt, vermag die Methode, die ich dir gleich beschreiben werde, selbst die allerstärksten Eindrücke auszulöschen oder bis zu annähernder Wirkungslosigkeit abzuschwächen. Der Eindruck eines Mordes beispielsweise, der den Geist normalerweise dazu zwingen würde, die eigene Ermordung viele Male nacheinander zu erleben, kann zur Ursache eines unangenehmen, aber vorübergehenden Kopfschmerzes abgemildert werden.

Die Beseitigung eines negativen Eindrucks beginnt mit dem Akt, sich von Güte durchdringen zu lassen. Das erreicht man, indem man sich bewusst die Erleuchteten und den eigenen Herz-Lehrer vergegenwärtigt, sich aufs Neue ihrer Obhut hingibt, sich ihren Lehren widmet und sich den großen Dienst ins Gedächtnis ruft, den man jedem anderen Lebewesen erweisen kann, sobald es einem gelungen ist, den Weg zur Freiheit zu meistern und damit die Fähigkeit zu erlangen, diesen Weg auch anderen zu vermitteln.

Der nächste Schritt, um die Eindrücke außer Kraft zu setzen, besteht darin, die Auswirkungen der negativen Tat, die man begangen hat, sorgfältig und gründlich zu überdenken. Denn wenn alles, was wir in diesem Garten gesagt haben, wahr ist, dann übt alles Schädliche, das man in Form von Gedanken, Worten oder Taten zulässt, in erster Linie auf einen selbst eine schädigende Wirkung aus. Dieser Vorgang ist ein *durchdachtes Bedauern,* das einem in aller Deutlichkeit vor Augen führt, wie viel Schmerz man sich durch negatives Handeln oder Sprechen zufügt, und es hat keinerlei Ähnlichkeit mit den ohnmächtigen Schuldgefühlen, in denen du und deinesgleichen so oft und so gern versinken. Denke nach, denke sorgfältig, logisch und klar darüber nach, welch großen Schaden du dir jedes Mal selbst zufügst, wenn du einen negativen Samen in deinen Geist einpflanzt.

Der dritte Schritt dürfte der wirkungsvollste und vor allem der wichtigste sein. Er ist der Prüfstein, anhand dessen du selbst im Voraus ermessen kannst, ob die Eindrücke, die du zu verändern suchst, tatsächlich beeinflusst worden sind oder nicht. Es handelt sich um deinen Vorsatz, nicht weiterhin auf die Art zu denken, zu reden oder zu handeln, die den fraglichen negativen Eindruck hervorgerufen hat.

Und an diesem Punkt möchte ich dir, ganz unter uns, einen guten Rat geben« – und hier lächelte mich der Dalai Lama plötzlich an, als sei ich sein eigener Sohn, wodurch seine bisherige Strenge rückblickend lediglich wie eine sehr bewusste Prüfung meiner Willensstärke und Aufrichtigkeit erschien. »Ich rate dir dringend davon ab, den Vorsatz zu fassen, die betreffende Tat *nie wieder* zu begehen – wie beispielsweise zu geloben, dass du nie wieder auf einen Vorgesetzten, der dich tadelt, zornig sein wirst –, denn in deinem gegenwärtigen Entwicklungsstadium wärst du nicht fähig, diesen Vorsatz zu erfüllen, und du würdest die Situation nur noch verschlimmern, indem du zum negativen Eindruck des Zorns noch einen weiteren sehr schwerwiegenden Eindruck hinzufügen würdest, nämlich denjenigen einer Lüge. Setz dir statt dessen ein realistisches Ziel; gelobe etwa, dass du ihm im Laufe der nächsten vierundzwanzig Stunden nicht im Zorn antworten wirst.

Nun zum vierten Schritt: Du solltest dir irgendeine Handlung überlegen, die du als Gegenmittel gegen den negativen Eindruck einsetzen kannst: etwas, wodurch du das von dir Gesagte, Gedachte oder Getane wieder gutmachen kannst. Hättest du beispielsweise, im Streit oder in einer Schlacht, bewusst einen Menschen getötet, könntest du beschließen, einen Teil deiner dir verbleibenden Lebenszeit dem Schutz und der Rettung von Leben zu widmen, etwa durch die Arbeit in einem Krankenhaus.

Doch das allerwichtigste Gegenmittel überhaupt«, sagte Seine Heiligkeit, während er sich von der Bank erhob und endlich seine Gewänder raffte und mit majestätischer Gebärde ordnete, »besteht darin zu lernen: dir das Wissen anzueignen, das dich und alle anderen von jeder Form von Schmerz restlos befreien kann. Es beginnt mit der Art von Studium, Kontemplation und Meditation, die du bereits hier im Garten kennen gelernt hast, und erreicht seine höchste Form in einem tieferen Verständnis der Funktionsweise dieser Eindrücke – wozu, wie du später noch erfahren wirst, deren enge Beziehung zur Leere gehört.

Heute Nacht hast du durch mich genug erfahren, um zu erkennen, dass durch deine Handlungen in deinen Geist eingeprägte Eindrücke eine Realität sind, dass solche Eindrücke maßgeblich an der Erschaffung deiner Existenz beteiligt sind und dass sie sich zu einem großen Teil wieder aus dem Geist entfernen lassen. Deine Aufgabe ist es nun, über alles, was wir hier miteinander besprochen haben, nachzudenken; denke nach, denke sorgfältig nach, als hinge dein Leben und das Leben anderer davon ab.«

Achtes Kapitel

Die Erschaffung einer Welt

Die Begegnung mit Seiner Heiligkeit, dem Ersten Dalai Lama, war die bislang für mich vielleicht folgenschwerste von allen gewesen. Wie er vorhergesagt hatte, hinterließ sie mir das Rohmaterial für Dutzende von wichtigen Erkenntnissen über das Leben. Fast täglich wurden mir neue Erkenntnisse zuteil, während ich über unser Gespräch nachdachte.

Ich hatte mit einem Schlag die Antworten auf viele der mir am wichtigsten erscheinenden Fragen über meine Existenz gefunden. Denn auch wenn es mir anfangs schwer fiel, die Vorstellung zu akzeptieren, alle meine Wahrnehmungen – meiner selbst, meiner Welt und der Menschen in dieser Welt – würden von geistigen Eindrücken bestimmt, erkannte ich mit der Zeit, dass diese Schwierigkeiten lediglich die Folge meiner Erziehung und meiner kulturellen Prägung waren und mit Sicherheit nicht daher rührten, dass die Vorstellung in sich nicht logisch und einleuchtend gewesen wäre.

Vor allen Dingen lieferten die Worte des Dalai Lama eine hervorragende Erklärung für das Leiden meiner Mutter – ja überhaupt dafür, warum es vorkommen konnte, dass gute Menschen litten, und umgekehrt, warum Menschen, die gewohnheitsmäßig andere verletzten, den Eindruck erwecken konnten, vom Glück begünstigt zu sein. Der Aspekt des Verletzens beschäftigte mich nun in zunehmendem Maße: Seine Heiligkeit hatte gesagt, dass leidvolle Erfahrungen von negativen

Eindrücken verursacht werden, die ihrerseits dem Geist durch verletzende Handlungen eingeprägt wurden.

Doch wie jeder denkende Mensch wusste ich, dass es nicht leicht war, zwischen Förderlichem und Schädigendem, zwischen Gut und Böse zu unterscheiden. Und wenn die Theorie von den Eindrücken und der von ihnen erschaffenen Welt der Wahrheit entsprach, dann wurde die korrekte Unterscheidung zwischen Recht und Unrecht zu einer wesentlichen, ja lebenswichtigen Aufgabe. Aber obwohl sich die Antwort auf die Frage nach der Ursache der Leiden meiner Mutter in meinem Geist immer klarer abzeichnete, wusste ich über ihren möglichen derzeitigen Aufenthaltsort – sowie darüber, wie ich ihr vielleicht helfen könnte – weiterhin nichts. Fast ebenso geringe Fortschritte schien ich schließlich bezüglich des Mysteriums der Goldenen zu machen. Aber ich spürte, dass am Ende alle meine Fragen beantwortet sein würden, wenn ich nur Ihre Geheimnisse enträtselte: Wie Sie mir erstmals erschienen war, wie Sie mich ohne Worte unterwiesen hatte, und wie Sie zu dieser paradiesischen Seligkeit gelangt war, die Ihre träumenden Augen und Ihre ganze Gestalt stets ausgestrahlt hatten.

Und so zog es mich abermals in den Garten, als es Herbst wurde in der Wüste – wo sich diese Zeit des Jahres nicht durch allzu große Veränderungen in der Farbe des Laubs oder durch eine plötzliche Nacktheit und Schwärze der Bäume bemerkbar macht, sondern lediglich durch eine zunehmende Frische der sanften Winde, durch einen allmählich deutlicher werdenden Unterschied zwischen der Glut der Tages und der Kühle der Nacht. Da ich meine letzte Begegnung bei der Bank unter dem Johannisbrotbaum noch deutlich in Erinnerung hatte, begab ich mich vom Tor aus geradewegs dorthin und setzte mich ins Gras vor den bescheidenen hölzernen Sitz, als sei er ein Thron, der auf die Ankunft eines großen Königs – oder, wie ich mir noch sehnlicher wünschte, einer großen Königin – wartete.

Er betrat den Garten hoheitsvoll gemessenen Schrittes, so dass keine Falte seines Gewandes in Unordnung geriet, und strahlte allein durch die Weise, wie er den – halb unter dem sorgfältig gefältelten, bis zum Knie reichenden Überwurf seines Mönchshabits verborgenen – linken

Arm hielt, eine Aura würdevollen Anstands aus. Schon dies genügte, um mir die Identität des Ehrwürdigen zu verraten: Es war der große Lehrmeister der Kunst der sittlichen Lebensführung, Gunaprabha, um vierzehn Jahrhunderte der eigenen Zeit, dem goldenen Zeitalter des Mönchtums, entrückt, aber trotzdem noch immer der vollendete Mönch. Er ließ sich gemessen auf der Bank nieder und kreuzte die Beine bedächtig unter dem Gewand, das er anschließend ordnete, so dass es glatt an seiner ganzen Gestalt herabfloss. Dann saß er reglos da und blickte mich ruhig und ausdrucksvoll an.

Er war ein großer, kräftig gebauter Mann und hielt sich trotz seines hohen Alters – ich schätzte ihn auf weit über siebzig – vollkommen aufrecht. Außer dieser Aura von Anstand, die seine ganze Art ausstrahlte, waren seine Augen sein hervorstechendstes Merkmal. Weit aufgerissen, rund und starr schienen sie zu einer weisen, uralten Eule zu gehören. Seine Lippen waren fest aufeinander gepresst, was vermuten ließ, dass sie nicht gewöhnt waren, viele Worte zu machen, und seine Arme hingen vollkommen reglos herab, während die Finger der in Meditationshaltung im Schoß ruhenden Hände von Zeit zu Zeit eine kleine Gebetskette bewegten. Er saß etwas zurückgelehnt, mit leicht angehobenem Kinn da und blickte in gelassener Erwartung auf mich herab.

Ich hatte das Gefühl, dass ich etwas sagen sollte, also legte ich mir eine der vielen Fragen, mit denen ich hierher gekommen war, sorgfältig zurecht und sagte dann mit der ganzen Ehrerbietung, die seine Erscheinung verlangte: »Woher wissen wir, was richtig und was falsch ist?«

Er sah mich weiter unverwandt an, ohne ein Wort zu sagen, sah dann auf seine Hände hinunter, räusperte sich und sah dann abrupt wieder auf. »Gute Taten erzeugen in deinem Geist Eindrücke, die deine Welt erfreulich gestalten. Schlechte Taten erzeugen in deinem Geist Eindrücke, die deine Welt unerfreulich gestalten.«

»Aber wie können wir wissen«, fuhr ich nach einer ehrerbietigen Pause fort, »welche Taten genau die Eindrücke verursachten, die die angenehmen Aspekte unserer gegenwärtigen Welt hervorbringen, und welche Taten die Eindrücke verursachten, die die unangenehmen Dinge bewirken?«

»Nur ein Erleuchteter«, entgegnete er wie aus der Pistole geschossen, »kann in aller Deutlichkeit erkennen, welche Eindrücke – und welche diese Eindrücke erzeugenden Taten – für jede Einzelheit unseres Erlebens verantwortlich sind.«

»Dann ist also jedes einzelne Detail unserer Welt und unseres eigenen Wesens und des Wesens jedes einzelnen Menschen in unserer Umgebung von den Eindrücken bestimmt, die durch all das hinterlassen wurden, was wir in der Vergangenheit gesagt oder gedacht oder getan haben?«

»Genau«, erwiderte er und starrte wieder hinab auf seine Hände und die Gebetskette, die sie hielten.

»Alles? Jeder leiseste Windhauch an unserer Wange, jede Linie in der Maserung einer Holzplanke, jeder unserer Gesichtszüge, die Sonne, das Aufgehen der Sonne, der kleinste Gedanke, der uns durch den Kopf geht?«

»So ist es.« Und wieder starrte er auf seine Hände.

»Aber wenn wir ein Erleuchteter sein müssen, um ganz genau zu wissen, welche Handlungen gut und welche schlecht sind, wie können wir dann wissen, welche Handlungen so gut sind, dass sie die geeigneten Eindrücke in unserem Geist erzeugen, um uns erleben zu lassen, dass wir zu einem Erleuchteten werden?«, fuhr ich beharrlich fort.

»Durch das Studium ihrer Worte«, sagte er schlicht, ohne aufzusehen.

»Und wenn wir sie gewissenhaft studierten«, entgegnete ich nach einigem Nachdenken, »dann könnten wir theoretisch genau wissen, welche Taten und Worte und Gedanken unsere künftige Welt uneingeschränkt gut machen würden, und könnten all diejenigen vermeiden, die irgendetwas Schlechtes in unserer Welt verursachen würden?«

Er sah von seinen Händen auf und sagte streng: »Das ist keine bloße Theorie. Man kann es wirklich schaffen, und zahllose Heilige der Vergangenheit haben es bereits geschafft.«

»Dann belehre mich bitte, nenne mir die Handlungen, die die richtigen Eindrücke erzeugen, denn ich bin der Leiden dieser Welt zutiefst überdrüssig – oder besser gesagt: dieser Welt, die in sich nichts als Leiden ist.«

»Beschreibe mir jedes einzelne Leiden deiner Welt, und ich werde dir die Handlung nennen, durch die es nach Auskunft der Allwissenden ins Dasein gerufen wurde.«

Er brauchte mich kein zweites Mal aufzufordern. »Der Tod. Welche Handlung prägt dem Geist den Eindruck ein, der einen Menschen veranlasst, sich an einem schrecklichen Krebsleiden sterben zu sehen?«

»Töten: Leben zerstören.«

»Wenn wir es also vermieden, jegliches menschliche oder tierische Leben zu zerstören, dann müssten wir nie auf diese Weise sterben?«

»So ist es – wenn man von den Eindrücken absieht, die wir erzeugt haben könnten, *bevor* wir begannen zu vermeiden, Leben zu zerstören.«

Ich dachte kurz über diese alten Eindrücke nach. »Und wenn wir diese Eindrücke aus der Vergangenheit mithilfe der vier Schritte zur Reinigung des Geistes tilgten?«

»Dann müssten wir nie mehr auf diese Weise sterben.«

Das war eine ziemlich welterschütternde Aussage. Sie barg in sich den Gral, den Stein der Weisen, nach dem die ganze Menschheit sucht, seit es Menschen gibt, und sie machte mich nachdenklich und flößte mir ein Gefühl ein, wie es jemand verspüren mag, der einen entscheidenden Augenblick in der Geschichte eines großen Reiches erlebt und der sich der historischen Tragweite dieses Augenblicks schon im Augenblick seines Geschehens vollkommen bewusst ist.

»Und die Armut; wie kommt es, dass Menschen zusammen leben können, im selben Land, auf derselben Erde, unter demselben Himmel und Regen, und manche haben genug – oder sogar zu viel – zu essen, während andere hungern müssen?«

»Stehlen: nicht Gegebenes nehmen.«

Meine erste Reaktion war der Gedanke, dass dies vollkommen einsichtig klang. Doch dann tauchte ein leiser Zweifel auf, ein Einwand, der diese ganze Vorstellung von den guten und den bösen Taten fehlerhaft erscheinen ließ.

»Aber ich habe Kaufleute gesehen, die bei ihren Geschäften in gewissem Sinne stahlen; das heißt, sie betrogen andere jahrelang, und dennoch waren sie stets erfolgreich.«

Sein Kinn reckte sich kaum merklich höher, und er sah mit einem Anflug von Empörung, mit starren, unbewegten Augen, zu mir herab.

»Dann hast du also aus den Samen süßer Pflaumen saure Zitronen wachsen sehen?«, fragte er fast sarkastisch.

»Nein«, sagte ich, »nichts dergleichen. Es ist für den Samen einer sauren Frucht unmöglich, eine süße Frucht hervorzubringen. Samen und die Früchte, die sie hervorbringen, sind stets derselben Art: Süßes bringt Süßes, Saures bringt Saures hervor.«

»Aber du hast gerade gesagt, dass eine negative Handlung ein positives Ergebnis zeitigen könnte.«

»Nun ja, so sieht es jedenfalls aus«, erwiderte ich ein wenig verunsichert.

»Ja«, sagte er und sah traurig auf seine im Schoß gefalteten Hände herab. »Ja, so sieht es aus.« Er seufzte und fuhr dann leise fort: »Und diese eine Tatsache ist der Ursprung des Leidens und des Unglücks der ganzen Welt, denn es hat den Anschein, als könnten wir dadurch, dass wir einander betrügen, anlügen oder täuschen, einen Vorteil erringen oder etwas bekommen, was wir wollen. Aber in Wirklichkeit betrügen wir uns auf viele Jahre hinaus um jegliches Glück.

Denke jetzt gründlich nach«, sagte er. »Denke gründlich nach. Kann der Obstbaum, der aus einem Samen wächst, in demselben Augenblick erscheinen, in dem der Samen in den Boden gesteckt wird – oder auch nur kurze Zeit danach?«

»Nein, niemals. Es dauert seine Zeit, bis aus einem Samen ein richtiger Baum gewachsen ist; das liegt in der Natur der Samen und der Dinge, die sich aus ihnen entwickeln. Und bis der Baum ausgewachsen ist und reife Früchte trägt, ist der Samen grundsätzlich längst verschwunden.«

»Und hast du irgendeinen Grund zu der Annahme, dass es sich bei den geistigen Samen anders verhält?«

»Nein«, sagte ich und dachte intensiv nach. Aufgrund der Dringlichkeit, die diese Fragen für mich und mein ganzes Leben besaßen, hatte ich bereits nach einer Minute begriffen, was er mir zu sagen versuchte.

»Nach dem, was du gesagt hast«, begann ich, »könnte nur eins einem Kaufmann wahren geschäftlichen Erfolg bescheren, nämlich Wohltätigkeit: die aktive Befriedigung der Bedürfnisse anderer.«

»So ist es«, sagte er und lächelte jetzt zum ersten Mal, erfreut über die Leistung seines Schülers.

»Und das Einzige, was es einem in Wirklichkeit einbringen könnte, andere zu betrügen, ist Armut«, fuhr ich fort.

Er lächelte und nickte kaum merklich.

»Wenn wir also jemanden betrügen und scheinbar einen Nutzen daraus ziehen, dann beobachten wir in Wirklichkeit zwei kausal nicht miteinander zusammenhängende Ereignisse: Auf der einen Seite gelangt ein positiver Samen oder Eindruck zur Reife, der aus früherer Wohltätigkeit hervorgegangen ist, und auf der anderen Seite prägt sich ein negativer Eindruck ein, der uns irgendwann in der Zukunft die Erfahrung eigener Armut bescheren wird.«

Wieder nickte er.

Etwas explodierte in meinem Geist, und ich stieß aufgeregt hervor: »Und das erklärt also, warum manche Erfolg zu haben scheinen, wenn sie andere betrügen, während andere scheinbar nicht erfolgreich sind, wenn sie andere betrügen, und warum wieder andere Misserfolg zu haben scheinen, gleichgültig ob sie betrügen oder ehrlich sind, und wieder andere in jedem Falle scheinbar erfolgreich sind! Die Welt *funktioniert* gar nicht so, wie es den Anschein hat!«

Er nickte, gleichfalls aufgeregt. Dann lehnte er sich wieder zurück und sah, das Kinn noch eine Spur höher angehoben, zu mir herab, als wollte er mich zu einer weiteren Erkenntnis führen.

»Wenn etwas wirklich die Ursache von etwas anderem wäre«, sprach ich meinen etwas stockenden Gedankengang aus, »dann müsste es, bei Vorhandensein der erforderlichen Faktoren, immer und unweigerlich dieses andere verursachen. Wir wissen beispielsweise, dass ein Weizenkorn die Ursache einer Weizenpflanze ist, weil es, sofern alle notwendigen Bedingungen erfüllt sind, immer und unweigerlich eine Weizenpflanze und keine andere Getreideart hervorbringt. Wenn Betrug im Geschäftsleben die wahre Ursache für geschäftlichen Erfolg wäre, dann müssten wir – vorausgesetzt alle anderen Bedingungen sind gleich – jedes Mal, wenn wir jemanden betrügen, davon profitieren. Aber da dem nicht so ist, bringt uns der Betrug in Wirklichkeit keinen Gewinn. Vielmehr muss es etwas anderes geben, das die wahre Ursache für geschäftlichen Erfolg ist und somit unweigerlich und immer bleibenden Wohlstand schenkt.«

»Und das ist, anderen zu geben«, schloss er leise und sah mich dabei an wie ein sehr stolzer Vater.

In diesem Moment hatte ich das Gefühl, als sei das Gemälde der Landschaft meines künftigen Glücks – und desjenigen der Menschen in meiner Umgebung – mit einem einzigen Pinselstrich nahezu vollendet worden. Es war einer der wichtigsten Augenblicke in meinem ganzen Leben.

Dann wandte sich mein Geist wieder den Leiden meiner Welt und derjenigen zu, die sie gemeinsam mit mir durchwanderten. »Beziehungen«, sagte ich. »Sie scheinen in dieser Welt eine Quelle großen Glücks und die Quelle ebenso großen – oder noch größeren – Leids zu sein. Wir sehen Paare, die ihr ganzes Leben, bis zum Tod, in stillem Glück miteinander verbringen, wir sehen andere, die sich näher kommen und sich dann wieder auseinander leben, und wir sehen wieder andere, deren Beziehung vom ersten Augenblick an zum Scheitern verurteilt zu sein scheint. Was verursachte bei den Unglücklichen den geistigen Eindruck, der ihnen das Erleben des Scheiterns ihrer Beziehung beschert?«

»Ein Mangel an Treue zum Ehepartner«, antwortete er, ohne zu zögern.

Ich dachte an einige Fälle, die mir zu Ohren gekommen waren, und in mir regte sich Widerspruch, denn ich kannte treue Männer und Frauen, die ihre Partner an herzlose Verführer verloren hatten, aber mein Einwand verflüchtigte sich von selbst, sobald ich die gegenwärtige

Ursache für künftiges Glück von der gegenwärtigen leidvollen Folge der Untreue in der Vergangenheit unterschieden hatte. Die Logik von Gunaprabhas schlüssiger Argumentation war nicht zu widerlegen. Dies erinnerte mich an ein weiteres Leiden, das mich von jeher tief beunruhigt hatte.

»Auf der Welt sehen wir Menschen«, begann ich, »die die Wahrheit sagen und deren Worten jedermann Glauben schenkt. Wir sehen andere, die nicht die Wahrheit sagen, deren Worten aber dennoch Glauben geschenkt wird. Wieder andere sagen die Wahrheit, doch niemand glaubt ihnen. Andere lügen, aber auch ihnen glaubt keiner.«

»Diejenigen, denen man Glauben schenkt, haben in der Vergangenheit die Wahrheit gesagt; diejenigen, die auf Unglauben stoßen, haben in der Vergangenheit gelogen«, sagte er kurz. »Vergiss niemals den Fall des Betrügers, der erfolgreich zu sein scheint; lass dich nicht vom Anschein täuschen. Gebrauche deinen Geist, deinen Verstand, um das zu sehen, was die Augen allein niemals sehen können.«

Ich nickte und wandte mich wieder meiner Liste der unerfreulichen Aspekte des Lebens zu. Ich erinnerte mich, dass ich einige unangenehme Augenblicke in Gesellschaft von Menschen erlebt hatte, die sich unentwegt zankten, fortwährend schlecht von Abwesenden redeten und allgemein einen schlechten Charakter hatten: mit der Sorte Menschen, die – sollten die Umstände uns zwingen, längere Zeit mit ihnen zu verbringen – unsere ganze Lebensfreude zunichte machen und auf die Dauer – was noch schlimmer wäre – auch *unseren* Charakter verderben würden. Ich fragte ihn nach der Ursache solchen Verhaltens.

Er nickte zum Zeichen, dass er die Frage gehört hatte, schlug dann wieder die Augen nieder, zupfte an den Falten seines Gewandes und verharrte in tiefem Schweigen. Dann seufzte er leise und sagte: »Ist dir nicht aufgefallen, dass wir Menschen dieser Welt danach verlangen, von anderen geliebt und bewundert zu werden? Wenn diese Menschen jemand anderen lieben oder bewundern, verspüren wir den Drang, sie zu entzweien und gegeneinander aufzubringen, und lassen die eine oder andere Bemerkung fallen, die uns geeignet erscheint, dieses hässliche Ziel zu erreichen. Ist dir noch nie aufgefallen, dass viel von dem, was wir sagen, zu einem großen Teil – zu einem größeren vielleicht, als uns überhaupt bewusst ist – den Zweck verfolgt, jene, die für die ach so kurze Zeit ihres Lebens ein wenig Freundschaft und Wärme gefunden haben, einander zu entfremden? Das also ist die Ursache, und das ist der Grund, warum wir uns so oft in der gemeinen Gesellschaft wiederfinden, die du gerade beschrieben hast.«

Auch dies erschien mir vollkommen logisch, und ich nahm mir vor, mich künftig besonders gewissenhaft vor solchen Reden zu hüten, da mir die Gesellschaft edler Menschen sehr viel bedeutete. Dies erinnerte mich an den jähzornigen Leiter der Bibliothek, in der ich arbeitete, und so fragte ich: »Und was ist die Ursache des Eindrucks, der uns dazu bringt, von bestimmten Menschen Äußerungen zu hören, die immer nur unerfreulich und kritisch sind, als hätten diese Menschen nichts anderes im Sinn, als Streit mit uns anzufangen?«

»Die Ursache dafür sind unsere eigenen unfreundlichen Worte einem anderen Menschen gegenüber – ja«, sagte Gunaprabha mit einem charakteristischen Achselzucken, als er wieder nach unten sah, »selbst einem unbelebten Gegenstand gegenüber: Wenn wir beispielsweise schlecht von einem Nachbarn reden oder einen Stein verfluchen, an dem wir uns den Fuß gestoßen haben, oder einen Wagen, dessen Ankunft sich verzögert.«

»Aber was, wenn die betreffende Person« – ich fühlte mich allmählich ein wenig in die Defensive gedrängt – »nichts von dem, was wir sagen oder vorschlagen, für wichtig oder auch nur im Mindesten nützlich hält und uns das Gefühl gibt, ein vollkommener Nichtsnutz zu sein?«

»Auch das hat seine Ursache«, entgegnete er sofort, als erriete er, worauf ich hinauswollte, »nämlich müßiges Geschwätz – ein wahrer Fluch der Menschheit, unter dem das Leben unzähliger Menschen langsam, aber sicher erstickt, während er gleichzeitig die Samen für künftiges Elend setzt.«

Ich dachte an die vielen Gespräche, die ich mit Freunden bei einer Tasse Tee geführt hatte, und vergegenwärtigte mir, wie viel von dem, was wir gesagt hatten, absolut überflüssiges Geplauder gewesen war, so wertlos, dass ich mich bereits wenige Stunden später nicht einmal mehr erinnern konnte, wovon die Rede gewesen war. Dasselbe schien auch für die vielen Nachrichten zu gelten, die wir täglich lasen und die bereits am nächsten Tag vollkommen vergessen waren, so dass wir noch mehr Zeit mit der Lektüre weiterer, neuer Nachrichten vergeuden konnten.

Ich erinnerte mich an die Kaufleute, die im Gasthof nahe der Bibliothek über Zeitungen voll mit den neusten Preisen und Moden gebeugt saßen, in erregte Gespräche und Verhandlungen vertieft, die auf die Anhäufung von Reichtum abzielten, in so hektische und Zeit raubende Aktivitäten verstrickt, dass sie sich oft nervöse Krankheiten zuzogen und ihren Beruf nicht weiter ausüben konnten, oder starben, ehe sie einen nennenswerten Nutzen aus den Früchten ihrer Bemühungen ziehen konnten.

»Und was«, fuhr ich deswegen fort, »bewirkt, dass das Leben mancher Menschen ausschließlich vom Verlangen beherrscht wird, immer mehr und immer bessere Dinge zu erwerben? Woran liegt es, dass so viele so wenig imstande zu sein scheinen, sich mit dem Ausreichenden, das sie bereits besitzen, zufrieden zu geben?«

»Das ist das Ergebnis eines Eindrucks, der dem Geist durch das Verlangen eingeprägt wird: das ständige Beobachten dessen, was andere haben oder tun oder wissen, und es selbst haben, tun oder wissen wollen.«

Bei diesen Worten musste ich daran denken, wie sehr ich mich nach der Stellung des Bibliothekars sehnte und danach, zu wissen, was er über all diese Bücher wusste, und zwar nicht, weil ich nach Wissen gestrebt hätte, das mir und den Menschen in meiner Umgebung von Nutzen sein würde, sondern einfach weil *er* diese Stellung und dieses Wissen hatte und sich daran erfreute. Vielleicht, überlegte ich, sollte ich ihm behilflicher sein, statt andauernd nach irgendwelchen Möglichkeiten zu suchen, ihn zu verärgern.

Und so brachte ich eine weitere Frage vor: »Ich kenne jemanden«, sagte ich, »der einen Gehilfen hat, der auf ihn neidisch ist und ihm daher fast gar keine Hilfe ist und ständig neue Wege findet, ihm Unannehmlichkeiten zu bereiten.«

Er sah mich, ohne den Kopf zu heben, von unten herauf an, als lese er meine Gedanken, und der Anblick seiner nur halb geöffneten Augen rief mir das Bild eines anderen Gesichts ins Gedächtnis. In diesem Moment wurde mir bewusst, dass das auch bei allen anderen Meistern geschehen war, die ich an diesem heiligen Ort getroffen hatte. »Dieser Jemand«, sagte er bedächtig, »erlebt gegenwärtig das Ausreifen eines Eindrucks, der ihm von der Missgunst eingeprägt wurde.« Und hier verzerrte sich seine sonst so unbewegte Miene ein wenig: Die großen Eulenaugen öffneten sich noch weiter, wodurch auf seiner Stirn tiefe Querfalten entstanden, und er stieß abermals einen Seufzer aus, einen tiefen Seufzer. »Wie seltsam und widersinnig es doch ist«, sagte er leise, »dass die Misserfolge anderer eine solche Faszination auf uns ausüben! Selbst wenn wir mit jemandem eng zusammenarbeiten, vielleicht sogar als dessen Gehilfe, und unser beider berufliche Zukunft vom Erfolg des Projekts abhängt, mit dem wir beide befasst sind, hegen wir dennoch diesen unnatürlichen Wunsch, den anderen scheitern zu sehen, und empfinden so wenig echtes Mitgefühl, wenn es tatsächlich geschieht!« Und er warf mir einen kurzen, aber vielsagenden Blick zu, bevor er die Augen wieder niederschlug und wortlos auf seine Hände hinabsah, die gefaltet in seinem Schoß lagen.

Beschämt saß ich eine Zeit lang schweigend da und starrte meinerseits auf meine Hände, doch dann veranlasste mich ein beunruhigender Gedanke dazu, aufs Neue zu sprechen.

»Wenn die Unannehmlichkeiten, die der Gehilfe dem Bibliothekar bereitet, in Wirklichkeit durch die negativen Eindrücke des Bibliothekars selbst verursacht sind und seinem Geist durch die Missgunst eingeprägt wurden, die er in der Vergangenheit jemand anderem entgegenbrachte, dann hat der Bibliothekar sich das alles selbst zuzuschreiben: Dann ist es nicht die Absicht des Gehilfen, die dem Bibliothekar Unannehmlichkeiten beschert, sondern das Ausreifen der Samen, die der Bibliothekar einst selbst in seinen eigenen Geist gesetzt hat.«

»Wohl wahr, wohl wahr. Allerdings hättest du noch hinzufügen sollen, dass die bösen Absichten des Gehilfen *durchaus* jemandem die Unannehmlichkeiten bescheren werden, die er zu verursachen hofft – und dieser Jemand ist der Gehilfe selbst.«

»Dann ist es mir in Wirklichkeit aber auch nicht einmal möglich, mich behilflich zu machen«, wandte ich ein, »denn *wenn* der Bibliothekar mich als eine Hilfe empfinden sollte, dann wäre es nur aufgrund der Hilfe, die er anderen in der Vergangenheit *selbst* geleistet hat.«

Diesmal schoss Gunaprabhas Gesicht zornig hoch. »Du bewegst dich am äußersten Rand eines Abgrunds; du hältst dir einen Becher des tödlichsten Giftes an die Lippen. Du bist im Begriff, einen wahrhaft bösen Gedanken zu denken, einen Gedanken, der viele der überaus wenigen, die das Glück hatten zu verstehen, was du bislang in diesem Garten verstanden hast, in die Irre geführt hat.

Alles, was du sagst, ist wahr. Wenn wir jemanden leiden sehen, dann liegt es nur daran, dass er Taten begangen oder Worte gesprochen oder Gedanken gedacht hat, die seinem Geist einen entsprechenden Eindruck eingeprägt haben. Und dieser Eindruck bewirkt, dass er sich selbst als Leidenden erlebt. Also trifft es zu, dass jeder ausschließlich und persönlich für jeden noch so kleinen Schmerz verantwortlich ist, den er erleidet.

Und wenn wir versuchen, einem Leidenden in seiner Not beizustehen, und es uns gelingt, ihm etwas Trost zu verschaffen, empfindet er einzig deswegen Trost, weil er in dem Moment das Reifwerden eines anderen, *positiven* geistigen Eindrucks erlebt – eines Eindrucks, der zu der Empfindung heranwächst, die wir Getröstetsein nennen.

Solltest du mit deiner Aussage allerdings unterstellen wollen, dass wir uns deswegen *nicht* verpflichtet fühlen müssen, andere zu trösten, dass es *nicht* unsere heilige Pflicht, ja überhaupt der Sinn unserer Existenz ist, uns zu bemühen, anderen Trost zu spenden, dann hast du umsonst an diesem Ort studiert, und dann hast du Sie und all diejenigen verraten, die dich hier unterrichtet haben, und du hast all jene verraten, die in Zukunft von dem, was du hier lernst, hätten profitieren können, und am allerschändlichsten hast du dich selbst, hast du dein Menschsein verraten! Und tief in deinem Herzen weißt du, noch während ich spreche, dass es die Wahrheit ist.« Und ich spürte tatsächlich, wie falsch der Gedanke war, den ich beinahe zugelassen hätte. Nach diesem überraschenden Ausbruch des sonst so zurückhaltenden Meisters trat Schweigen ein, und eine Zeit lang hörte ich ihn nach Atem ringen. Dann fasste er sich und fuhr fort.

»Vielleicht solltest du mich jetzt fragen, was genau den allergrößten Teil der Lebewesen dazu veranlasst, sich an Vorstellungen ihrer Welt und ihrer Existenz zu klammern, die offensichtlich falsch und unserem Glück so abträglich sind. ›Was genau‹, solltest du fragen, ›bringt uns Menschen dazu, Gedanken zu denken, die so sicher und gründlich das Glück zerstören, das Ziel und Zweck jedes einzelnen Gedankens und jeder unserer Taten ist?‹

Die Antwort«, sagte er, »lautet: Uns selbst zu gestatten, eine Vorstellung zu entwickeln, die dem entgegengesetzt ist, was uns wirklich das Angestrebte bringt; mittlerweile hast du eine gewisse Ahnung von der Wahrheit erhalten, davon, was wirklich unsere Welt verursacht, und du kannst dir sehr wohl vorstellen, dass deine frühere Denkweise – und damit die Art und Weise, wie der größte Teil der Menschheit weiterhin denkt – dem Geist die allerschädlichsten Eindrücke überhaupt einprägt.«

Ich schwieg eine Zeit lang beschämt und fürchtete sogar, Meister Gunaprabha könnte sich weigern weiterzusprechen und meine verbleibenden Fragen unbeantwortet lassen. Er sah unverwandt weiter nach unten und zählte dabei irgendein unverständliches Gebet immer und immer wieder auf seiner Gebetskette ab. Dann sah er plötzlich wieder auf und wandte die großen runden Augen in meine Richtung.

»Frag«, sagte er schlicht.

Ich nahm all meinen Mut zusammen und begann wieder da, wo ich meinen Gedankengang unterbrochen hatte. »Du hast so viel von den Eindrücken gesprochen, die meinem Geist durch meine vergangenen Taten und Gedanken eingeprägt wurden, und du hast überzeugend dargelegt, in welcher Weise sie meine persönlichen Erlebnisse beeinflussen können. Dabei hast du aber immer wieder gesagt, dass sie meine *ganze Welt* erschaffen; meinst du damit auch die äußere, materielle Welt, die Umwelt, in der wir leben? Sind diese Eindrücke wirklich so stark, dass sie sämtliche Leiden verursachenden Einzelmerkmale unserer materiellen Welt bestimmen?«

»Nenne solch ein Leiden, und wir werden sehen«, war seine ganze Antwort.

»Ich bin einmal in den Osten gereist«, begann ich, »und habe dort zwei sehr unterschiedliche Länder besucht. Sie liegen auf demselben Breitengrad, weisen im Wesentlichen die gleichen Bodenarten und physischen Gegebenheiten auf und empfangen die gleiche Menge Niederschläge und Sonnenlicht. In beiden Ländern habe ich die Menschen das gleiche Getreide anbauen sehen, manchmal sogar mit genau dem gleichen Saatgut. Aber wenn in dem einen dieser zwei Länder das geerntete Getreide gemahlen wird, scheint das dadurch gewonnene Mehl wenig Nährstoffe zu enthalten; es wirkt immer minderwertig und verunreinigt. Die Menschen, die sich davon ernähren, sind mager und kraftlos, ja sie werden manchmal sogar von dieser Ernährung krank. Im Nachbarland liefert das Getreide hingegen ein herzhaftes und sättigendes Mehl, das die Menschen kräftig und gesund macht. Wenn ich darüber nachdenke, zeigt sich dieser Unterschied sogar in den sonst identischen Arzneien, die in den beiden Ländern verwendet werden: Im ersten Land erweist sich ein Präparat oft als mangelhaft, weniger heilkräftig und bisweilen sogar giftig; im zweiten Land wirkt die Arznei dagegen fast immer wie gewünscht. Was ist die Ursache dieser Diskrepanz zwischen zwei Ländern?«

»Auch hier ist es das Vernichten von Leben. Die Einwohner des ersten Landes töteten in der Vergangenheit irgendwelche Lebewesen; die des zweiten nicht.«

Ich überlegte kurz und wandte dann ein: »All das Reden über Handlungen und die von ihnen in unserem Geist hinterlassenen Eindrücke hatte ich bislang so verstanden, dass wir persönlich und ausschließlich für die Samen verantwortlich sind, die wir in unseren Geist gelangen lassen. Daraus habe ich geschlossen, dass ein Eindruck jeweils nur *einem* Geist eingeprägt werden kann. Jetzt aber sprichst du von der größeren äußeren Wirklichkeit, der realen Umwelt, in der sehr, sehr viele Menschen zusammenleben. Du scheinst damit sagen zu wollen, dass einer großen Gruppe von Menschen ein einziger riesiger Eindruck gemeinsam sein kann.«

»Nicht den Eindruck hat die Gruppe gemeinsam«, sagte er bedächtig, die Wichtigkeit meiner Frage würdigend. »Es ist vielmehr so, dass eine Gruppe von Menschen irgendwann in der Vergangenheit *als Gruppe* eine bestimmte gute oder schädliche Tat begangen hat. Jedes Mitglied der Gruppe erzeugt in sich dadurch einen ähnlichen, wenngleich nicht völlig identischen Welt-Eindruck, der, wenn er ausreift, bewirkt, dass die Gruppe eine gemeinsame Wirklichkeit erlebt, wie beispielsweise die minderwertigen Getreideernten. Dabei aber wirkt sich dieses eine gemeinsame Problem aufgrund von bestimmten Faktoren – wie etwa einer jeweils geringfügig anderen Motivation beim gemeinsamen Verüben der ursächlichen Tat – bei jedem Mitglied der Gruppe etwas unterschiedlich aus.

Und das«, sagte er, »erklärt die Existenz verschiedener Nationen und der unsichtbaren und scheinbar willkürlichen Trennlinien zwischen einzelnen Ländern, die wir ›Grenzen‹ nennen, sowie die bittere Armut auf der einen Seite solch einer Grenze und den maßlosen Überfluss auf der anderen Seite derselben Grenze.«

»Wenn also zwei Länder gegeneinander Krieg führen«, fuhr ich fort, »und wenn die Soldaten dieser Länder sich gegenseitig töten, dann prägt jeder Mensch, der diese Kriegsanstrengungen aktiv unterstützt, seinem Geist den jeweils individuellen Eindruck dieses kollektiven Akts des Tötens ein.«

»Genau«, sagte er. »Jeder, der die Kriegsanstrengung unterstützt, erzeugt in sich einen Eindruck des Akts des Tötens, der ebenso tief und klar gezeichnet ist wie bei denjenigen, die tatsächlich an der Front stehen und schießen.«

Dies brachte mich sofort auf einen anderen Gedanken, und ich sagte aufgeregt: »Wenn also ein Land von einem anderen Land angegriffen wird und viele seiner Bürger Gefahr laufen, von der nahenden feindlichen Armee getötet zu werden, und wenn diese Bürger sich zusammenrotten und stattdessen die Soldaten der anmarschierenden Armee töten, dann prägt jeder einzelne Bürger seinem Geist den Eindruck des Akts des Tötens ein.«

»So ist es«, sagte er und sah mich, die riesigen Augen so weit aufgerissen, dass seine Stirn fast völlig verschwunden war, gespannt-erwartungsvoll an.

»Und die Eindrücke dieser Tötungsakte – würden sie nicht, irgendwann in der Zukunft, im Geist dieser Bürger die Wahrnehmung erzeugen, in Lebensgefahr zu schweben?«

»Zum Beispiel durch eine nahende feindliche Armee?«, fragte er mit einem gequälten Lächeln.

»Können wir nicht also sagen«, fuhr ich eilig fort, bemüht, mit meinen eigenen Gedanken Schritt zu halten, »dass die Armee, die eine Nation bedroht, von einem Welt-Eindruck erschaffen wurde, den die Menschen dieser Nation in sich erzeugten, als sie in der Vergangenheit gemeinsam den Akt des Tötens verübten?«

»Genau.«

Eine gewaltige Sonne ging langsam am Horizont meines Geistes auf. »Und können wir also nicht auch sagen, dass eine Nation, die auf die Gefahr des Getötetwerdens mit Töten reagiert, *bewirkt, dass sie irgendwann in der Zukunft noch einmal mit genau der gleichen Gefahr konfrontiert werden wird?«*

Er sah mich triumphierend an, den Kopf weit in den Nacken zurückgelegt, als sei er ein Maestro, der gerade eine herrliche Sinfonie zu Ende dirigiert hatte.

»Dann ist unsere natürliche Reaktion auf jedes unerfreuliche Erlebnis«, schloss ich, *»exakt die Handlung, die zur Folge hat, dass wir genau das gleiche unerfreuliche Erlebnis noch einmal durchmachen werden.* Die ganze Welt ist ein einziger großer Kreislauf des Leidens, in Gang gehalten durch unsere eigene Unwissenheit, die uns dazu veranlasst, jedem Unrecht, das uns andere antun, mit dem gleichen Unrecht zu begegnen!«

Die Wahrheit meiner Erkenntnis schien ihn mit Jubel zu erfüllen, gleichzeitig sah er zutiefst betrübt aus. Eine Zeit lang blieben wir beide stumm.

»Und wann hat das alles angefangen?«, fragte ich. »Wer zerstörte das erste Leben, so dass sein eigenes Leben bedroht wurde und er abermals Leben zerstörte, nur um erneut in Lebensgefahr zu geraten?«

»Warum muss es überhaupt einen Anfang geben?«, entgegnete er – eine so simple Frage, dass sie mir im Laufe meines Lebens oftmals als die schwierigste Frage überhaupt erschien.

»Alles muss einen Anfang haben«, wandte ich wieder ein. »Du selbst hast gesagt, dass jedes Ding eine Ursache hat.«

»Und genau das ist ja auch der Grund, warum unsere Existenz, dieser Geist, in dem jeder von uns lebt, keinen Anfang hat.«

»Was?«

»Denk doch einmal nach«, sagte er ein wenig ungeduldig. »Versuch zu vergessen, was du in deiner Kindheit gelernt hast. Mittlerweile müsstest du doch erkannt haben, wie viel von dem, was du früher gelernt hast, schlicht falsch ist, nichts als Märchen, die von Generation zu Generation weitergegeben wurden, ohne dass jemand sie je auf ihren Wahrheitsgehalt hin überprüft hätte. Denk jetzt einmal gründlich nach, mit deinem eigenen Kopf. Tu so, als wärest du der einzige Mensch auf der Welt und als versuchtest du, selbstständig herauszufinden, wo dein Geist hergekommen ist.«

Ein wenig verärgert ließ ich mich wieder im Gras nieder.

»Du hast bereits viel über den Geist nachgedacht. Du weißt, dass der Geist nur aus Geist hervorgehen kann. Dieser unsichtbare, erkennende, ungreifbare und allgegenwärtige Geist kann nur von etwas hervorgebracht werden, das aus demselben Stoff besteht, das heißt, von einem anderen Vorkommen von Geist. Und du weißt beispielsweise, dass dein eigener Geist im ersten Moment seines Daseins im Schoß deiner Mutter durch deinen eigenen Geist erschaffen wurde, der in dem diesem ersten Moment unmittelbar vorausgehenden Moment irgendwo, in irgendeiner anderen Welt, existierte. Diesen Punkt haben wir bereits bewiesen; erinnerst du dich?«

»Ja.«

»Stell dir jetzt also den Fluss deines Geistes über einen sehr langen Zeitraum hinweg vor: Stell ihn dir als einen Geist-Moment vor, der den nächsten Geist-Moment verursacht, der in den nächsten Geist-Moment übergeht, ebenso wie der unmittelbar vorausgegangene Moment dieses selben Geistes den gegenwärtigen Geist-Moment hervorgebracht hat.«

Die Formulierung war ein wenig schwierig, aber nachdem ich eine Minute lang konzentriert darüber nachgedacht hatte, sah ich es ein: Mein gegenwärtiger Geist war das Resultat meines Geistes im vorausgegangenen Moment, und mein Geist im nächsten Moment würde aus meinem gegenwärtigen Geist hervorgehen.

»Machen wir jetzt die Probe«, sagte er. »Der Geist ist etwas, das immer eine Ursache hat.«

»Richtig.«

»Und was ist seine primäre Ursache, seine Materialursache? Was ist dasjenige Ding, das selbst unmittelbar zum Geist wird, so wie ein Samen zu einem Keimling wird und Ton zu einem Keramikbecher?«

»Der Stoff namens ›Geist‹ kann ausschließlich durch den Stoff namens ›Geist‹ hervorgebracht werden.«

»Und wann tritt die Ursache jedes gegebenen Geist-Moments in Erscheinung?«

»Im unmittelbar vorausgehenden Moment.«

»Folglich«, sagte er mit einer Kopfbewegung, die man bei einem geringeren Menschen als Ausdruck einer gewissen Selbstzufriedenheit hätte deuten können, »hat der Geist, gerade *weil* er diese bestimmte primäre Ursache hat, keinen Anfang. Du kannst auf kein bestimmtes vergangenes Vorkommen deines Geistes deuten, und läge es selbst Millionen von Jahren zurück, und sagen, dass *dieser* bestimmte Moment keine primäre Ursache hatte, dass er einfach aus dem Nichts entstand. Dein Geist hat eine primäre Ursache, und die ist der Geist, folglich hat dein Geist keinen Anfang. Gewöhne dich an den Gedanken: Er ist nicht das, was du bislang gedacht hast, er ist etwas Neues für dich, und er ist schlicht und absolut wahr.«

Es fiel mir wirklich äußerst schwer, mich mit dieser Vorstellung abzufinden: Alles, was ich seit meiner frühesten Kindheit gelernt und verinnerlicht hatte, sträubte sich dagegen. Aber die Implikationen waren klar.

»Dann haben wir also schon immer mit Gewalt auf uns begegnende Gewalt reagiert, weil wir bereits vorher gewalttätig waren, und wenn wir mit Gewalt reagieren, stellen wir lediglich sicher, dass uns wieder neue Gewalt begegnen wird?«

»Genau. Ich bitte dich sehr, vergiss niemals die Lektion des erfolgreichen Betrügers. Glaube bei solchen Dingen niemals deinen Augen, glaube lieber deinem Verstand, denn er wird dich niemals täuschen. Wenn Gewalt der richtige Weg wäre, einen Konflikt beizulegen, wenn Gewalt die Ursache des Friedens wäre, dann würde sie immer den Frieden bringen, denn eine Ursache ist von ihrer Definition her dasjenige, was uns – solange alle übrigen notwendigen Bedingungen erfüllt sind – unweigerlich das erwartete Resultat bringt. Gewalt ist nicht die Ursache des Friedens, weil sie nicht immer den Frieden bringt; so einfach ist das.«

»Und wenn wir auf Gewalt mit Gewalt reagieren«, sagte ich bekümmert, »ist das einzig sichere Resultat, das wir erwarten können, die Fortsetzung dieser Gewalt, und zwar einzig gegen uns selbst gerichtet.«

Er nickte. »Ruhe dich jetzt einen Augenblick aus«, sagte er, denn wir waren beide erholungsbedürftig, geistig ebenso wie körperlich. Und dann saß er da, so wie ein alter Mann sitzt, vornübergebeugt, die Augen unverwandt auf seine Hände und die Gebetskette gerichtet, den seine Finger unablässig in Bewegung hielten, während ich mich gegen den Johannisbrotbaum lehnte und zu den Sternen emporsah.

»Nicht nur Gewalt erzeugt Eindrücke, die neue Gewalt hervorbringen«, fügte er, den Kopf leicht zum Baum gewandt, leise hinzu, »sondern bereits die *Tendenz,* auf eine bestimmte Weise zu handeln – zu töten oder zu lügen oder Ehebruch zu begehen –, wird mit in spätere Existenzen hinübergetragen. Dies erklärt, warum Menschen bereits im frühesten Kindesalter dazu zu neigen scheinen, sich freundlich oder verletzend zu verhalten, und macht es uns doppelt schwer, uns als Erwachsene von solchen Verhaltensweisen abzuhalten.«

Ich nickte, es leuchtete mir ein, denn ich hatte schon immer gemeint, bereits in den Gesichtern von Säuglingen bestimmte Vorlieben und Abneigungen erkennen zu können – als hätten sie sie aus einem anderen Leben mitgebracht, das sie anderswo geführt hatten. Auch bei meinen jungen Schulkameraden hatte ich verschiedene Gaben und Grausamkeiten beobachtet, die ihnen nahezu angeboren zu sein schienen. Erschöpft lehnte ich mich zurück, um die beruhigende Kraft des vertrauten Baums zu spüren, und sah wieder, zwischen seinen Ästen hindurch, hinauf zu den Sternen, und die Sterne inspirierten mich zu einer letzten Frage.

»Aber wo war mein Geist«, fragte ich, flüsternd fast, »bevor dieser Planet entstand?«

»Du hast die Antwort direkt vor Augen«, sagte er. »Die Zahl der bewohnten Planeten im Universum ist unendlich. Jeder Planet stirbt, wenn seine Zeit gekommen ist – der Planet etwa, auf dem wir uns momentan befinden, wird verglühen, wenn unsere Sonne sich in Vorbereitung ihres eigenen Untergangs weit über ihre gegenwärtige Größe hinaus ausdehnen wird.

Wenn der Körper, dem ein bestimmter Geist innewohnt, stirbt, muss dieser Geist in einen neuen Körper eingehen, eine Art Geist-Form, die ihm als vorübergehende Behausung dient, bis die Bedingungen gegeben sind, damit der Geist sich in einen neuen physischen Leib eingehen sehen kann. Dies wird natürlich durch eine bestimmte Kombination von Eindrücken verursacht, die diesem Geist durch vergangene Taten, Worte und Gedanken eingeprägt wurden.

Diese Geist-Form ist ein feinstofflicher Körper, der den Gesetzen, die für den Stoff normaler Körper gelten, nicht unterworfen ist, und so kann er sich fast so schnell wie der Geist selbst bewegen. Daher kommt es, dass jemand seine nächste Existenz in einer anderen Welt antreten kann, weit von derjenigen entfernt, die du und ich jetzt sehen. Und wenn die letzten Bewohner eines beliebigen Planeten sterben, bevor der Planet selbst stirbt, ziehen ihre Geister in ihrem feinstofflichen Leib weiter in eine dieser anderen Sphären.

Ich erzähle dir das alles nur zu deiner Information – weil du mich gefragt hast und weil es in einem gewissen Zusammenhang mit dem steht, was wir bislang erörtert haben. Diesen feinstofflichen Körper kann ich dir jetzt aber nicht direkt zeigen. Du musst diesen Gedanken auf eigene Faust weiterverfolgen, ehe du ihn vollkommen akzeptierst. Ansonssten würdest du unlogisch denken, und *damit* solltest du allmählich aufhören – habe ich Recht?«, fragte er rhetorisch. Dann nickte sein Kopf noch weiter nach unten, und er schien einzuschlafen, während ich die Nachtluft einatmete und versuchte, diese vielen Gedanken in meinem kleinen, müden Geist zu fassen.

Als ich aufwachte, war ich zunächst völlig verwirrt. Ich hatte keine Ahnung, wie spät es war, ja ob es überhaupt noch dieselbe Nacht war. Ich wandte mich zur Bank und sah den alten Meister, Gunaprabha, vollkommen aufrecht dasitzen und, sich wie im Takt eines inneren spirituellen Gesangs leicht vor und zurück wiegend, unverwandt geradeaus starren, auf etwas, das ich nicht sehen konnte. Ich stand auf, verneigte mich vor ihm und setzte mich wieder zu seinen Füßen ins Gras. Sein Rumpf hörte auf sich zu bewegen, sein Kinn hob sich leicht, und seine großen Eulenaugen blickten mich aus der großen Ferne seines außergewöhnlichen Geistes aufs Neue an.

»Bevor wir vom Thema abkamen«, begann ich, »hatten wir...«

»Wir sind nicht vom Thema abgekommen«, korrigierte er mich.

Ich nickte; er hatte absolut Recht. »Wir hatten über die Ursachen der äußeren Welt gesprochen, über die geistigen Eindrücke, die unsere materielle Umwelt bedingen.«

Er nickte.

»Ich bin auch in Ländern gewesen«, sagte ich, »wo das Problem nicht lediglich darin besteht, dass die Lebensmittel oder Arzneien oder andere Dinge keine Nähr- oder Heilkraft besitzen, sondern dass bereits die Feldfrüchte niemals zur Reife gelangen: Entweder sie gehen gar nicht erst auf, oder sie werden vom Brand vernichtet, oder sie verdorren, wenn der Regen ausbleibt, oder verfaulen, wenn es zu lange regnet.«

»Eine Folge des Stehlens«, murmelte er, den Blick wie immer auf seine Hände gerichtet, »von all denen, die einst an einem bestimmten Ort stahlen, gemeinsam erlebt.«

»Und ich bin in Ländern gewesen«, fuhr ich fort, »wo in den Straßen der Städte ständig ein übler Gestank hängt, ein ekelhafter Geruch von Exkrementen und Unrat, und wo jeder Weg, den man geht, eine einzige, ununterbrochene Kette unangenehmer Anblicke und Gerüche und Empfindungen bietet.«

»Das Erblühen eines Eindrucks, der dem Geist durch die Ausübung verschiedenartigen sexuellen Fehlverhaltens eingeprägt wurde«, murmelte er in sachlichem Ton.

»Und ich bin an Orten gewesen, wo niemand dem anderen trauen kann, wo keine Gruppe von Menschen gut zusammenarbeiten kann und wo eine solche Arbeit immer misslingt und der ganze Ort von Angst und von Angst einflößenden Dingen erfüllt ist.«

»Stehlen«, sagte er einfach.

»Und was hat bewirkt, dass manche Gegenden flach sind und leicht zu bereisen und leicht mit einem bequemen Straßennetz zu überziehen, während andere Landstriche von Felsen und Schluchten bedeckt und schwer zu durchqueren sind?«

»Reden führen, die andere entzweien«, entgegnete er.

»Und was hat jene sonderbaren Gegenden der Welt hervorgebracht, in denen der Boden mit scharfen Steinen oder dornigen Pflanzen bedeckt ist, in denen es keinerlei Flüsse oder Seen gibt und das ganze Land ausgedörrt, trostlos und bedrohlich ist?«

»Verletzende Dinge sagen.«

»Und warum gibt es Gegenden, in denen die Bäume wie missglückte Schöpfungen erscheinen: entweder sich weigern, überhaupt Früchte zu tragen, oder sie zur Unzeit tragen, zu spät oder zu früh, so dass sie niemals ausreifen oder schon am Ast verfaulen? Und wie kommt es, dass es in manchen kleineren und größeren Städten viele ruhige Ecken und Winkel gibt, Parks und Grünanlagen, in denen man sich ausruhen kann, während andere wahre Stein- und Betonwüsten sind, ohne einen Flecken, an dem Körper oder Seele Erholung finden könnten, und voller Gefahren?«

»Das Resultat nutzlosen Geschwätzes, vergeudeter Worte«, seufzte er.

»Und warum bleiben Besitztümer in den Händen mancher Menschen lange intakt und behalten ihren Wert und ihre Nützlichkeit, während bei anderen Menschen, wenn sie es endlich schaffen, einen lang ersehnten Gegenstand in ihren Besitz zu bringen, dieser rasch verdirbt, zerbricht oder aufhört zu funktionieren?«

»Anderer Menschen Gut begehren; es nur für sich haben wollen«, sagte er und begann an den Perlen seiner Gebetskette zu zupfen, als verstörte es ihn, sich solch eine Welt im Einzelnen vergegenwärtigen zu müssen.

»Und warum gibt es Zeiten, in denen manche Länder und Städte dieser Welt von Konflikten erschüttert werden und die Menschen sich gegenseitig töten oder schreckliche Krankheiten sich in der Bevölkerung ausbreiten? Oder Gegenden, in denen sich unter jedem Stein und Baum Geschöpfe wie Skorpione oder Giftspinnen finden oder größere Gefahren wie Leopard oder Bär lauern? Oder die noch ernstere Gefahr, die Räuber für den harmlosen Wanderer darstellen?«

»Einem anderen etwas Böses wünschen«, sagte er leise, »sich über die Misserfolge anderer freuen.«

»Und warum gibt es Nationen oder sogar ganze Kontinente, wo schädliche Ideen um sich greifen und im Geist jedes Menschen, der dort lebt, Wurzeln schlagen? Was bringt eine Welt hervor, deren gesamte Bevölkerung nach Dingen strebt, die sie niemals glücklich machen können? Wo die Menschen Dingen und Erlebnissen nachjagen, die ihnen nur Leiden bringen können? Wo gute, gesunde und lautere Ideen sowie Gedanken, die die menschliche Seele erbauen und befreien können, in Vergessenheit geraten sind und so denen, die sich nach diesem Frieden sehnen, keinen Trost zu spenden vermögen?«

»Der schlichte Akt, sein Leben nach falschen und schädlichen Vorstellungen auszurichten«, sagte er und sank vornüber, wie erschöpft von der Anstrengung, diese subtilen und nahezu unsichtbaren Beziehungen zwischen den Handlungen, Worten und Gedanken der Menschheit und den Auswirkungen dieser Taten auf die Welt zu betrachten, die die Menschheit eben dadurch erschuf.

Über die Welt als einen Ort nachzudenken, an dem Schmerz und Leiden unumschränkt herrschten und früher oder später jede Beziehung, jeden Menschen und jedes Ding zunichte machten, ging auch fast über *meine* Kräfte, und ich richtete meine Gedanken auf die anderen Reiche, von denen die anderen Meister gesprochen hatten. Vielleicht bestand ja doch noch eine gewisse Hoffnung, und so fragte ich Gunaprabha, welche Welt-Eindrücke diese anderen Daseinssphären erzeugt hatten.

Er verstand meinen Gedankengang sofort und ließ ihn, wenn auch vielleicht unbeabsichtigt, wie eine Seifenblase zerplatzen. »Jede der Handlungen, von denen wir heute Nacht gesprochen haben, von der Zerstörung von Leben über das Lügen bis hin zum Hegen schädlicher Überzeugungen, hat – wenn sie in besonders schwerer Form verübt wird – die Macht, einen Welt-Eindruck zu erzeugen, der einen veranlasst, sich der schwärzesten und grauenvollsten Qual ausgeliefert zu sehen, die es überhaupt gibt – einem so intensiven Schmerz, wie du ihn dir in deiner Daseinssphäre nicht einmal andeutungsweise vorzustellen vermagst.

Wenn sie in weniger schwerer Form verübt werden, haben die gleichen Handlungen die Macht, Eindrücke in deinem Geist zu erzeugen, die dich dazu veranlassen, dich als gepeinigtes Gespenst oder Tier zu erleben: nach unten zu blicken, dorthin, wo du jetzt Arme und Hände siehst, und stattdessen Tatzen oder Schwingen zu sehen – und glaube nicht, ich erzähle dir irgendwelche Ammenmärchen, denn der Geist ist ewig und allmächtig. Wenn er es vermag, deine gegenwärtige kontinuierliche Wahrnehmung einer ganzen Welt und Lebensspanne aufrechtzuerhalten, dann kann er, geringfügig verzerrt durch die Auswirkungen verletzender und schädigender Handlungen, für dich zweifellos auch die Daseinssphären erschaffen, die ich gerade erwähnt habe.

Außerdem muss dir klar sein«, sagte er müde, als quälte es ihn, mir mehr sagen zu müssen, »dass die Resultate, von denen ich während dieser Nacht gesprochen habe – die Auswirkungen unserer Worte, Taten und Gedanken auf unsere Erlebnisse und unsere Welt –, durchweg im Kontext einer Rückkehr oder Wiedergeburt als Mensch standen: ein

Ereignis, das wiederum dadurch verursacht wird, dass man all diese Handlungen so gut wie niemals begeht, und somit – so ungern ich es sage – ausgesprochen selten ist. Die Chance, die du jetzt als Mensch hast – als Wesen, das fähig ist, klar zu denken, das wirklich das Leiden erkennen kann, in dem es lebt, das dessen Ursachen begreift und das endlich den wahren Pfad gefunden hat, um ihm zu entkommen – ist überaus selten.«

Plötzlich schien Meister Gunaprabha seine Ermattung zu überwinden: Er setzte sich gerade hin, löste zum ersten Mal eine Hand von der Gebetskette in seinem Schoß und streckte sie mir entschlossen entgegen, so dass sein Zeigefinger fast gegen meine Stirn stieß. »Jetzt komm, wir sind schon fast die ganze Nacht hier. Ich frage dich: So schmerzlich unser Gespräch auch gewesen ist, entdeckst du darin nicht auch einen gewissen Grund zur Hoffnung?«

Tatsächlich war mir dieser Gedanke – wie er zweifellos wusste, und was auch mit Sicherheit der Grund dafür gewesen war, dass er sich plötzlich aufgerichtet und mir die Frage gestellt hatte – bereits selbst gekommen. »Ich nehme an«, sagte ich, ebenfalls mit einer gewissen Entschiedenheit, »wenn wir uns bemühen, diese verletzenden Taten, Worte und Gedanken, von denen du gesprochen hast, zu vermeiden, diese Handlungen, die die Welt-Eindrücke erzeugen, die wiederum die Wahrnehmung der Daseinssphären und Existenzen voller Enttäuschung und Schmerz verursachen, dass wir dann auch automatisch die Leiden dieser Welten vermeiden müssten.

Und ich nehme weiterhin an«, fuhr ich fort, »dass wir auch einen Schritt weitergehen könnten: Wir könnten bewusst danach streben, das Gegenteil dieser verletzenden Handlungen zu tun, und damit bewusst eine künftige Welt gestalten und erschaffen, die frei von all diesen Leiden ist.

Wie ich vermute, müssten wir zu diesem Zweck danach streben, das Leben aller Geschöpfe, Menschen wie Tiere, zu schützen und zu erhalten; müssten fremdes Eigentum strikt respektieren; die Tugend der Treue zum eigenen Ehepartner oder Lebensgefährten propagieren und fördern; immer und ausschließlich die Wahrheit sagen; danach streben, andere einander näher zu bringen; allen unseren Mitmenschen freundlich und respektvoll begegnen; nur über Dinge reden, die für unser Leben von Belang und förderlich sind; unsere Freude darin finden, mit anderen zu teilen und mitzuerleben, dass andere das erhalten, was sie sich wünschen; hoffen und aktiv daran arbeiten, dass andere Erfolg im Leben haben; und uns schließlich dazu erziehen, die seltenen, kostbaren, kurzen Augenblicke wirklichen, klaren Denkens, die uns in diesem Leben vergönnt sind, Ideen zu widmen, die für uns und unsere Mitmenschen wahrhaft wertvoll und förderlich sind. Dies würde unserem Geist vermutlich die Eindrücke für ein Paradies auf Erden einprägen, in dem uns auf Schritt und Tritt das genaue Gegenteil der Schrecken begegnen würde, die du heute Nacht geschildert hast.«

»Nicht nur ein Paradies *auf Erden*«, sagte er glücklich und so angeregt, wie ich ihn die ganze Nacht noch nicht gesehen hatte, »sondern auch *in deinem* Geist: die Eindrücke, die bewirken würden, dass du deinen Geist von da an als vollkommen lauter und friedvoll erlebst, für alle Zeiten.« Hier hielt er inne. »Aber wenn du jetzt wirklich begriffen hast, dass dies geschehen kann – und geschehen *wird* –, dann bitte ich dich sehr, aufmerksam anzuhören, was ich dir als Nächstes zu sagen habe, denn dies ist der eigentliche Grund, weswegen ich heute Nacht zu dir in den Garten gekommen bin.

Die Kraft unserer negativen Eindrücke ist gewaltig, und die wenigen positiven, die wir in uns haben, wurden unserem Geist durch schwache, ohnmächtige und seltene gute Absichten eingeprägt. Wenn du an einem hektischen, arbeitsreichen Tag deine Gedanken einige Minuten lang ehrlich beobachtest, wirst du feststellen, dass das normale Muster aus einer konstanten unterschwelligen Ichbezogenheit und Gereiztheit gegen alles und jeden in deiner Umgebung besteht.

Soll für dich auch nur die leiseste Hoffnung bestehen, deine guten Eindrücke insoweit zu vertiefen, dass sie beginnen können, deine ideale künftige Welt zu erschaffen, musst du einen Weg finden, deinen Geist mit größerer Entschiedenheit dafür einzusetzen, was gut ist – und zwar nicht, weil irgendwo irgendjemand wäre, der deine Fehler zählt, um dich später zur Rechenschaft zu ziehen oder irgendetwas in der Art, sondern schlicht und einfach deswegen, weil du es nicht schaffen kannst, dieser Welt, in der sich alles über kurz oder lang in Schmerz verkehrt, zu entfliehen, es sei denn, du lernst und übst unablässig das, was für dich und alle in deiner Umgebung den größten Nutzen besitzt. Ich rede davon, Gelübde abzulegen«, sagte er, und da erinnerte ich mich, dass er vor über tausend Jahren das berühmte Werk über die Verwirklichung eines ethischen Lebens durch das Ablegen von Gelübden verfasst hatte.

Ich dachte einen Moment lang nach und entgegnete dann wahrheitsgemäß: »Intellektuell verstehe ich alles, was wir heute Nacht gesagt haben, und es erscheint mir nur logisch, dass ich von heute Nacht an – will ich für mich und andere irgendetwas Gutes erreichen – ausschließlich gute Taten ausführen werden muss. Ich habe auch das Gefühl – wenn ich dich und die anderen überragenden Meister, die mich in diesem Garten unterwiesen haben, so erlebe –, dass es *einfach mehr Spaß macht* und eine größere Freude ist, das Richtige zu tun und anderen zu helfen, anstatt sie auf selbstsüchtige Weise zu verletzen.

Aber wenn du von Gelübden sprichst, verflüchtigt sich mit einem Mal die Freude, und mir drängt sich der Gedanke an ein eingeschränktes und freudloses Dasein auf, an ein Dasein enttäuschter, unglücklicher Männer und Frauen, die den Herausforderungen des Lebens nicht gewachsen sind und sich ins Kloster flüchten, wo sie ihre Enttäuschung in sich hineinfressen, bis sie zu einer Krankheit des Gemüts wird. Das ist kein Leben, das ich anstrebe, und ich kann nicht recht einsehen, wie es mir helfen sollte, wahrhaft gute Taten zu vollbringen, die doch in so hohem Maße voraussetzen, dass man in der Welt, unter anderen Menschen lebt.«

Als ich verstummte, streckte er die Hände aus und berührte mich zum ersten Mal in dieser Nacht. Er umfasste liebevoll meinen Kopf, und ich spürte zum ersten Mal eine intensive Wärme, die aus seinem Körper ausstrahlte und meinen Geist erfüllte und mich dabei an jemand anderen denken ließ. Er sah mich mit einem Ausdruck tiefsten Mitgefühls an und sagte: »Ich gebe zu, dass du vielleicht Menschen getroffen hast, die Gelübde abgelegt haben und sich so verhielten, wie du es beschrieben hast – wenngleich ich meine, dass du sie auch falsch beurteilt haben könntest und vorsichtig mit solchen Äußerungen sein solltest. Aber so sind Gelübde nicht.

Ich fürchte, die Kunst, Gelübde abzulegen und zu halten, ist in deiner Welt weitgehend in Vergessenheit geraten, und du weißt nicht viel darüber. Stell dir vor, du würdest dich zu einem großen Heiligen begeben, einem Menschen, der buchstäblich überströmt vor Güte und dem Wissen um spirituelle Dinge. Du würdest dich vor ihn hinknien und in sein Gesicht blicken und darin das herrliche friedvolle Glück sehen, das daher rührt, ausschließlich das zu tun, was für einen selbst und für andere gut und rein ist, und du würdest begreifen, dass auch du diese selige Heiterkeit erreichen kannst, und die Hände vor deiner Brust falten und sagen: ›Ich gelobe vor dir, dass ich wie du sein werde, dass ich dasselbe Glück finden werde, das du gefunden hast.‹ Und dann stehst du mit diesem neuen Gelöbnis auf, das an dir haftet wie ein frisch gewachsenes erhabenes, mächtiges Flügelpaar, und du wendest dich ab und trittst ans Fenster und schwingst dich hinaus, so frei wie ein Vogel. So sind wahre Gelübde: Sie sind eine Freude, sie sind ein Vergnügen, sie sind die Befreiung von der Sklaverei selbstsüchtigen und verletzenden Handelns, sie sind erleuchtet und erleuchtend, sie sind das Licht selbst.«

Sein ekstatisches Gesicht war jetzt in den Glanz des schon tief stehenden Mondes getaucht, und die Sterne schienen noch zusätzliche goldene Strahlen herabzusenden, die die Silhouette seines Kopfes in der Dunkelheit des Gartens mit einer Gloriole umgaben. Auch ich war wie gebannt, und zum ersten Mal wusste ich – ohne dass lange Erklärungen nötig gewesen wären, lediglich aufgrund der überwältigenden Intensität des Mitgefühls, welches das Wesen vor mir ausstrahlte –, dass ich Gelübde ablegen würde.

Sein Gesicht strahlte noch intensiver, und er lächelte zu mir herab. »Beginne mit den Laiengelübden«, sagte er. »Die kann jeder ablegen, und sie bringen Freude in jedes Leben. Du denkst an den Schmerz, der jede Sache und jede Beziehung, die du je erlebt hast, umgibt, und gelobst, um diesem Schmerz in dir und anderen ein Ende zu bereiten, nie wieder einen Menschen zu töten oder etwas von Wert zu stehlen, nie wieder Ehebruch zu begehen oder über dein spirituelles Leben zu lügen. Du beschließt außerdem, künftig auf alkoholische Getränke und andere Rauschmittel zu verzichten, die – wie ich dir wohl kaum zu sagen brauche – für jeden Menschen eine unerschöpfliche Quelle des Elends und eine absolute Vergeudung von Geld und Zeit sind.«

Ich dachte eine Minute lang nach und sagte dann: »Ich sehe ein, dass es gut sein kann, sich zu verpflichten, den Genuss von Rauschgiften aufzugeben, da diese Stoffe sehr weit verbreitet und offensichtlich nutzlos und schädlich sind. Aber was für einen Nutzen kann es haben zu geloben, die übrigen Dinge nicht zu tun? Kein anständiger Mensch würde doch je daran denken, seinesgleichen zu töten oder Ehebruch zu begehen, oder über die wichtigste Sache, die es gibt, zu lügen. Wozu also noch ein Gelübde ablegen?«

Er richtete sich auf und sah mir direkt in die Augen. »Das ist eine ehrliche Frage, und sie verdient eine Antwort. Der Eindruck, den du dadurch erzeugst, dass du eine bestimmte Tat vermeidest, weil du *gelobt* hast, sie zu vermeiden, ist viel stärker, als wenn du das Gelübde nicht abgelegt hättest. Jede gute Tat, die du aufgrund eines Gelübdes tust, hat gewaltige, unvorstellbar starke Auswirkungen, stark genug, um deinen Geist und deine Welt vollkommen zu läutern. Ohne die Kraft eines Gelübdes ist dies weit schwieriger.

Und das bewusste Ablegen des Gelübdes hilft dir, es zu erfüllen und damit jegliche negativen, Schmerz verursachenden Eindrücke zu vermeiden. Du erinnerst dich stets an das heilige Wesen, das so gütig war, dir die Möglichkeit zu geben, die Gelübde abzulegen, und wenn du einmal in Versuchung gerätst, eine böse Tat zu begehen, zögerst du aus Liebe und Respekt zu diesem Wesen, und das schützt dich. Du erinnerst dich daran, warum du vor diesem höheren Wesen niedergekniet bist und die Gelübde abgelegt hast – nicht als einen selbst auferlegten Zwang, nicht als eine Form der Selbstkasteiung, sondern als einen Akt der Befreiung, des Fliegenlernens, als direkten Weg zu einem Glück, von dem die meisten Menschen auf der Welt nicht einmal eine vage Vorstellung haben.«

Und Gunaprabha blickte ruhig auf seine Hände hinunter, ließ ein paar Perlen der Gebetskette zwischen seine Finger gleiten, richtete sich plötzlich auf und reckte noch einmal das Kinn empor, fast zum Himmel – und lachte dann voller Freude, das schöne singende Lachen eines glücklichen Kindes, das herzliche, natürliche Lachen eines Menschen, der nur Gutes getan und sich selbst und sein Leben und seine Welt gut gemacht hat.

Neuntes Kapitel

Mitgefühl

Die Begegnung mit Meister Gunaprabha hatte mir Stoff zu monatelangem Nachdenken gegeben. Ich schlenderte durch die Straßen des Marktviertels unseres Städtchens oder saß am Fenster der Bibliothek, sah hinaus auf die Baumwollfelder und die Orangenhaine und versuchte mir vorzustellen, wie diese Dinge durch einen Samen oder Eindruck in meinem Geist erzeugt worden sein konnten. Anfangs fiel es mir schwer, diese Vorstellung zu akzeptieren, aber während meiner Meditationen vergegenwärtigte ich mir die Gespräche, die wir geführt hatten, und konnte keinen Fehler in ihnen entdecken. Ich wusste, dass Gunaprabha die Wahrheit gesagt hatte, als er davon sprach, dass ich meine natürlichen gefühlsmäßigen Reaktionen auf meine sinnlichen Wahrnehmungen und meine anerzogenen kulturellen Vorurteile überwinden und mich stattdessen des Erkenntnisvermögens bedienen müsse, das uns logisches Nachdenken gewährt.

Durch ständiges Nachdenken und Beobachten gewöhnte ich mich mit der Zeit an diese neue Weise, die Dinge zu sehen, und es war für mich eine große Befriedigung, dass sie jeden Aspekt meiner Welt und sämtliche Erfahrungen erklärte, die ich im Laufe meines Lebens gemacht hatte und weiterhin machte. Besonders, wenn etwas Unerfreuliches geschah – wenn der Bibliothekar mich wegen eines kleinen Fehlers anschrie oder wenn etwas, worauf ich inständig gehofft hatte, nicht eintraf –, rief ich mir das Gespräch mit Meister Gunaprabha ins Gedächtnis zurück und versuchte auf diese Weise zu ermitteln, was ich in meiner Vergangenheit getan, gesagt oder gedacht haben mochte, um meine Wahrnehmung dieses bestimmten Ereignisses zu verursachen.

Und ich erkannte, dass die Reaktion, die ich normalerweise spontan gezeigt hätte – wie beispielsweise dem Bibliothekar schnippisch zu antworten, wenn er mich rügte –, genau die Art von Handlung war, deren geistiger Eindruck mir früher oder später *wieder* das Erlebnis des Angeschrienwerdens verschaffen würde. Wenn ich mich also nicht davon abhielt, auf meine natürliche, negative Weise zu reagieren, würde ich gerade das Leiden, das ich zu beenden versuchte, ins Unendliche fortführen.

Ich erkannte, dass es von Vorteil für mich sein würde, Maßnahmen zu ergreifen, die mir dabei helfen würden, meine natürlichen Reaktionen auf Ungerechtigkeiten zu vermeiden, und so entschloss ich mich, die fünf lebenslänglichen Laiengelübde abzulegen. Der gütige Abt der kleinen Einsiedelei, in der ich wohnte, nahm sie mir im Rahmen einer schlichten Zeremonie in seinem bescheidenen Quartier ab.

Ich hatte wirklich Freude an meinen Gelübden und machte es mir zur Gewohnheit, sie alle paar Stunden zu überprüfen. Nicht, dass ich während jeder solchen Zeitspanne einen Menschen hätte getötet haben können, aber ich machte es mir zur Aufgabe, die seit der letzten Überprüfung von mir begangene Tat zu identifizieren, die das Leben eines anderen Menschen oder eines Tieres *am meisten gefährdet hatte.* Um ein Gleichgewicht in meinem Herzen herzustellen, durchforschte ich die fragliche Zeitspanne anschließend auch nach einer möglichen *positiven* Tat, nach etwas, das ich getan hatte, um Leben zu schützen und zu erhalten. Dann nahm ich mir ein paar Minuten Zeit, um mich über diese Tat zu freuen – denn der Abt hatte mir erklärt, dies sei eine sichere Methode, die Kraft der positiven Samen in meinem Geist zu intensivieren.

Und am Abend, vor dem Einschlafen, überdachte ich einige der zehn negativen Verhaltensweisen, von denen Meister Gunaprabha gesprochen hatte, und überlegte mir, welche negative Tat, die ich im Laufe des Tages begangen hatte, ihnen jeweils am nächsten kam, und ebenso welche meiner Taten dem positiven Gegenteil am nächsten kam. Zu diesem Zweck legte ich ein Tagebuch an, in dem ich jeden Tag zwei oder drei der zehn Verhaltensweisen mit ihrem jeweiligen Gegenteil nach dem folgenden Muster auf einer Seite notierte:

1) Leben zerstören

Womit ich dem heute am nächsten gekommen bin:
Hätte um ein Haar jemanden umgeritten

Womit ich heute dessen Gegenteil (Leben schützen) am nächsten gekommen bin:
Habe dafür gesorgt, dass R. ihre Medizin nahm

Auf die erste Seite meines Tagebuchs schrieb ich die Liste der zehn Verhaltensweisen mit ihren jeweiligen Gegenteilen:

1. Leben zerstören	1. Leben schützen
2. Stehlen respektieren	2. Fremdes Eigentum respektieren
3. Sexuelles Fehlverhalten	3. Anderer Leute Partner(innen) respektieren
4. Lügen	4. Ausschließlich die Wahrheit sagen
5. Zwietracht säen	5. Menschen zusammenbringen
6. Gehässige Worte	6. Gütig und freundlich reden
7. Müßiges Geschwätz	7. Nur Dinge von Belang sagen
8. Begehren, was anderen gehört	8. Anderen helfen zu bekommen, was sie sich wünschen
9. Mich über das Unglück anderer freuen	9. Anderen im Unglück beistehen
10. An schädlichen Vorstellungen festhalten	10. Meine Überzeugungen überprüfen und nur diejenigen behalten, die wahr und gut sind

Ich schrieb also einige Fälle auf, in denen ich etwas getan oder gedacht oder gesagt hatte, das in irgendeiner Hinsicht den zwei oder drei Verhaltensweisen, die ich jeweils für den Abend ausgesucht hatte – sei es in der negativen, sei es in der positiven Spalte – nahe kam. Bereits nach wenigen Wochen stellte ich erste Veränderungen an mir und meiner Umwelt fest.

Die erste Entdeckung war eher bestürzend, denn mir wurde zunehmend bewusst, dass ich den lieben langen Tag, besonders wenn ich mich mit anderen unterhielt, ununterbrochen Andeutungen machte oder sogar explizite Bemerkungen fallen ließ, die bei näherer Betrachtung keinen anderen Zweck verfolgten, als mich selbst in ein günstiges Licht zu rücken und andere einander zu entfremden; oder ich sagte Dinge, die, obwohl ich keine gehässigen oder verletzenden Worte verwendete, eine – durchaus beabsichtigte – verletzende Wirkung hatten. Ich begann mich zu sorgen, dass ich statt besser immer schlechter würde, aber der Abt beruhigte mich und sagte, dies sei der Eindruck, den jeder, der ernsthaft beginnt, seine Gedanken, Worte und Taten zu beobachten, in der Anfangszeit gewinne.

Die unmittelbarste Folge meiner Bemühungen war, dass ich einfach aufhörte, Dinge zu sagen, zu tun oder zu denken, die so offensichtlich negativ waren, dass sogar ich als Neuling auf diesem Pfad nicht umhinkonnte, sie als solche zu erkennen. Was daraufhin geschah, hatte nicht allzu viel mit den Samen oder Eindrücken zu tun, von denen Gunaprabha mir erzählt hatte; es war viel simpler: Mein Geist hatte einfach plötzlich mehr Zeit für bessere Dinge, für positive Gedanken, und ich bemerkte an mir eine zunehmende Kreativität und Konzentrationsfähigkeit sowie eine durchgehend positive Grundstimmung, was insgesamt sehr angenehm war. Schlechte geistige Eindrücke zu vermeiden war – nun ja, tatsächlich unterhaltsam und alles andere als die trübsinnige Plackerei, die ich mir vorgestellt hatte, als Gunaprabha zum ersten Mal von Gelübden gesprochen hatte.

Langsamer zwar, aber sehr stetig, machten sich auch erste Veränderungen in meiner Welt bemerkbar, und ich erinnerte mich, dass Samen, die sehr bewusst und aufrichtig in den Geist gesetzt wurden, bereits in relativ kurzer Zeit zur Reife gelangen konnten: Im Idealfall konnte ein Mensch sogar im Laufe dieses einen Lebens seine gesamte Wirklichkeit von Grund auf verändern. Die Veränderung, die sich allmählich in meinem Leben abzeichnete, ist schwer zu beschreiben, aber sie war zweifellos erkennbar und real. Speisen schmeckten besser, Farben waren leuchtender, ich fühlte, wie Freude und Kreativität in mir empors-prudelten, und mit einem Mal schienen die Menschen in meiner Umgebung immer häufiger Dinge zu sagen und zu tun, die meine Seele inspirierten.

Wenn es mir gelänge, diese Lebensweise bis zu ihrer höchsten Vollendung zu führen, dann könnten sogar jene Dinge im Leben, die unausweichlich erschienen – wie Krankheit und Alter, ja sogar der Tod –, eine tief greifende Wandlung durchmachen – das spürte ich instinktiv. Ich ahnte aber auch, dass diese größere Veränderung mehr erfordern würde als meine gegenwärtigen, schwachen Bemühungen, und so fühlte ich mich abermals gedrängt, den Garten aufzusuchen.

Inzwischen war der Winter vergangen, und der Frühling prangte in schönster Blüte. Als ich an dem Abend durch das Tor ging, fiel mir auf – möglicherweise nicht zuletzt dank meiner Übungen in der Kunst des tugendhaften Lebens –, dass die kleine Grasfläche sich in einen üppigen Rasen verwandelt hatte. Aus dem Brunnen schien mehr kristallenes Wüstenwasser denn je zu sprudeln, und die Äste des Johannisbrotbaums hatten sich weit über den Umfang der niedrigen Backsteinplattform hinaus ausgebreitet, die den Stamm umgab: Sie reckten sich erst auseinander und neigten sich dann bis fast hinunter zur lieben kleinen Holzbank, bei der ich so viel gelernt hatte.

Ich setzte mich auf das eine Ende der Bank und richtete meine Gedanken und meine Augen auf den südlichen Teil des Gartens, auf einen kleinen Pflaumenbaum, unter dem ich, wie ich mich jetzt erinnerte, einst mit meiner goldenen Dame gestanden und mit meinen Lippen ein Muster auf Ihre Stirn gezeichnet hatte und plötzlich von einem seltsamen Gefühl erfasst worden war: einer teilnahmsvollen Sorge um Menschen, die ich zuvor nicht gekannt hatte, gepaart mit der physischen Empfindung einer starken inneren Erschütterung. So versunken hing ich dieser Erinnerung nach, dass ich gar nicht merkte, dass Meister Asanga den Garten betreten hatte und nun neben mir auf der Bank saß.

Ich wandte mich um, und das Erste, was ich sah, war seine ausgestreckte Hand, die mir ein kleines duftendes *Cupsay* hinhielt: ein Gebäck, das meine Mutter uns früher oft gebacken hatte. »Hier«, sagte er, »ich hab gehört, dass du die magst.« Er selbst knabberte schon mit einer freundlichen, bescheidenen Miene an einem und drängte mich, es ihm nachzutun. Und so saßen wir da und erfreuten uns an dem herrlichen Garten und der köstlichen Speise. Jedes Mal, wenn ich ein Stück aufgegessen hatte, reichte er mir ein weiteres aus einem kleinen Beutel, den er unter seinem Obergewand hervorgezogen hatte.

Er sah völlig anders aus, als ich ihn mir vorgestellt hatte. Er und sein Halbbruder Vasubandhu, dessen Belehrungen mir hier in diesem Garten bereits zuteil geworden waren, galten seit sechzehnhundert Jahren als zwei der größten Denker überhaupt. Doch wenn ich ihn mir jetzt ansah, erschien er mir einfach wie ein sehr netter, freundlicher Mann, mit einem offenen, ehrlichen Gesicht und einer Art zu reden und sich zu bewegen, die von einer an Schüchternheit grenzenden Sanftheit gekennzeichnet war. Er trug sein Mönchsgewand mit großer Natürlichkeit, als kümmerte es ihn nicht allzu sehr, wie es aussah, wodurch es aber gerade so aussah, als sei es eine Fortsetzung seiner selbst – so vollkommen entsprach der weiche Faltenwurf seiner offenkundigen Liebenswürdigkeit.

»Bist du satt?«, fragte er. »Hast du genug gegessen? Meinst du, ich habe zu viel Zucker darauf gestreut? Ich habe versucht, ihn zu Puder zu zerstoßen, aber es ist mir nicht so recht gelungen.«

Ich riss erstaunt die Augen auf, als ich ihn, einen der größten Philosophen aller Zeiten, mir dabei vorstellte, wie er sich an einem heißen Feuer zu schaffen machte und sein Bestes tat, damit meine Kuchen auch wirklich so gelangen, wie sie sich gehörten. Aber das erschien mir absolut typisch für seine Wesensart und es vermittelte mir eine erste wichtige Lektion, noch ehe er anfing, im Ernst zu sprechen.

»Die Zeit vergeht«, sagte er sanft und sah mich dabei mit gütigen braunen Augen teilnahmsvoll an, »und ich stelle fest, dass ich dazu neige, wichtige Dinge zu vernachlässigen.«

Ich begriff sofort, worauf er anspielte: auf meine Mutter und meine Suche nach meiner Mutter und meine Bemühungen herauszufinden, wie ich ihr – falls es irgendwie möglich war – noch helfen könnte. Mir wurde bewusst, dass das Streben nach meinem privaten Lebensglück meine ursprüngliche Absicht, ihr zu helfen, überschattet hatte, und die Gegenwart solcher Güte ließ mich tief erröten und beschämt die Augen niederschlagen.

Mit einer natürlichen Bewegung ergriff er meine Hand, als bäte er mich um Verzeihung für den Schmerz, den er mir bereitet hatte, aber die Festigkeit seines Griffs sagte mir zugleich, dass dieser Schmerz der notwendige Ausgangspunkt für die nächste Lektion war, die ich im Leben brauchte.

»Gärten sind etwas Herrliches«, sagte er voller Wärme. »Hast du dir je bewusst gemacht, wie viel Überlegung es erfordert, einen richtig zu entwerfen? Man muss gründlich nachdenken und sich vorzustellen versuchen, was jeden der vielen verschiedenen Menschen, die jemals den Garten besuchen werden, jeder auf der Suche nach einem kurzen Augenblick der Rast, am meisten erfreuen würde, so dass jeder – in ein und demselben Garten – auf etwas unterschiedliche Weise Erholung findet.«

Ein Schmerz durchfuhr meine Brust, und ich empfand diese wenigen schlichten Worte so, als würde er anklagend vor mir stehen und mir vorwerfen, in meinem bisherigen spirituellen Leben einen äußerst eigenwilligen Garten, der einzig mir selbst Platz bot, angelegt zu haben, ohne dabei im Geringsten an meine Mutter und all die anderen zu denken, die ebenso sehr der Freude und des Trostes bedurften, aber keinen Lehrer oder Weg gefunden hatten, die ihnen dabei geholfen hätten. Seine ungewöhnliche Art, meine Aufmerksamkeit mithilfe eines scheinbar alltäglichen Gesprächs gerade auf die Dinge zu lenken, über die ich am dringendsten nachdenken musste, erinnerte mich an jemand anderen, der ganz ähnlich vorgegangen war.

»Nimm beispielsweise an«, fuhr er fort, als merkte er überhaupt nicht, wie weh mir seine Worte taten, »der Mensch, der den Garten entwirft, liebte Rosen und Pflaumen. Ich könnte mir vorstellen, dass es ein gewisses Maß an Selbstbeherrschung und Einfühlungsvermögen erfordern würde, sich klar zu machen, dass andere Menschen durchaus *andere* Blumen und Früchte bevorzugen könnten. Und so würde der Schöpfer des Gartens irgendwann auch andere Gärten aufsuchen müssen, um die Menschen, die sich dorthin begeben, aufmerksam zu beobachten und zu versuchen, sich in sie hineinzuversetzen, und zu erkennen und möglichst genau nachvollziehen zu lernen, was sie an einem Garten jeweils lieben.«

Wieder berührten seine Worte eine empfindliche Stelle in meinem Herzen, und ich verspürte den Drang, ihm einen Gedanken zu gestehen, der mich seit längerer Zeit beunruhigte.

»Ich bin kein Mensch, der auf ein langes Leben zurückblicken könnte«, begann ich, »aber schon in jungen Jahren habe ich erkannt, welch eine heilige Fähigkeit es wäre, mich wirklich in andere Menschen hineinversetzen zu können, die Befriedigung ihrer Bedürfnisse als ebenso dringliche Notwendigkeit zu empfinden, wie sie es selbst tun, kurz: jenes liebevolle Mitgefühl zu empfinden, das anderen das zu geben wünscht, was sie sich selbst im Leben wünschen, und es in jeder Hinsicht ebenso sehr wünscht, wie sie selbst es wünschen.

Aber um ganz ehrlich zu sein«, fuhr ich fort, »weiß ich wirklich nicht, wie es möglich sein sollte, dahin zu gelangen. Mir ist in aller Deutlichkeit bewusst, dass mir meine eigenen Wünsche und Bedürfnisse immer weit wichtiger sind als diejenigen der anderen, und zwar selbst dann, wenn *ihr* Bedürfnis etwas viel Ernsteres betrifft, etwas, bei dem es um ihr seelisches oder physisches Überleben geht. Ich kann mir einfach nicht vorstellen, wie ich lernen könnte, mir das Wohlergehen der anderen wirklich und wahrhaftig ebenso sehr angelegen sein zu lassen wie mein eigenes, und das betrübt mich zutiefst, denn ich ahne, welch ein Glück es für uns alle wäre, wenn wir diese heilige Lebensweise erlernen könnten.«

»Du hast vollkommen Recht«, sagte er mit einer düsteren Miene, bekümmert über meinen Kummer. »Für uns ist es so natürlich, uns ein Leben lang über unsere eigenen geringfügigen Nöte und Bedürfnisse Sorgen zu machen und dabei all die Menschen zu ignorieren, die möglicherweise direkt vor unseren Augen verhungern und erfrieren. Und wie du selbst sagst, sind wir uns des Mangels an Mitgefühl durchaus bewusst. Ich kenne nur wenige denkende Menschen, die sich nicht wenigstens von Zeit zu Zeit von ihrer Unfähigkeit abgestoßen fühlen, für das Wohl der anderen auch nur einen Bruchteil des Interesses aufzubringen, das sie für ihre eigenen Belange automatisch haben. Wir wissen, dass wir lieben sollten, und wir wissen, dass wir nicht wissen, wie wir es anfangen sollen.«

Wir schwiegen eine Zeit lang, und ich wunderte mich, wie nah ich mich ihm schon fühlte, wie schnell er es geschafft hatte, mir das Gefühl zu geben, ihm gleichgestellt, ja sogar sein Vertrauter zu sein. Dann räusperte er sich leise, so, als fürchtete er sich zu sprechen, und sagte: »Ich bin kein großer Heiliger...«

Und an der Art, wie er es sagte, erkannte ich, dass er einer war.

»...aber jemand hat mich einmal eine Meditation gelehrt, die uns vielleicht helfen könnte...«

Und ich wusste, dass sie das mit Sicherheit tun würde.

»...nicht, dass ich sie selbst besonders gut beherrschen würde...«

Und ich wusste, dass er sie sogar vervollkommnet hatte.

»...aber vielleicht würdest du sie ganz hilfreich finden«, schloss er. Instinktiv führte ich die Hände an meine Brust und legte sie auf mein Herz, wie um ihn zu bitten, dieses Herz hier und jetzt zu verändern.

»Bereite dich auf die Meditation vor«, sagte er leise, aber mit einem Ton höchster Autorität, der Autorität der Liebe. Und ich bereitete mich im Geist vor, so wie ich es hier im Garten von Meister Kamalashila gelernt hatte.

Nach ein paar Minuten sagte Asanga: »Beobachte jetzt deinen Atem. Sieh ihn kommen und gehen. Versuche nicht, ihn in irgendeiner Weise zu beeinflussen, beobachte ihn einfach.«

Ich tat es.

»Und jetzt«, fuhr er, fast flüsternd, fort, »denke an irgendeinen Schmerz oder ein Unbehagen, mit dem du noch vor dem Ende dieser Nacht sicher rechnen kannst.«

Dass mir hier im Garten, besonders mit Meister Asanga an meiner Seite, irgendein Schmerz oder Unbehagen widerfahren sollte, konnte ich mir nicht vorstellen, also richtete ich meinen Geist auf den späteren Teil der Nacht und dachte an das Gefühl der Leere, das ich immer verspürte, wenn ich den Garten verließ und mir bewusst wurde, dass ich wieder einmal fortging, ohne der Goldenen begegnet zu sein, die, wie ich zugeben musste, noch immer mein höchster und eigentlicher Lebenszweck war.

»Und jetzt nimm diese innere Leere«, sagte er ganz natürlich, »deines zukünftigen Ichs, deines Ichs in vielleicht einer Stunde, und stell dir vor, dieses Gefühl habe sich in eine kleine Pfütze schwarzen Lichts verwandelt, tief in deinem – in seinem – Herzen.«

Ich tat es und sah einen kleinen Fleck reiner Schwärze in mir dort drüben am Tor, als ich – mein zukünftiges Ich – in ungefähr einer Stunde den Garten verließ.

»Jetzt wünsche, du könntest deinem zukünftigen Ich dieses schwarze Licht abnehmen. Wünsche dir, dass es nie dieses Gefühl der Leere empfinden muss, und beschließe, dass du es ihm abnehmen wirst.«

Ich fasste diesen Entschluss. Es war gar nicht so schwierig, wenn ich mir überlegte, dass ich mich dadurch, wenn auch erst in einer Stunde, besser fühlen würde.

»Und jetzt schneide diese Pfütze aus schwarzem Licht wie mit einem Rasiermesser aus dem Herzen deines künftigen Ichs heraus und beschließe, dass du bereit seiest, sie jetzt in dich aufzunehmen, wenn das künftige Ich sie dafür später nicht erleben müsste.«

Diesmal verspürte ich ein gewisses Zögern, eine leichte Angst, es könnte wehtun, aber da ich mir damit schließlich ersparte, denselben Schmerz später zu empfinden, rang ich mich zu dem Entschluss durch – genauso wie wir es ertragen, uns eine Wunde mit Alkohol reinigen zu lassen, weil wir wissen, dass wir, indem wir den kleineren Schmerz auf uns nehmen, später einen größeren Schmerz vermeiden.

Ich entschloss mich, den Schmerz des schwarzen Lichts jetzt anzunehmen.

»Jetzt zieh das schwarze Licht in dich hinein, saug aus deinem künftigen Ich, das da drüben durch das Tor geht, das Gefühl der Leere heraus. Verwandle es in ein langes dünnes Rinnsal aus schwarzem Licht und lass es zusammen mit der Luft, die du einatmest, in deinen Körper strömen. Wenn du es nicht schaffst, mit einem einzigen Einatmen ein klares Bild zu erzeugen, zieh das schwarze Rinnsal mit mehreren Atemzügen in dich hinein.«

Ich tat, was Meister Asanga gesagt hatte, und je mehr ich mich konzentrierte, desto deutlicher verspürte ich einen gewissen Widerwillen. Aber da ich wusste, dass ich meinem künftigen Ich half, holte ich das schwarze Licht zusammen mit dem Atem in mich hinein.

»Der Atem dringt in deine Brust; das schwarze Licht reitet auf dem Atem. Jetzt sieh ein winziges Flämmchen, genau im Mittelpunkt deines Herzens: Es ist deine Selbstsucht und das Verkennen deines Lebens und deiner Welt, das diese Selbstsucht erzeugt. Sieh hin, sieh das schwarze Licht, es nähert sich dieser kleinen Flamme der Selbstsucht; gleich berührt es sie.«

Ich sah, wie die Spitze des dünnen Strahls aus schwarzem Licht mir mit dem Atem in die Nase fuhr, und ich sah, wie es meine Kehle hinab?oss und in meine Brust drang und sich der roten Flamme meiner Selbstsucht immer mehr näherte.

»Sieh jetzt ganz genau hin, konzentriere dich, denn in einem einzigen Augenblick ist alles vorbei. Das schwarze Licht berührt die Flamme; es entsteht ein weißer Lichtblitz; die Flamme deiner Selbstsucht erlischt; das schwarze Licht verpufft und wird zu einem Wölkchen aus dünnem weißem Rauch, der sich ebenfalls in nichts auflöst – alles innerhalb eines Bruchteils einer Sekunde. Deine Selbstsucht und dein künftiger Schmerz, den du freiwillig und bewusst auf dich genommen hast, sind für immer verschwunden, und dein Herz ist fleckenlos und rein.«

Dieser Teil der Meditation war erheblich angenehmer, ein glücklicher Abschluss, und ich übte ihn ein paar Mal. Es war jedes Mal ein

Gefühl der Erleichterung und der Befreiung, wenn das Flämmchen verlosch und der Schwall aus weißem Rauch sich verflüchtigte.

»Ruh dich einen Augenblick aus«, sagte Meister Asanga. Er holte eine kleine Holzschüssel aus einer seitlichen Falte seines Gewands, ging langsam und anmutig zum Brunnen und füllte sie. Dann kam er zurück, reichte mir die Schlüssel und ich trank dankbar. Erst im Nachhinein wurde mir bewusst, wie natürlich es mir erschienen war, dass dieser vollendete Meister des Denkens und des Lebens einen spirituellen Anfänger wie mich bediente.

Er setzte sich wieder hin und fuhr fort: »Jetzt denke an ein Leiden, ein unangenehmes Erlebnis oder einen unerfreulichen Gedanken, mit dem du irgendwann im Laufe des morgigen Tages rechnen kannst.«

Das war keine schwierige Aufgabe, denn wie von selbst fiel mir die griesgrämige Miene ein, mit der mich der Bibliothekar morgen Früh empfangen würde, wenn ich nach der langen, anstrengenden Nachtfahrt mit ein- oder zweistündiger Verspätung zur Arbeit kommen würde. Ich konnte mir gut den Ärger vorstellen, der daraufhin – trotz all meiner guten Vorsätze und meiner ehrlichen Bemühungen, es nicht dazu kommen zu lassen – prompt in mir aufsteigen würde.

»Jetzt sieh den Ärger in seinem Herzen, im Herzen deines morgigen Ichs, als eine kleine Pfütze aus schwarzem Licht.«

Ich schloss die Augen und stellte mir einen schwarzen Klecks in meiner Brust vor, während ich da in der Tür der Bibliothek stand und mein Vorgesetzter mich von seinem Schreibtisch aus anstarrte.

»Jetzt schneide ihn aus deinem Herzen heraus.« Und ich tat's.

»Jetzt halte dir genau vor Augen, was das ist, mache dir genau bewusst, dass dies der künftige Schmerz in deinem eigenen Herzen ist, und entschließe dich, ihn in dich aufzunehmen.

Jetzt sieh ihn als ein dünnes Rinnsal aus schwarzem Licht, das auf dem Atem reitet und sich deinem Gesicht nähert.

Durch deine Nasenlöcher dringt.

Deine Kehle hinabrinnt und sich dem Flämmchen der Selbstsucht und des Missverstehens in deinem Herzen immer mehr nähert und nähert und –

es berührt!

Weißer Lichtblitz!

Selbstsucht verlischt!

Ärger wird zu einem Schwall aus Rauch, und der Rauch – verfliegt!«, sagte er schnell.

»Dein Herz – rein und fleckenlos!«

Wieder erlebte ich dieses Gefühl der Befreiung, und gleichzeitig war ich stolz darauf, dass ich mich um jemand anderen kümmerte – auch wenn dieser Jemand ich selbst war. Die Meditation zeitigte in mir bereits eine gewisse innere Wirkung, eine Wirkung, die ich kaum erwartet hätte.

»Jetzt versuche, dir die drei oder vier schlimmsten Schmerzen vorzustellen, die du im Laufe der ganzen nächsten Woche erleben könntest. Sei nicht faul, definiere sie in Gedanken so klar wie möglich, und stelle sie dir dann als Pfütze aus schwarzem Licht in seinem Herzen vor – im Herzen deines Ichs-in-einer-Woche.«

Das kostete mich schon etwas mehr Mühe, aber ich tat's. Mit Sicherheit konnte ich vonseiten des Bibliothekars eine direkte Beleidigung oder zumindest eine abfällige Bemerkung erwarten, die mir ein paar Tage lang zu schaffen machen, mich in meinen Gedanken und Träumen verfolgen würde. Ich konnte wahrscheinlich damit rechnen, dass ich Probleme mit meinem Pferd haben würde: Ständig war irgendetwas – es verlor ein Eisen oder es ließ sich nicht einfangen –, wenn ich in die Bibliothek musste und ohnehin spät dran war. Ohne Zweifel würde das Brennholz vom Frühlingsregen feucht werden und ich würde endlos lange auf mein Abendessen warten müssen; und... ja, nach heute Nacht konnte ich auch mit ernstem seelischem Leiden rechnen, mit Kummer, der mich jahrelang nicht mehr verlassen würde, mit schmerzlichen Erinnerungen an meine Mutter und der quälenden Frage, wie ich ihr helfen könnte.

»Du weißt inzwischen, wie es geht«, sagte er. »Jetzt nimm den Schmerz auf dich.«

Es war etwas Neues zu versuchen, drei oder vier verschiedene Schmerzen gleichzeitig im Bewusstsein zu behalten, aber ich ahnte, dass der anschließende Lohn umso größer sein würde. Ich führte die Meditation ohne Hast durch und stellte mir jeden einzelnen Schritt klar und deutlich vor. Seltsamerweise war es für mich eine große Erleichterung zu wissen, dass eine ganze Woche vor mir lag, in der ich zumindest *diese* Schmerzen nicht mehr erleiden müsste.

»Und jetzt nimm dir den ganzen Monat vor«, sagte er. »Vergegenwärtige dir mit aller Klarheit die sieben oder acht schlimmsten Dinge, die dir im Laufe der nächsten dreißig Tage widerfahren könnten, und führe dann die Übung selbstständig durch. Geh langsam vor, achte darauf, dass du alles klar und deutlich siehst.«

Ich brauchte dafür fast zwanzig Minuten, aber ich tat, was Meister Asanga verlangt hatte. Einerseits gewöhnte ich mich allmählich an meinen natürlichen Widerwillen, den Schmerz anzunehmen, und lernte mehr und mehr, ihn zu überwinden; aber andererseits erschien die Aufgabe, je größer die Menge des vorgestellten Schmerzes von Mal zu Mal wurde, auch entsprechend schwieriger. Ich ertappte mich dabei, dass ich versuchte, mir die einzelnen Schmerzen, wenn das schwarze Licht sich meinem Gesicht näherte, nicht *zu* genau vorzustellen, da ich aber instinktiv begriff, dass dies nicht der Sinn der Sache war, verdoppelte ich meinen Mut und malte sie mir im schwarzen Licht so klar und deutlich aus, wie ich nur konnte.

»Genug«, sagte er, »ruh dich wieder aus.« Ich lehnte mich zurück und atmete die süße Frühlingsluft ein, blickte hinauf zum Ehrfurcht gebietenden Sternenhimmel der Wüste und gestattete meinen Gedanken, zu all den verschwiegenen Plätzen im Garten zu schweifen, wo Sie mich andere Dinge gelehrt hatte.

Dann beugte er sich zu mir herüber, nahm meine Hände in seine und blickte mir aufrichtig in die Augen. »Wenn du die Kraft dazu hast, dehne die schwarze Pfütze jetzt noch weiter aus, bis sie alle größeren Probleme und Schmerzen umfasst, denen du im Laufe des kommenden Jahres begegnen wirst. Wenn du dich noch stärker fühlst, besuche dein Ich auf dem Sterbebett und nimm ihm diesen überwältigenden Schmerz ab. Später nimmst du dann auch die Leiden und die Verwirrung mit in dich auf, die du unmittelbar nach dem Tod erleben wirst, wenn du in den zeitweiligen feinstofflichen Körper eingehst und die Reise zu deinem nächsten Leben antrittst. Dann nimm die Schmerzen des ganzen kommenden Lebens und dann diejenigen der darauf folgenden Existenzen auf dich.

Geh behutsam vor, achte darauf, dass du dir jeden einzelnen Schmerz klar vergegenwärtigst, und achte ganz besonders darauf, dass du nichts überstürzt, damit du keinen Schaden nimmst und nur so viel in dich aufnimmst, wie du gefahrlos bewältigen kannst. Es ist ein gutes Zeichen, wenn du eine leichte Angst und ein gewisses Widerstreben verspürst, denn es beweist, dass du dir die Schmerzen wirklich deutlich vorstellst. Aber niemals, bei keiner Meditation, darfst du es so weit kommen lassen, dass es wehtut, dass du nervös wirst oder verzweifelst, denn das ist äußerst gefährlich für das Herz und den spirituellen Leib. Es ist weit ratsamer, regelmäßig zu üben und sich langsam, nach und nach, zu steigern, so dass die Meditation fest und stark wird, als größere, aber hektische Anstrengungen zu unternehmen, deren Ergebnisse meist schon binnen kurzer Zeit wie ein Kartenhaus in sich zusammenstürzen.

Wenn deine Kraft, deine innere Kraft, groß genug ist, fang an, dir ein, zwei kleinere Leiden eines dir nahe stehenden Menschen vorzustellen – sagen wir, deines Vaters oder deiner Mutter. Übe, diese in dich aufzunehmen und zusammen mit deiner Selbstsucht sowie dem falschen Verständnis, das diese Selbstsucht verursacht, im weißen Lichtblitz zu vernichten. Dann steigere dich zu einer Woche, einem Monat und so weiter, genau so, wie du es mit deinen eigenen Schmerzen getan hast.

Beziehe dann weitere geliebte Menschen mit ein, Verwandte und Freunde, und verfahre wieder wie zuvor.

Wenn du dich *noch* sicherer fühlst, gehe zu Menschen über, denen du keine besonderen – positiven oder negativen – Gefühle entgegenbringst: zufälligen Besuchern der Bibliothek, Passanten auf der Straße.

Wenn deine Meditation kraftvoll genug geworden ist, um dir einen weiteren Sprung zu gestatten, nimm die Leiden der Menschen auf dich, gegen die du eine ausgeprägte Abneigung verspürst. Das wird – wenn du es wirklich aufrichtig machst – eine gewaltige Leistung sein, eine innere Leistung: etwas, dem die Welt nur geringe Anerkennung zollt, weil sie einen Menschen mehr bewundert, wenn er eine Kraftprobe gegen ein Pferd gewinnt, als wenn er einen Sieg gegen seine negativen Gedanken und Gewohnheiten erringt, obwohl Letzteres ungleich schwieriger ist.

Und schließlich, wenn du den Höhepunkt deines Könnens erreicht hast, schicke deinen Geist hinaus zu jedem erdenklichen Lebensraum auf der Erde: zu den Häusern der Menschen, zu den Höhlen der Tiere, zu den Gewässern, in denen die Fische leben, zu den Ozeanen und Bäumen und unterirdischen Löchern. Stelle dir jedes einzelne Lebewesen vor und führe mit jedem körperlichen und seelischen Schmerz, an dem es leidet, diesen heiligen Akt durch. Gehe dann über die Grenzen deiner Welt hinaus zu den Sternen und anderen Sphären: Sphären des Entsetzens zumeist, die, wie dein Geist weiß, existieren *müssen*, auch wenn deine Augen sie noch nicht sehen können. Gehe zu Welten und Planeten und Sphären, deren Bewohner Qualen leiden, die dein Geist sich kaum vorzustellen vermag, und nimm ihnen ihren schwarzen Schmerz ab.« Er saß eine Zeit lang schweigend da und wischte sich dann schweigend mit einem Zipfel seines Gewandes die Tränen aus den Augen.

Wir saßen da in der Stille, und ich kostete das süße Gefühl aus, mich dafür zu entscheiden, die Schmerzen anderer wahrzunehmen und sie ihnen abzunehmen. In dem Moment meinte ich, keine Empfindung auf Erden könne süßer sein – nicht die Freude des Liebenden, nicht der Taumel des Erfolgs, nicht das Feuer der Macht oder des Geldes.

»Manchmal überlege ich«, begann er, und ich wusste, dass jetzt eine weitere Lektion-die-keine-war folgte, eine weitere Belehrung im Gewand einer beiläufigen Bemerkung, »wie Mütter wohl empfinden müssen. Es ist zwar kein Gefühl, das du oder ich in diesem Leben je werden empfinden können, wohl aber können wir Mütter beobachten und ihre blinde, übermächtige Liebe zu ihren Kindern erkennen, eine Liebe, die sie zu absolut jeder Tat treiben würde, wenn sie nur ihren Kindern nützt.

Diese Liebe scheint mir zwei Seiten zu haben: Zum einen lieben Mütter mit einer Liebe, die es nicht ertragen kann, ihre Kinder leiden zu sehen – du hast es bestimmt schon selbst gesehen: eine Mutter, die sich mit einem kranken Säugling in den Armen durch eine Menge von Menschen drängt, die darauf warten, zu einem berühmten Arzt vorgelassen zu werden; eine Mutter, die sich auf die Straße stürzt, um ihr Kind vor einem herankommenden Fahrzeug zu retten; eine Mutter, die sich wie eine wütende Löwin gegen jeden wendet, der ihr Kind zu bedrohen wagt.

Dann gibt es diejenige Seite der Mutterliebe, die zu geben wünscht, zu versorgen wünscht; vermutlich denken wir da zuerst an den Wunsch der Mutter, Milch zu spenden, ihr Kind mit diesem warmen, flüssigen Glück zu sättigen und anschließend die Zufriedenheit im Gesicht des Säuglings zu sehen. Und von da an strebt die Mutter ihr Leben lang danach, ihrem Kind alles zu verschaffen, was es sich nur wünschen mag: ein besonderes Kleidungsstück, eine gute Ausbildung, gute, hilfsbereite Freunde – und wenn es dann erwachsen ist, einen guten Beruf, ein schönes Zuhause, eine glückliche Ehe und eigene Kinder.

All diese Dinge wünscht eine Mutter ihrem Kind mit einer solchen Inbrunst, dass ich manchmal nur staunen kann, wenn ich darüber nachdenke, weil es mir dann scheint, dass der einzige Mensch auf Erden, dem wir mehr am Herzen liegen als uns selbst, unsere Mutter ist.«

Und ich erkannte die Wahrheit von Meister Asangas Worten, denn genau der gleiche Gedanke war mir an dem Abend gekommen, an dem meine Mutter gestorben war, als der Wind in den Kronen der Bäume vor meinem Fenster in der Akademie geheult hatte und mir klar geworden war, dass ich den einen Menschen verloren hatte, dem mein Glück noch mehr am Herzen lag als mir selbst.

»Und daher«, sagte der Meister leise, mit einem Blick, der eine widersprüchliche Mischung aus Schüchternheit und äußerster innerer Kraft zum Ausdruck brachte, »hat die Meditation einen zweiten Teil, und wenn du erlaubst, kann ich versuchen, ihn dir zu beschreiben, auch wenn ich ihn selbst kaum ganz verstehe.«

Ich lächelte unwillkürlich und nickte.

»Die vollständige Übung, die wir heute Nacht durchführen, heißt ›geben und nehmen‹, obwohl in der Praxis erst das Nehmen und anschließend das Geben kommt. Wir nehmen, wie du gesehen hast, das Leiden anderer, indem wir zuerst mit unserem eigenen üben. Vergiss nicht, dass dieses Leiden alles sein kann, was einem Menschen körperlichen oder seelischen Schmerz bereitet, von den entsetzlichen Gräueln, die – unserer gegenwärtigen Wahrnehmung entzogen – in den riesigen Sphären des Elends stattfinden, bis hin zum allerletzten Augenblick des Zweifels, dem allerletzten Moment vor Eintritt der totalen Erkenntnis, im Geist eines großen Heiligen.

Und wir geben alles Glück, alles, was wir können, alles, was wir haben – ich werde dir gleich erklären wie. Wenn du an das Verhalten einer Mutter denkst, siehst du sofort ein, warum das Nehmen an erster Stelle kommt, denn es wäre unsinnig, einem Kind eine Süßigkeit oder ein Spielzeug anzubieten, solange es mit einer lebensbedrohlichen Krankheit ringt und sich vor Schmerzen krümmt.

Jetzt kommen wir also zum Geben«, sagte er und hüpfte leicht auf der Bank herum, wie ein Kind, das sich auf sein Lieblingsspiel freut. »Bereite dich auf die Meditation vor.«

Und ich tat es, wie schon zuvor.

»Richte deine Aufmerksamkeit wieder auf deinen Atem, auf das Ein-... und Aus-... und wieder Einatmen.«

Ich tat dies fast automatisch, wie man es mir beigebracht hatte, um meine Aufmerksamkeit nach innen zu richten.

»Jetzt stell dir all deine Güte vor, all deine guten Gedanken und Worte und Taten, und alles heilige Wissen, das du jemals erworben hast, und alle Eindrücke in deinem Geist, die irgendwann in der Zukunft Glück für dich hervorbringen werden. Sieh das alles in eins zusammengeballt, als ein strahlendes rein weißes Licht in deinem Herzen.

Nun denk an jemanden, den du kennst – am besten fängst du mit einem Menschen an, den du liebst –, und überlege dir, was er sich am meisten wünschen würde, sei es eine Sache oder eine Beziehung oder was auch immer sonst.«

Ich dachte einen Augenblick nach und stockte. Mein erster Instinkt war gewesen, *Ihr* etwas zu schicken, aber bei genauerer Überlegung konnte ich mir wirklich nicht vorstellen, was sie sich wünschen, was ihr fehlen könnte, denn wenn ich mir im Herzen Ihre Augen ansah, mit den halb geschlossenen Lidern und diesem Ausdruck beständiger Seligkeit, dann erschien Sie mir in sich vollständig, und es blieb überhaupt nichts mehr, was Sie noch hätte benötigen können. Das war, wie ich annahm, auch der Grund, warum Meister Asanga weder beim ersten noch beim zweiten Teil dieser Übung davon gesprochen hatte, die Erleuchteten zum Gegenstand der Meditation zu machen, denn es gab nichts, was man ihnen hätte abnehmen können, und nichts, was sie gebraucht hätten. Gleichzeitig kam mir die Idee, dass ich ihnen vielleicht von Zeit zu Zeit die bescheidenen guten Gedanken oder Erkenntnisse darbringen könnte, die ich dann jeweils erzielt haben würde, so wie ein Kind seinen Eltern stolz ein kleines Bild zeigt, das es gerade gemalt hat; denn ich wusste, dass sie alles, was ich ihnen jemals senden würde, als reine vollkommene Seligkeit sehen und empfinden würden.

Und so entschied ich mich für meine Mutter und überlegte mir, dass ich ihr eine Laterne schicken könnte, eine mystische Laterne, die ihr den Weg aus den Sphären des Grauens zeigen würde, die ihrem Geist in der Zeit nach ihrem Tod in dieser Welt begegnen konnten. Und wenn sie diese Lampe in der Hand hielt, würde sie sie auch zu diesem heiligen Weg führen, so wie ein gutes Pferd, das den Heimweg selbst dann noch findet, wenn die Sonne untergegangen ist und Dunkelheit die Welt umfängt.

»Während du deinen Atem beobachtest, konzentriere dich jetzt auf das Ausatmen. Versuche übrigens nie, den Atem während der Meditation anzuhalten oder zu kontrollieren: Er sollte einfach ganz nach Belieben kommen und gehen, ohne irgendeine Einmischung deinerseits. Bei einem Mal ausatmen – oder auch bei mehreren Malen, wenn es dir auf diese Weise leichter fällt – sende einen dünnen Strahl aus weißem Licht aus deinem Herzen aus.

Stell dir vor, dass der Atem und der auf ihm reitende Lichtstrahl hinaus in die Welt fließen oder in die ganze Galaxis und deine Mutter suchen und finden, wo immer sie im Augenblick auch sein mag. An der Spitze des Lichtstrahls sieh deine magische Laterne; mache sie ruhig richtig groß, denn die Lichtstrahlen des Denkens kennen keinerlei Beschränkung: Sie können bis in die äußersten Winkel des Daseins gelangen und jeglichen Gegenstand dorthin transportieren – von einem Wassertropfen bis hin zum größten Ozean.

Stell dir vor, dass der Lichtstrahl zu ihr gelangt.

Stell dir vor, dass sie verwundert hinunterblickt und das weiße Licht sieht, das sie soeben erreicht hat.

Stell dir vor, dass sie erkennt, dass das Licht von dir kommt, ihrem Sohn, und stell dir vor, dass eine große Freude, so weiß wie das Licht, ihr Herz erfüllt.

Stell dir vor, dass sie in den Lichtstrahl greift und die Laterne aufhebt.

Stell dir vor, dass die Laterne bereits jetzt, während wir sprechen, begonnen hat, sie zum größeren Licht zu führen.«

Während Meister Asanga sprach, krampfte sich mir das Herz vor schmerzlichen Erinnerungen zusammen und gleichzeitig hüpfte es aufgrund einer plötzlichen Hoffnung. »Ist es möglich?«, fragte ich inbrünstig. »Kann sie die Laterne wirklich sehen? Gelangt sie wirklich zu ihr?«

Er sah mich mit einem Ausdruck innigen Mitgefühls an und sagte leise, mit funkelnden Augen: »Hör genau zu, denn ich bringe dir sehr frohe Kunde, doch es ist nicht das, was du vielleicht erwartest. Ich möchte dir zunächst ein paar einfache Fragen stellen. Glaubst du an die Existenz der Erleuchteten?«

»Ja«, sagte ich. »Ich kann sie zwar nicht sehen, aber – was wichtiger ist – ich verstehe, dass sie existieren können, und ich verstehe sogar, dass ich selbst einer werden könnte. Abgesehen davon habe ich ein Gefühl – wenngleich ich zugebe, dass man Gefühlen allgemein mit Vorsicht begegnen sollte, während man dem Verstand immer vertrauen kann –, das mich zeit meines Lebens begleitet hat und mein ganzes Sein erfüllt. Und dieses Gefühl sagt mir, dass die Erleuchteten ganz ohne Zweifel existieren.«

»Und meinst du«, sagte er, »dass ein Erleuchteter um das Leiden aller noch unerleuchteten Wesen weiß?«

»Zweifellos, denn sie wissen alles, und unser Leiden ist lediglich eines von all diesen Dingen.«

»Und glaubst du, dass diese Erleuchteten barmherzig sind? Wenn sie einen von uns leiden sehen, nehmen sie dann Anteil?«

»Natürlich nehmen sie Anteil, sie nehmen an unserem Leiden sogar noch mehr Anteil als wir selbst.«

»Wenn es also irgendeine Möglichkeit für sie gäbe, uns auch nur ein Atom unseres Leidens abzunehmen, etwa indem sie selbst diese Meditation durchführen, glaubst du nicht, dass sie es dann schon längst getan hätten?«

Ich blieb stumm, wie betäubt von diesem Gedanken.

»Und können wir folglich nicht sagen, dass die Tatsache unseres Leidens der Beweis dafür ist, dass Leiden eben nicht einfach *fortgewünscht* werden kann, gleichgültig ob von uns selbst oder von sonst einem Wesen im Universum?«

Mein Stillschweigen bestätigte die Wahrheit von Meister Asangas Worten.

»Was hat das alles dann für einen Sinn?«, rief ich nach einigen Augenblicken aus. »Wozu diese Meditation oder überhaupt irgendeine Bemühung? Wenn es uns gar nicht möglich ist, jemandem wirklich die Schmerzen zu nehmen oder jemanden wirklich glücklich zu machen, wozu versuchen wir es dann überhaupt?«

Er blickte mich düster an. »Ich frage dich«, sagte er leise. »Was war der Grund, dass du und ich heute Abend mit dieser Meditation angefangen haben?«

»Ich hatte dich gefragt, ob es einen Weg gibt, Mitgefühl zu erlernen; ob es für mich irgendeine Möglichkeit gibt, dahin zu gelangen, dass mir das Wohl der anderen ebenso sehr am Herzen liegt wie mein eigenes.«

»Und begreifst du, warum dein Herz, warum das Herz jedes Lebewesens, so sehr nach diesem heiligen Wasser lechzt? Begreifst du, warum du so inbrünstig nach dieser Fähigkeit dürstest, dieser Fähigkeit, jedes Wesen gleichermaßen zu lieben?«

»Ich kann es nicht in Worte fassen, aber ich spüre, dass es richtig ist, ich glaube, wir alle spüren, dass es richtig ist.«

»Der wahre Grund«, erwiderte er mit einem Ton vollkommener Aufrichtigkeit, »ist der, dass wir mit dieser Liebe alles vollbringen und alles sein können. Und einem Teil deines Geistes ist diese Tatsache bereits bewusst, auch wenn wir zu schwach sind, um uns wahrhaft gemäß diesem Wissen zu verhalten. Um es mit ganz einfachen Worten zu sagen – dieses Mitgefühl ist die eine Eigenschaft, die dich in einen spirituellen Krieger verwandeln kann. Es ist die einzige Emotion, die dich zum höchsten Gipfel menschlichen Handelns treiben kann: dem absoluten und vorbehaltlosen Dienst an all unseren Mitgeschöpfen, die in welcher Hinsicht auch immer unsere Hilfe benötigen.«

»Also kann diese Meditation in Wirklichkeit weder meiner Mutter noch sonst jemandem helfen«, klagte ich, ohne so recht auf seine Worte zu achten.

Meister Asanga packte mich bei den Schultern, und zum ersten Mal offenbarte er mir die Kraft, die überwältigende Stärke seines Körpers und seines Intellekts. Er rüttelte mich einmal durch und sagte: »Sieh mir in die Augen! *Jetzt!*«

Ich tat es.

»Denk nach!«

Ich versuchte es, ich war müde und verlor allmählich jede Motivation.

»Was wäre das logische Resultat einer Meditation, durch die du versuchst, wenn auch nur im Geiste, sämtliche Lebewesen im Universum von ihren Leiden zu befreien und ihnen alles zu geben, wonach ihr Herz begehrt – vom schäbigen kleinen Glück der unseligen Existenz, die wir gegenwärtig durchleben, bis hinauf zur höchsten Wonne vollkommener Erleuchtung?«

Ich dachte einen Augenblick lang nach – etwas klarer jetzt dank der Kraft, die durch seine stählernen Arme und Hände in mich strömte. »Wie jede Geistestätigkeit«, fing ich zögernd an, »würde sie einen Samen oder Eindruck in mir hinterlassen. Aber ich kann mir keine reinere Absicht vorstellen, ebenso wenig einen Gedanken, der einen bedeutenderen Gegenstand beträfe, denn unser Ziel wäre das höchste Glück, und zwar nicht nur für uns selbst oder einige wenige uns nahe stehende Menschen, sondern für sämtliche Lebewesen des gesamten Universums.«

Und dann dämmerte es mir. »Wenn ich die eine Handlung nennen sollte, die eine absolut vollkommene künftige Welt erschaffen würde – wenn ich eine Sache wählen sollte, die einen Eindruck in meinem Geist hinterlassen würde, welcher mich veranlassen würde, jedes einzelne Wesen und Detail der Welt als absolut vollkommen zu erleben, als reines Licht und reine Seligkeit –, dann wäre es genau die Meditation, die wir heute Nacht durchführen.«

Er nickte und blickte mir erwartungsvoll weiter ins Gesicht.

»Aber was nützt eine vollkommene Welt, die ich für mich erschaffen habe, wenn meine Mutter sie nicht sehen kann? Was nützt ein vollkommener Garten, wenn er nur einem einzigen selbstsüchtigen Menschen Platz bietet?«

»Hör mir jetzt zu«, befahl er noch einmal. »Was sagt dir die Logik? Welche Antwort liefert dir dein Geist auf deine Frage? Denk nach! Deswegen bist du hierher gekommen, nur deswegen existiert der Garten überhaupt, nur deswegen hast du uns – mich – getroffen.

Als deine Mutter krank wurde, als der Krebs anfing, ihre Brüste zu zerfressen, und dann auf ihre Arme und ihren Unterleib übergriff und sich schließlich bis zu ihrem Herzen durchfraß, so dass das rote Blut sich über den Fußboden eures Hauses ergoss – gab es da jemanden, der hätte kommen und ihr die Krankheit einfach so, mit einem Fingerschnippen, abnehmen können?«

»Nein, niemanden, für sie nicht und für niemanden sonst, so lange es schon Menschen gibt.«

»Und was verursachte ihre Krankheit?«

»Nach all dem, was wir gesagt haben, war es die Tatsache, dass sie es irgendwann in der Vergangenheit versäumt hat, Leben zu respektieren.«

»Und warum versäumte sie es, Leben zu respektieren?«

»Nun, weil sie ein Mensch wie wir alle war. Sie war wie alle übrigen Menschen, die ihre Existenz durchleben und diese ganze Existenz hindurch entsetzliche Leiden erdulden und nicht wissen, wie sie dieses Leiden beenden könnten, und nicht einmal begreifen, dass dieses Leiden sich über den Tod hinaus fortsetzen wird, ja oft nicht einmal erkennen, *dass* sie leiden, sondern einfach weitermachen wie Schafe, die ahnungslos zur Schlachtbank trotten, ja sogar wie Schafe, die zum Schlachtermesser greifen und sich selbst die Kehle aufschlitzen. Denn wir leiden, weil wir andere haben leiden lassen und weil wir nicht die leiseste Ahnung haben, dass dies die Ursache unseres Leidens ist, und schließlich weil wir, um das zu verteidigen, was wir für unsere Interessen halten, Böses mit neuem Bösen vergelten und damit garantieren, dass uns auch in Zukunft wieder Böses widerfahren wird.«

»Und wie kommt es, dass du diese Wahrheit weißt?«, fragte er schlicht.

»Dank deiner Güte!«, sagte ich und brach in Tränen aus. »Dank deiner Güte und der Güte all der anderen Lehrmeister, die in diesen Garten gekommen sind, um mir zu zeigen, dass die wahre Ursache aller Schmerzen der Schmerz ist, den wir anderen zufügen.«

»Und warum mussten wir es dir zeigen? Warum mussten wir sprechen und beschreiben und argumentieren und dich zum Nachdenken veranlassen und dich zum wahren Verständnis führen? Hätten wir nicht einfach unser Wissen nehmen und es dir auf magische Weise eingeben können, ohne all diese stundenlangen Diskussionen und Kontemplationen?«

»Nein, ich glaube nicht, dass das möglich gewesen wäre.«

»Warum nicht?«

»Da du mich liebst, hättest du das schon vor langer Zeit getan. Ich hätte keine Veranlassung gehabt, diesen Garten aufzusuchen, ich hätte alles schon gewusst, einfach, weil du wolltest, dass ich es weiß.«

»Und glaubst du, dass wir das rechte Verständnis von Natur aus besitzen? Oder glaubst du vielmehr, dass wir einst einmal, irgendwann in der Vergangenheit, ganz genauso wie du waren und nichts vom Weg wussten, und dass uns dann der große Segen zuteil wurde, spirituellen Führern zu begegnen?«

»Ich glaube, irgendwann müsst ihr genauso wie ich gewesen sein. Und dann seid ihr den spirituellen Führern begegnet und ihr habt ihre Lehre verstanden und so habt ihr zuletzt auch das höchste Ziel dieser Lehre erreicht.«

»Und damit sind wir beim eigentlichen Punkt angelangt. Stell dir jetzt bitte eine Welt ohne einen einzigen spirituellen Führer vor. Stell dir diesen Garten als einen leeren, finsteren Ort vor, ohne einen Funken des Lichts, das du seit jener ersten Nacht, als Sie so gütig war, dich an diesen heiligen Ort zu führen, hier erblickt hast.«

Ich konnte die Vorstellung nicht ertragen. Ich schüttelte heftig den Kopf und stemmte mich mit den Schultern gegen seine Hände.

»Und so frage ich dich: Was ist die beste, ja sogar die *einzige* Möglichkeit, deiner Mutter zu helfen? Hast du vor, ihr ein Haus zum Wohnen oder ein Bett zum Schlafen oder ein Stück Brot oder etwas Obst zu schicken? Glaubst du, *das* wird ihr helfen, dort, wo sie jetzt ist? Glaubst du, dass sie *das* braucht? Weißt du nicht ebenso gut wie ich, dass sie während ihres kurzen Aufenthalts auf dieser Welt ein Haus hatte, dass sie in einem Bett geschlafen und sich durch den Berg von Lebensmitteln hindurchgegessen hat, den jeder Mensch im Laufe eines Lebens verzehrt? Und haben all diese Dinge den Krebs aufgehalten?«

»Nein, nein«, schluchzte ich.

»Was wirst du ihr also auf dem weißen Licht deines Herzens zusenden?«

»Licht, eine Laterne, eine besondere Laterne, die sie zu einem Ort ohne Leiden führt, die Lampe des Verständnisses ebenjener Dinge, die du mich gelehrt hast.«

»Und wer kann ihre Lampe sein? Wer kann sie wahrhaft lehren, ihr den gesamten Weg vom Anfang bis zum Ende vermitteln? Wer sieht ihre ganze Vergangenheit und ihre ganze Zukunft und ihren ganzen Geist – wer weiß genau, welches Wissen sie braucht, welche Stufen sie im Einzelnen erklimmen muss?«

»Nur ein Erleuchteter«, stieß ich hervor.

»Und was erschafft einen Erleuchteten?«, fragte er.

»Dasselbe, was alle Dinge erschafft: Taten des Geistes, Taten der Rede und Taten des Körpers – aber um einen Erleuchteten erschaffen zu können, müssen diese Taten vollkommen rein sein, sie müssen die Samen in unseren Geist setzen, die bewirken, dass wir uns einst als Erleuchtete erleben«, sagte ich leidenschaftlich.

»Und welche Meditation setzt diese Samen am vollkommensten?«, fragte er.

»Ich kann mir keine vollkommenere und vollständigere als diejenige vorstellen, die du mich gerade gelehrt hast«, erwiderte ich und beruhigte mich allmählich, »denn sie ist der Weg zum Mitgefühl, zum Mitgefühl, das alle anderen ebenso sehr liebt, wie wir uns selbst lieben – ja noch mehr liebt, als wir uns selbst lieben.«

»Also sag du mir jetzt«, und mit diesen Worten ließ er meine Schultern los und schlug die Augen nieder. »Kannst du, einfach durch die Kraft der Meditation, deine Mutter von ihren Leiden befreien und ihr jeden Wunsch, die zwei größten, sehnlichsten Wünsche überhaupt erfüllen – vollkommenes Glück und das Paradies?«

»Wenn diese Meditation mich zu einem Erleuchteten macht und mir die Fähigkeit verleiht, zu ihr zu gehen und sie diesen Weg in vollkommener Weise zu lehren«, sagte ich, während eine unaussprechliche Freude in mir aufwallte, »dann ja!«

»Dann schicke ihr das weiße Licht«, sagte Meister Asanga und erhob sich von der Bank, »schick ihr die Laterne, sei die Laterne. Schicke Wasser denen, die dürsten, werde selbst zum Glas Wasser. Schicke einen Gefährten denen, die allein sind, werde zum Gefährten. Sei denen ein Geliebter, die einen Geliebten brauchen, sei denen ein Kind, die sich ein Kind wünschen, sei denen ein Baum, die im Schatten rasten möchten, sei denen eine Rose, die nach Schönheit lechzen, sei allen Menschen all das, was ihnen jeweils Freude bringt. Schicke alles auf dem weißen Licht mit deinem Atem auf die Reise.

Unser Atem bewegt sich in Harmonie mit unserem feinstofflichen Körper und verändert sich entsprechend dem Gesundheitszustand dieses spirituellen Leibs. Umgekehrt wird auch der spirituelle Körper vom Atem beeinflusst, und je mehr der Geist an Reinheit gewinnt, desto heiler werden Atem und feinstofflicher Körper. So wirst du feststellen, dass die Übermittlung des Lichts durch den Atem dich auf vielfältige Weise, die ich dir jetzt noch nicht verraten kann, beeinflussen wird.

Übe dich in dieser Praxis des Nehmens und Gebens. Du wirst zu wahrem Mitgefühl gelangen, aber du musst ernsthaft üben; flüstere, während du deinen alltäglichen Beschäftigungen nachgehst, ›geben und nehmen‹ vor dich hin, lass es unablässig in deinem Geist und auf deinen Lippen sein, nicht anders als dein Atem. Du kannst diese Übung überall durchführen, auf dem Marktplatz, während du isst, während du arbeitest, während du im Bett liegst und auf den Schlaf wartest. Und ich verspreche dir, sie wird dich in dein Paradies führen, in deinen eigenen Garten, den du zuerst aufsuchen musst, wenn du jemals hoffen willst, deine geliebte Mutter zu finden und zu retten.

Hier, mein Sohn«, und er beugte sich zu mir herüber und hielt mir etwas entgegen. »Nimm den Rest dieses Gebäcks, das ich für dich zubereitet habe.«

Zehntes Kapitel

Der Krieger

Die Begegnung mit Meister Asanga war vielleicht diejenige, die mein alltägliches Leben am stärksten beeinflusste. Zu meiner Überraschung stellte ich fest, dass ich bis zu diesem Zeitpunkt selbst kleineren Leiden, mit denen ich ziemlich sicher während meines Alltags konfrontiert werden würde, nur geringe Aufmerksamkeit gewidmet hatte, noch viel weniger aber solchen unausweichlichen Leiden, die mit der Krankheit, dem Alter und dem Tod kommen würden. Die Übung, durch die ich den Schmerz meines künftigen Ichs zu tilgen versuchte, offenbarte mir, welch großen Teil meines Lebens ich mit der Leugnung des weiteren Verlaufs, den mein Leben unweigerlich nehmen würde, zugebracht hatte. Ich und meine Mitmenschen hatten offenbar ausgeklügelte innere Mechanismen entwickelt, die es uns ermöglichten, jegliches Bewusstsein bezüglich der offensichtlichen Vergeblichkeit der meisten unserer täglichen Aktivitäten restlos zu verdrängen.

Als ich mich dazu bereit fühlte, begann ich, kleinere Schmerzen mir nahe stehender Menschen auf mich zu nehmen, und dadurch gelangte ich zu einer weiteren Erkenntnis, nämlich, dass ich mich bis dahin kaum ernsthaft für ihre Schmerzen interessiert hatte. Natürlich wusste ich, dass es ein Gebot der Höflichkeit war, sich am Anfang jeder Konversation nach dem Befinden seines Gesprächspartners und demjenigen seiner nächsten Angehörigen zu erkundigen. Und es war keine Seltenheit, gerade von älteren Menschen, daraufhin eine recht ausführliche Schilderung ihrer verschiedenen Beschwerden und der Krankheiten ihrer Kinder und Enkel zu erhalten, aber wie ich vermutete, hatten die meisten von uns einfach gelernt, auch solche Mitteilungen aus dem Bewusstsein herauszufiltern. Wir brachten vermutlich deswegen so wenig echtes Interesse auf, weil wir, solange wir selbst und die Menschen in unserer unmittelbaren Umgebung halbwegs gesund waren, die Klagen älterer Leute nicht weiter ernst nahmen und meinten, sie beträfen uns nicht.

Jetzt aber wurde mir bewusst, dass ich schon in wenigen Jahren zwangsläufig selbst irgendeinem jüngeren Menschen meine Gebrechen schildern und das gleiche höfliche Desinteresse ernten würde, das ich meinerseits anderen entgegengebracht hatte. Vielleicht war der Grund, warum wir andere ignorierten, die unausgesprochene Überzeugung, dass wir ohnehin nichts tun konnten, um sie vor dem zunehmenden Verfall und dem letztendlichen Untergang des Körpers zu bewahren, den jedes weitere Lebensjahr unausweichlich mit sich bringt.

Ich erkannte, dass es von entscheidender Wichtigkeit war, mir während der Meditation über das Geben und Nehmen das Leiden, das ich meinem künftigen Ich oder einem anderen Menschen abnahm, möglichst klar und detailliert vorzustellen. Bereits durch den schlichten Akt, solche Schmerzen sofort im Geist aufzulisten, begann ich spürbar einfühlsamer zu werden, und mit einem gesunden Stolz erkannte ich, dass ich – wenn ich die Meditation weiter regelmäßig praktizierte – durchaus jenen Grad von Mitgefühl erreichen konnte, den ich bei den wenigen Menschen, die ihn bereits verwirklicht hatten, so sehr bewunderte. Der Gedanke, dass ich es lernen konnte, andere auch nur annähernd so sehr wie mich selbst zu lieben, war äußerst erfreulich und ermutigend.

Darüber hinaus begriff ich Folgendes wirklich: Wenn ich den aufrichtigen Wunsch in mir aufrechterhielt, allen meinen Mitmenschen, ja allen Lebewesen, die ich mir überhaupt vorstellen konnte, ihre Schmerzen abzunehmen, und mir gleichzeitig weiterhin vorstellte, dass ich jedem einzelnen Lebewesen im Universum seine innigsten Wünsche erfüllte und das höchste Glück verschaffte, dann konnte ich – gemäß der überzeugenden Erklärung über die Kräfte, die unsere Welt und unser Ich erschaffen – tatsächlich lernen, dieser Sphäre des fortschreitenden Alterns und des Todes zu entfliehen und in ein Reich zu gelangen, in denen diese beiden einfach nicht existierten. Damit hatte ich jetzt endlich einen gewissen Grund zur Hoffnung, meine Mutter tatsächlich irgendwann wiederzufinden und auch sie in jenes Reich führen zu können.

Und so machte ich die Meditation über das Geben und Nehmen, ganz so, wie Meister Asanga es mir empfohlen hatte, zu einem durchgängigen Leitmotiv in meinem Alltag. Niemand erfuhr je, was ich tat. Ich behielt die Übung für mich und entdeckte bald, dass es mir eine seltsame Freude bereitete, beispielsweise meinem alten Widersacher, dem Bibliothekar, all das zu wünschen, was er sich selbst wünschen mochte. Die Monate vergingen, und ich ertappte mich zunehmend häufiger dabei, wie ich meine Fantasien in die Tat umsetzte und meinem Vorgesetzten etwa einen Becher kühles Wasser vom Ziehbrunnen holte, wenn die glühende Sommersonne nachmittags unsere Seite des Herrenhauses beschien, oder andere Wege fand, ihm bei unserer Zusammenarbeit eine Freude zu bereiten, anstatt ihn zu behindern.

Natürlich reagierte er darauf mit einem ähnlich freundlichen Verhalten, und ich konnte nicht umhin, mich zu fragen, warum ich mich ihm gegenüber nicht von vornherein so verhalten hatte – was mich daran gehindert hatte zu erkennen, dass die gesündeste und rechtschaffenste Weise, den Tag miteinander zu verbringen, darin bestand, an die Bedürfnisse des anderen zu denken und diese nach bestem Vermögen zu befriedigen.

Während meiner abendlichen Gebete und der rückblickenden Betrachtung des Tages fiel mir in zunehmendem Maße auf, dass das Geben und Nehmen – ungeachtet der letztlich angestrebten, unendlichen Wirkung, die es auf meine Wirklichkeit haben würde – meine unmittelbare Umwelt bereits jetzt zu einem Ort der Freude machte.

Trotz allem aber wurde ich weiterhin unverändert vom Gedanken an meine Mutter angetrieben, und nicht minder von dem brennenden Wunsch, die Goldene wiederzusehen – eine Sehnsucht, die mich seltsamerweise niemals verließ. Sie verstärkte sich sogar noch weiter, als ich erste echte innere Fortschritte zu machen begann. Ich spürte instinktiv, dass es einen Weg geben musste, die Aktivität, die man sich in der Meditation über das Geben und Nehmen lediglich *vorstellte,* in eine konkretere Lebensweise zu verwandeln. Und so reiste ich wieder zum Garten – diesmal in der Mitte des Herbstes, einer Zeit, die sich in der Wüste vom Frühherbst oder sogar vom Sommer eigentlich nur durch ein allmähliches Kühlerwerden der Nachtluft unterschied.

Ich betrat den Garten, wie immer, zu später Abendstunde – zum einen war es durch die lange Anfahrt bedingt, dann aber auch, weil dies Ihre und meine Lieblingszeit gewesen war, da alle anderen Besucher des Gartens und der kleinen steinernen Kapelle, deren Wand an die eine Seite des Gartens grenzte, bereits wieder heimgekehrt waren und mit der Familie beim Abendessen saßen. So groß war Ihre Unschuld, dass Sie oft gar nicht darauf achtete, ob Ihre Kleidung Sie überhaupt bedeckte, und Ihre ganze Art war vollkommen frei von jeglicher Verstellung, dass die wenigen Leute, denen wir begegneten, diese Freiheit für Unschicklichkeit hielten. Bei den Lektionen, die sie mir erteilte, war sie dennoch im höchsten Maße auf Diskretion bedacht gewesen, und als ich den Mönch vor mir unter dem Johannisbrotbaum stehen sah, wurde mir bewusst, dass sooft Sie und ich hierher gekommen waren, wir nie jemand anderen hier angetroffen hatten.

Er stand unbewegt da und sah mich freimütig an, während ich näher kam, und ich musterte ihn aufmerksam, als ich an den schönen Wüstenrosen zur Linken und den niedrigen duftenden Pflaumenbäumen zur Rechten vorbeiging. Als Erstes fiel mir die Größe seiner Gestalt auf: Er war groß und stark, weder schlank noch stämmig, sondern – eine anders geartete Gesundheit ausstrahlend – kraftvoll und robust. Doch als ich näher kam, sah ich das eine Merkmal, das seine gesamte Erscheinung bestimmte, und das war der Ausdruck vollkommenen Vergnügens in seinem Gesicht, das strahlende, durch nichts gehemmte Lächeln – nicht die Art von Lächeln, bei der man sich unwillkürlich fragt, warum der Betreffende so strahlend lächelt, als habe man vielleicht, ohne es zu wissen, vorn auf dem Hemd einen großen Fleck, sondern ein Lächeln, das einem sofort Lust machte zurückzulächeln. Ich tat es, und er strahlte noch herzlicher.

Wie hätte ich das Gesicht des herrlichen Shantideva nicht erkennen sollen, des Meisters der Kunst alltäglicher tätiger Barmherzigkeit, der uns vor dreizehnhundert Jahren ein unübertroffenes Buch geschenkt hat, das eine Anleitung für ein sinnvolles Leben enthält? Doch ich hatte kaum Zeit, das Wunder seiner leibhaftigen Erscheinung so recht zu würdigen, da stürmte er mir auch schon entgegen, legte mir den Arm um die Schultern und führte mich zu jenem lieblichen Teil des Gartens, in dem der vom Brunnen gespeiste Bach an der östlichen Mauer entlangfließt und den Wüstenpflanzen, die dort wachsen, den ungewohnten Luxus ermöglicht, sich täglich in prächtige Violett- und Orangetöne zu kleiden, ohne auf die seltenen Gewitter warten zu müssen, die für sie sonst die einzige Gelegenheit darstellen, Blüten zu treiben – und auch das nur jeweils für einige wenige Stunden.

»Ich verstehe deine Ungeduld«, donnerte er mit einer vergnügten, dröhnenden Bassstimme und warf mir einen scherzhaft-verschwörerischen Blick zu, wobei er mich wie eine strahlende Lampe mit der Wärme seines Lächelns übergoss. »Was hat es für einen Sinn, andauernd über eine geplante Reise nachzudenken und die Reise niemals anzutreten?«

Mittlerweile hatte ich mich an die plötzlichen Ausbrüche der Meister des Gartens halbwegs gewöhnt; hatte mich daran gewöhnt, dass sie offenbar meine Gedanken lesen konnten, und wusste außerdem, dass es bei dem außergewöhnlichen Bewusstseinszustand, den sie offenbar bereits erreicht hatten, ebenso gut möglich war, in Metaphern zu reden wie die Dinge direkt zu sagen, auf die die Metaphern verwiesen. Ich wusste daher, dass er verstand, dass ich eine konkrete Methode erlernen wollte, dem aufkeimenden Mitgefühl, das in mir zu glühen begonnen hatte, durch aktives Handeln Ausdruck zu verleihen und dass ich mich sofort an die beiden für mich vordringlichen Aufgaben machen wollte, endlich meine Mutter zu finden und ihr zu helfen sowie das Geheimnis der Dame vom Garten zu enträtseln.

Ganz unvermittelt blieb er stehen und legte seinen Unterarm auf den meinigen, als wären wir zwei Soldaten, die einen Pakt schlossen, einander bis zum Tod beizustehen. »Du hast das Herz gefunden«, sagte er schlicht, »werde jetzt ein Krieger.«

Seine Worte und die plötzliche Geste trafen mich völlig unvorbereitet, denn noch nie in meinem Leben hatte ich gedacht, dass das Wort »Krieger« auf mich zutreffen könnte. »Wie bitte?«, fragte ich etwas eingeschüchtert.

»Ein Krieger«, sagte er mit Nachdruck, »der vollendete Krieger. Der Krieger, der keinen Geringeren als den Tod tötet: deinen eigenen Tod und den Tod anderer Wesen.«

Aufgrund dessen, was ich bislang im Garten gelernt hatte, wusste ich, dass Meister Shantideva nicht scherzte und nichts übertrieb. Ich blieb stumm und bereitete mich darauf vor, seine Worte zu hören.

»Der Krieger«, begann er, »handelt auf sechs verschiedene Weisen. Für sich selbst heißt das: Er handelt nach der Weise der Vollkommenheiten.«

»Bitte lehre mich diese Vollkommenheiten«, erwiderte ich nur.

»Die Vollkommenheiten sind Handlungen, die dich vollkommen machen. An dem Tag, an dem sie wahrhaft vollkommen geworden sind, wirst du zu einem Erleuchteten und kannst *wirklich* die Leiden anderer beenden und selbst den höchsten Frieden erlangen.

Wir beginnen mit dem Akt des Gebens. Ein Krieger gibt alles, was er hat: Er gibt alle Dinge, die er zur Nutzung hat, er gibt all das Gute, was er jemals getan hat, er gibt sogar seinen Körper.«

Ich dachte über das Geben nach. »Ich gebe durchaus«, sagte ich. »Meistens, wie ich in aller Bescheidenheit sagen kann, gebe ich den Menschen in meiner Umgebung von dem, was mir gehört, das, was sie brauchen, wann immer sie es brauchen.«

»Was dir *gehört?«,* sagte er, als sei ihm das Wort unbekannt.

»Was mir gehört, was ich besitze. Die Dinge, die ich besitze, mein Besitz.«

Meister Shantideva schmunzelte freundlich. »Und *was* besitzt du?«, fragte er.

»Meine Dinge«, antwortete ich, »wie meinen Mantel oder meine Bücher oder mein Bett, mein Zimmer, mein Pferd.«

»Mantel?«, wiederholte er mit unschuldiger Miene.

»Ja, meinen Mantel, den Mantel, den ich trage, wenn es kalt ist.«

»Und du besitzt deinen Mantel?«, fuhr er fort.

»Natürlich«, erwiderte ich ein wenig ungeduldig. »Wenn nicht ich, wer dann?«

»In der Tat«, sagte er nachdenklich. »Und inwiefern besitzt du deinen Mantel?«

»Er gehört mir, ich kann über ihn verfügen und ihn tragen, wann immer ich will, und niemand sonst.«

»Tragen?«, echote er wieder mit einem zweifelnden Ton. »Du kannst ihn tragen, wann immer du willst? Über ihn verfügen und ihn tragen, ganz wie es dir beliebt?«

»Natürlich«, wiederholte ich.

»Du kannst also mit Bestimmtheit sagen«, fragte er beharrlich, »dass dieser Mantel morgen bei dir sein wird? Dass du die uneingeschränkte Verfügungsgewalt über diesen Mantel hast?«

Ich hielt einen Augenblick inne und dachte nach. Besitz bedeutet Verfügungsgewalt: Ich besitze meinen Mantel, weil ich darüber frei verfügen kann, in dem Sinne, dass ich ihn behalten oder verschenken kann und niemand außer mir diese Entscheidung treffen kann. Aber konnte ich sagen, dass ich den Mantel morgen noch mit Sicherheit haben würde?

Ich dachte ehrlich nach, und die Wahrheit traf mich wie ein Keulenschlag. »Ich kann nicht sagen, dass der Mantel morgen bei mir sein wird. Der Mantel kann mir gewaltsam abgenommen oder heimlich gestohlen werden. Er kann zerreißen, wenn ich damit an einem Eisentor hängen bleibe. Er kann auf dem Heimweg von den Elementen beschädigt werden. Er kann sogar« – ich dachte noch etwas konzentrierter nach – »seinen Besitzer verlieren. Es liegt in der Natur aller Mäntel; sie werden alt, sie nutzen sich ab, sie lösen sich vollends auf, und so werden sie uns genommen – oder wir ihnen, wenn wir sterben, und dann nehmen andere Leute den Mantel und probieren ihn an, um festzustellen, ob er ihnen passt, und der Mantel findet einen neuen Besitzer.«

»Also«, sagte er ruhig, »hast du in Wirklichkeit gar nicht die Verfügungsgewalt über den Mantel. Andere Kräfte verfügen über ihn. Der Mantel fällt dir zu, und der Mantel verlässt dich wieder.«

Ich nickte wortlos.

»Und tatsächlich besitzt du selbst deine eigene Haut oder dein Gesicht oder deinen Namen nicht mehr, als du den Mantel besitzt, denn auch sie fallen dir zu und werden dir wieder entrissen, ob du sie nun lieber behalten möchtest oder nicht.«

Ich nickte wieder.

»Und das ist auch der Grund«, fuhr der Meister fort, »warum ich davon sprach, diejenigen Dinge wegzugeben, die man *zur Nutzung hat,* denn du bist nur ein Benutzer, ein zeitweiliger Benutzer, und kein Besitzer, von nichts. Gib, was du hast, und gib es jetzt, solange du es noch geben kannst, denn früh genug wird dir alles genommen werden.«

»Welches sind die Dinge, die man geben soll?«, fragte ich. »Und wie gebe ich sie, wenn ich ein Krieger sein will?«

»Beginne mit materiellen Dingen«, erwiderte er. »Beobachte die Menschen aufmerksam, versetze dich an ihre Stelle; beobachte ihre Augen, achte darauf, wonach sie Ausschau halten. Beginne mit einfachen Dingen – einer Tasse Tee, einem Paar Handschuhe, einem Stückchen Brot, das du für einen Vogel auslegst.«

Ich dachte bei mir, dass man wohl kaum ein mächtiger Krieger sein musste, um einen kleinen Vogel zu füttern; aber fast noch ehe der Gedanke in meinem Geist entstanden war, löste Shantideva den Griff von meinem Unterarm und hob, fast drohend, die Faust. Der Zeigefinger war starr ausgestreckt, und kräftige Sehnen spannten sich über die ganze Länge seines Arms bis dahin, wo die Gewandfalten sich um seine Schulter schmiegten. »Nur ein Krieger«, sagte er heftig, »könnte einen Vogel auf vollkommene Weise füttern.«

Ich sah ihn verständnislos an.

»Nur ein Krieger«, wiederholte er, »könnte den Vogel ansehen und das Wesen des Vogels wahrhaft verstehen und ebenso das Wesen des Akts, dem Vogel Brot zu geben. Nur ein Krieger könnte verstehen – mit vollkommenem Verständnis verstehen –, dass der Akt, einem Vogel ein Stück Brot zu geben, die Vollendung des Gebens sein kann, ein Geben, das alle Lebewesen, überall, zur vollständigen, absoluten Vollkommenheit führt. Die Vollkommenheit des Akts des Gebens besteht für den Krieger darin, im vollkommenen Bewusstsein der Tatsache zu geben, dass der Akt des Gebens für jeden, der vollkommen gibt, das Paradies erschafft, jenseits des Todes und allen Leidens.«

»Und wie geben wir vollkommen?«, fragte ich.

»Indem wir mit dem vollkommenen Bewusstsein der Tatsache geben, dass wir den Samen zur Vollkommenheit in uns setzen, wenn wir mit dem Ziel geben, unsere Vollkommenheit zu erreichen und damit allen anderen Wesen von vollkommenem Nutzen zu sein.«

»Wenn also die Einstellung, das Herz, richtig ist, dann ist das Geben eine Vollkommenheit?«, fragte ich.

»Ganz genau«, erwiderte er.

Irgendetwas störte mich an dieser Vorstellung. »Dann spielt es also weiter keine Rolle, *was* wir geben, solange wir mit dieser vollkommenen Absicht geben?«

»Wenn du mit vollkommener Absicht gibst«, korrigierte er mich, »dann gibst du natürlich das Beste, was du hast. Du gibst das, was am nützlichsten ist und was der Empfangende am meisten ersehnt, du gibst jeweils von all dem, was dir im jeweiligen Augenblick zur Verfügung steht. Ein Krieger ist nicht nur deswegen ein Krieger, weil er bereit ist, sein Leben zu geben, sondern weil er, wenn der Augenblick zu geben gekommen ist, *alles tut,* um sein Leben zu geben.«

»Also müssen wir alles geben?«, fragte ich.

»Alles, aber alles mit Verstand. Mehr geben, als wir zu geben imstande sind, und es anschließend zu bereuen, ist ein großer Fehler, deswegen müssen wir so viel geben, wie wir können – vielleicht sogar mehr, als wir dachten, geben zu können, aber niemals mehr, als unser Herz mit Freude geben kann. Fang klein an und steigere dich kontinuierlich. Am Ende wirst du imstande sein, alles zu geben, denn nur wenn wir alles geben, können wir alles erreichen und damit erst wirklich allen Bedürftigen alles geben.«

»Und sind es immer nur *Dinge,* die wir geben können?«, fragte ich wieder.

»Die Frage brauchst du eigentlich gar nicht zu stellen, denn du weißt selbst, dass die höchste Gabe, die du überhaupt empfangen kannst, diejenige ist, die dir auf diesem geheiligten Boden gewährt worden ist: die Gabe zu verstehen, was uns und diese Welt erschaffen hat, und zu verstehen, wie diese in eine Welt der Seligkeit verwandelt werden kann, statt weiter eine Welt zu bleiben, in der alles mit Zerstörung und Leid endet.«

Und dann nahm er mich beim Arm, als wollte er mich, an der dunklen Ecke des Gartens vorbei, dahin führen, wo das Mondlicht die östliche Mauer beschien und der Bach die Blumen tränkte. Wir hatten aber nicht mehr als einen Schritt getan, als er plötzlich meinen Ellbogen losließ und mich ein Stück nach rechts stieß. Ich taumelte, fing mich aber wieder und wandte mich ziemlich verwirrt um. Seine mächtige Gestalt war tief hinuntergebeugt, und sein großes, ovales, kluges Gesicht spähte konzentriert ins Gras. Er streckte eine Hand aus und hob einen hübschen karmesinroten Marienkäfer empor, der sich ein paar Mal auf der Kuppe seines Ringfingers herumdrehte, dann die Flügel ausbreitete und davonflog.

»Da!«, sagte er lachend und richtete sich wieder auf. »Da hast du die dritte Art des Gebens, das Gewähren von Schutz. Du wärst um ein Haar auf unseren kleinen Freund getreten.«

Ich stand reglos da und sah hinunter auf das Gras zu meinen Füßen, denn seine Worte erinnerten mich an einen Gedanken, der sich schon seit längerem in meinem Geist umhergetrieben hatte. »Aber wenn ich auf ihn getreten wäre...«, begann ich.

»Ja?« Sein Körper straffte sich leicht: die instinktive Reaktion eines Debattierenden, der viele Jahre auf dem Schlachtfeld des logischen Denkens zugebracht hatte.

»Ich hätte ihn nicht verletzen können, es sei denn, er hätte irgendeinen Eindruck im Geist gehabt, der bewirkt hätte, dass er wahrnimmt, dass er *verletzt wird;* einen Eindruck, der seinem Geist eingeprägt wurde, als er selbst irgendwann in der Vergangenheit ein Wesen verletzte.«

»So ist es«, sagte er mit sichtlicher Gelassenheit, wie ein Schwertkämpfer, der bereits die nächsten drei Bewegungen wusste, die sein Gegner machen würde.

»Und wenn er keinen solchen Eindruck im Geist hatte, dann hätte ich ihn gar nicht verletzen können. Ich hätte einen Schritt in seine Richtung getan, hätte ihn aber verfehlt, und er wäre unversehrt davongeflogen.«

»Ebenfalls richtig«, sagte er mit sorglosem Ton.

»Folglich«, fuhr ich fort, »*hast* du ihm in Wirklichkeit gar nichts gegeben, *hast* ihm gar keinen Schutz gewährt. Von deinem Handeln hing gar nichts ab, es bestand überhaupt kein Grund, mich zur Seite zu stoßen: Alles hing ausschließlich von den Eindrücken ab, die der Käfer bereits in seinem Geist hatte.«

»Denke gründlicher nach«, erwiderte Meister Shantideva, und er klang jetzt wie ein Mann, der eine Warnung ausspricht. »Liegt irgendein logischer Widerspruch darin, dass man sein Bestes getan hat, um einem Wesen das Leben zu retten, dass man die Vollkommenheit des Gebens praktiziert hat, und doch zugleich gar nicht die Macht besaß, dieses Leben real zu retten?«

»Es erscheint mir allerdings wie ein Widerspruch – wie ein absoluter Widerspruch«, gab ich prompt zurück. »Es erscheint mir wie eine absolut sinnlose Tat.«

»Du willst also damit sagen«, fuhr er fort, »dass es überhaupt keine Erleuchteten gibt, dass niemand je die Vollkommenheit erreicht hat?«

»Ich sehe nicht ein, wieso das aus meinen Worten folgen sollte«, schoss ich zurück, denn ich hatte nicht den Eindruck, dass diese Frage eine besonders durchdachte Erwiderung verlangte.

»Weil nach deiner Argumentation«, fuhr er vollkommen unbeirrt fort, wieder wie ein Schwertkämpfer, der seine Hiebe bereits Minuten im Voraus geplant hat, »diese Wesen es niemals geschafft haben, die letzte Stufe der Vervollkommnung des Gebens zu erreichen.«

»Aber natürlich haben sie das«, entgegnete ich. »Du hast es doch selbst gesagt: Es ist gerade ihre Fähigkeit, die sechs Akte des Gebens und so weiter vollkommen durchzuführen, die sie zu Erleuchteten macht.«

»Aber sie *haben* das Geben nicht vervollkommnet«, beharrte er.

»Was soll das heißen?«

»Nach dem, was du sagst, haben sie das Geben *nicht* vervollkommnet. Es gibt auf der Welt schließlich noch immer Menschen, die arm sind und Not leiden. Wie können sie das Geben vollendet haben, wie kann ihr Geben vollkommen sein, wenn es noch immer Menschen gibt, die verzweifelt darauf angewiesen sind, dass man ihnen gibt?«

Dies stoppte meinen Strom undurchdachter Worte abrupt. Ich begann nachzudenken. Dann dämmerte mir allmählich, dass die Vollkommenheit einer Tugend nicht im Zustandekommen der äußeren Resultate dieser Tugend bestand, sondern vielmehr in der inneren Vollkommenheit dieser Tugend, die zwangsläufig von deren vollkommenem Ausdruck begleitet wurde. Ich begriff in dem Moment Folgendes: Wenn ich jemals lernen sollte, Wohltätigkeit vollkommen zu praktizieren, bedeutete dies nicht, dass die Armut jedes Wesens zwangsläufig ein Ende finden musste, denn die Armut, die jeder Mensch erlebt, ist die direkte Folge seines eigenen Mangels an Wohltätigkeit und wird sich nicht ändern, ehe er nicht selbst lernt zu geben. Nichtsdestoweniger konnte ich in mir die Haltung des Gebens vervollkommnen – ich konnte lernen, alles zu geben, was ich hatte, und lernen, es allen zu geben, die je gelebt hatten. Das bedeutete aber nicht, dass ich einfach dasitzen und über das Geben nachdenken konnte, ohne je zu versuchen, es auch wirklich zu tun, denn niemand konnte die vollkommene Absicht zu geben haben, solange sich diese Absicht nicht in jeder seiner Handlungen und jedem seinem Gedanken äußerte. Und so sagte ich zu Meister Shantideva einfach: »Ich verstehe, jetzt verstehe ich.«

»Präge es dir gut ein«, sagte er und setzte sich, bei mir eingehakt, wieder in Bewegung. »Denn es gilt für alle Vollkommenheiten; es ist geradezu der Weg des Kriegers.« Dann gingen wir ein paar Minuten lang schweigend weiter, und ich dache über die Tatsache nach, dass meine Fähigkeit zu schweigen umso größer zu werden schien, je mehr ich verstand, denn das Schweigen schien in sich ein Ausdruck wahrer Zufriedenheit zu sein – eines Seelenzustands, den der Meister an meiner Seite wie eine Sonne ausstrahlte. Als die Stille verklungen war, fragte ich ihn nach der nächsten Vollkommenheit des Kriegers.

»Der zweite Weg eines Kriegers«, antwortete er nachdenklich mit seiner tiefen Stimme, »ist, ein rechtschaffenes Leben zu führen: ein vollkommen sittliches Leben, das heißt, eine Lebensweise, die jegliche Schädigung anderer Lebewesen vermeidet.«

»Meinst du damit«, fragte ich, »sich der zehn verletzenden Verhaltensweisen zu enthalten?«

»Ja«, erwiderte er. »Und mit fortschreitendem Wachstum musst du noch tiefere und höhere Verhaltenskodexe studieren und meistern – musst du täglich mehr darüber lernen, was gutes Handeln ist und was nicht.«

»Was für andere Verhaltenskodexe gibt es denn noch?«, fragte ich.

»Du kennst bereits den Zehnerkodex, und wie ich weiß, hast du dich zum lebenslänglichen Fünferkodex verpflichtet. Wenn du bereit bist, musst du weitergehen und den Kodex der Weltentsagung auf dich nehmen, einen Lebenswandel, bei dem du nichts und niemanden besitzt: kein Zuhause, keine Angehörigen, nichts Eigenes mehr außer deiner Verpflichtung, spirituell zu leben.

Wenn dieser Kodex fest in dir verankert ist, musst du den vollständigen Kodex des Kriegers auf dich nehmen – eine Lebensweise, die ausschließlich vom Wunsch bestimmt ist, zu einem Erleuchteten zu werden, eine Lebensweise, bei der du dich nicht als isolierter Fremder in einem unbekannten Land, sondern als Krieger durch die Welt bewegst, als Ritter. Du wanderst durch dein Leben, als wäre es eine Straße durch einen dichten Wald, und hältst unablässig Ausschau nach jemandem, der dich braucht, jemandem, dem du helfen, jemandem, dem du auf welche Weise auch immer dienen kannst und dem du alles gewährst: von der bescheidensten Handreichung bis hin zu den erhabensten Gaben des Geistes.

Und dann gibt es einen noch höheren Kodex als diesen, einen Kodex, dem du dich noch in diesem Leben verschreiben musst, aber diesen kannst du nur von jemand anderem erlernen, von jemandem, mit dem du durch Bande verbunden bist, von denen du noch keinerlei Vorstellung hast. Um diesen Kodex auf dich zu nehmen, musst du eine fast unerträgliche Liebe zu deinen Mitwesen erreichen und eine ebensolche Fähigkeit zur Hingabe.«

Mittlerweile befanden wir uns im hellen Mondlicht und konnten am jenseitigen Ufer des Baches, selbst jetzt in der Nacht, die winzigen roten Blütenknospen der kleinen runden Kakteen erkennen, die zwischen den Steinen wuchsen. Wie wir so nebeneinander am Rand des Wassers standen und nach unten sahen, verspürte ich einen tiefen Frieden, und mein Geist tauchte in das schmale Rinnsal ein und strömte mit ihm dahin, als sei er ein tiefes Meer, das sich selbst auf ein Meer zubewegte. Und dann schubste mich Meister Shantideva wieder, aber diesmal verlor ich vollends das Gleichgewicht und fiel der Länge nach quer über den Bach auf das steinige jenseitige Ufer, wobei ich mir auch noch die Hand an den Dornen zerkratzte, die zwischen den Steinen lagen. Fluchend stand ich wieder auf und drehte mich um, und da stand er, den Kopf in den Nacken gelegt, und schickte sein tiefes, dröhnendes Bass-Lachen empor zu den Sternen. Ich spürte eine Mischung aus Schmerz, Verwirrung und Zorn über eine so unerwartete Behandlung. Ich starrte ihn an, ohne mich zu rühren, und forderte mit meinem Blick eine Erklärung.

»Der dritte Weg eines Kriegers«, rief er donnernd, »die dritte Vollkommenheit, ist genau das: die Kunst zu lernen, in demselben Augenblick, in dem der Zorn aufflammt, nicht zornig zu werden. Das ist die vielleicht schwierigste spirituelle Kunst überhaupt. Sie erfordert ein unendlich größeres Können als viele der langen Meditationen und ähnlichen Praktiken, von denen sich die Leute so leicht beeindrucken lassen.«

»Ich könnte mir vorstellen, dass ich das verstanden hätte«, sagte ich trocken, »auch ohne mir dank dir fast ein Bein zu brechen.«

»Es sind zwei Dinge, die ich dir beibringen wollte«, sagte der Meister, als hätte er meine Worte gar nicht gehört. »Aber komm erst mal, setz dich hierher auf diese Palmwedel und trockne dich ab. Hier, gib mir diese durchnässten Schuhe.«

Ich setzte mich an den Rand des Baches, zog meine Schuhe aus und reichte sie Shantideva. Er nahm sie und ging damit zu einem Haufen vergilbter Palmwedel, die unter einer Dattelpalme lagen. Dann drehte er sich um, setzte sich ohne Eile hin und wartete auf mich. Ich stand auf und machte einen Schritt auf ihn zu, doch ein stechender Schmerz ließ mich sofort wieder innehalten, denn er hatte mich, barfuß, wie ich war, auf ein Bett von Dornenranken gelockt.

Er lächelte spitzbübisch und redete unbeirrt weiter, als habe er meine missliche Lage überhaupt nicht bemerkt. »Die erste Lektion lautet, dass unerfreuliche Situationen – wie du aus langjähriger Erfahrung mittlerweile selbst wissen dürftest – sich jederzeit einstellen können. Dinge, die dich verletzen, Menschen, die dich in Wut bringen, Situationen, die deine Geduld auf eine harte Probe stellen, lauern überall. Du bist von ihnen förmlich umzingelt, und sie schlagen in dem Augenblick zu, in dem du es am wenigsten erwartest, und aus der Richtung, aus der du es am wenigsten erwartest.«

Ich stelzte vorsichtig durch die Dornen und hörte ihm kaum zu. Ich war zu weit hineingegangen, um umzukehren, und zu weit von ihm entfernt, um weiterzugehen. Ich blieb stehen und wartete darauf, dass er eine Pause machte, aber er redete immer weiter.

»Menschen, die du nicht magst, gibt es ohne Ende. Situationen, die dich in Rage bringen, gibt es ohne Zahl. Wenn du den Bibliothekar loswerden könntest, wäre schon binnen einer Woche ein anderer da, der deine Geduld auf die Probe stellen würde. Vergiss nicht, sie werden von den Eindrücken in deinem Geist hervorgebracht: Kaum hast du dich von einem befreit, schwupp!, ist der nächste da. Fliehst du aus einer Beziehung, um einem schlechten Partner zu entkommen, ziehst du in eine andere Gegend, um einer unerwünschten Situation zu entkommen, oder läufst du von deinem Arbeitsplatz weg, um einem unangenehmen Arbeitskollegen zu entkommen – binnen kürzester Zeit wirst du für alles Ersatz gefunden haben.«

Sein Geplapper wurde mir langsam zu viel. Ich war tropfnass, meine Fußsohlen brannten vor Schmerz, und er sah nicht einmal her zu mir! »Mag sein«, sagte ich, »aber ich bin wirklich davon überzeugt, dass mein Leben schon erheblich erfreulicher wäre, wenn ich nur ein, zwei Leute, wie etwa den Bibliothekar, nicht mehr sehen müsste und nur ein bisschen mehr verdienen würde, so dass ich mein Zimmer ein wenig komfortabler einrichten könnte.«

»Und was ist mit dem Pferd?«, fragte er.

»Ja, stimmt, auch das Pferd; ich bräuchte nur eins, das ein bisschen folgsamer wäre. Es ist jedes Mal der gleiche Ärger, wenn ich es am Morgen satteln will und es schnell gehen muss, weil ich schon spät dran bin«, erwiderte ich und versuchte, mich nach links aus den Dornen zu retten, musste aber feststellen, dass sie da sogar noch spitzer und trockener waren.

»Und der Weg zwischen der Bibliothek und deiner Wohnung?«

»Du hast Recht; den hatte ich ganz vergessen. Die Hälfte des Jahres reitet man da durch eine einzige Staubwolke, und ein Drittel der Strecke ist mit Steinen übersät. An Abenden, an denen ich ohnehin schon erschöpft bin, weil ich mich den ganzen Tag mit dem Bibliothekar herumärgern musste, ist das eine richtige Tortur.« Ich versuchte festzustellen, ob ich den Boden unter einem Fuß von Dornen befreien und dann den anderen Fuß auf mein Knie stützen konnte, um mir zumindest die Dornen aus der Ferse und den anderen Stellen zu ziehen, die ich mit meinem ganzen Gewicht belastet hatte. Ich war mir fast sicher, dass Shantideva nicht nur wusste, in welch unangenehmer Lage ich mich befand, sondern bewusst versuchte, mir Schmerzen zu bereiten, und ich warf einen Blick zurück zum Bach, schon halb entschlossen, kehrtzumachen und wegzugehen – wenn ich nur aus den Dornen herauskäme.

»Und was ist mit diesem Buch, das du letztens zu lesen versucht hast?«

Hier vergaß ich alles um mich herum und setzte beide Füße fest auf, sogar mit einer gewissen Heftigkeit. »Dieses Buch! Wer konnte nur so etwas schreiben! Und dazu noch über ein so wichtiges Thema! Als hätte man das Material nicht ein bisschen vernünftiger ordnen können!« Und bei diesem Gedanken riss mein Geduldsfaden vollends. »Und könntest du vielleicht so freundlich sein, aufzustehen und mir einen Augenblick zu helfen?«, fragte ich ziemlich ungehalten.

Ehe ich mich's versah, war er aufgesprungen und hatte das Dornengestrüpp mit einem einzigen Satz überwunden. Er war wirklich sehr groß und stark, und seine ganze Kraft war in dem Moment auf mich konzentriert.

»Was treibst du da?«, brüllte er.

»Ich versuche, einen ganzen Urwald von Dornen zu durchqueren, ohne dass du Anstalten machst, mir irgendwie zu helfen!«, fauchte ich.

»Ich meine nicht das. Was treibst du in deinem Geist?«, fragte er.

»Ich versuche natürlich, mir zu überlegen, wie ich aus den Dornen herauskomme«, gab ich scharf zurück.

»Nicht das! Ich meine, merkst du eigentlich, wohin sich deine Gedanken bewegen?«

Ich hielt kurz inne und erwiderte dann: »Wir dachten gerade über ein paar Probleme in meinem Leben nach, wir dachten über ein paar wichtige Dinge nach, die... Also, wenn ich sie ändern könnte, ginge es mir schon erheblich besser.«

»Aber ist dir nicht aufgefallen, dass du Dinge aus praktisch jedem Bereich deines Alltags aufzählst? Hast du nicht bemerkt, dass die Dinge, die dich stören, die Dinge, die dich aus der Ruhe bringen oder ärgern, nahezu jeden Aspekt deines Lebens ausmachen?«

Wieder hielt ich inne und wieder erkannte ich, dass er Recht hatte. Selbst wenn ich das entfernte, was man vielleicht als die »äußerste Schicht« bezeichnen konnte, die gesamte erste Schicht der Dinge in meinem Leben, die mich am meisten störten, würde ich dahinter eine zweite Schicht finden, und hinter dieser *wieder* eine. Es ging unendlich so weiter, und wie mir allmählich klar wurde, war das Problem vielleicht nicht so sehr eine Funktion der Natur meines Lebens als vielmehr ein Ausdruck meines Geisteszustands, eines Geisteszustands, der letzten Endes an allem irgendetwas zu beanstanden hatte.

Er stand vor mir und nickte, als wüsste er, was ich in diesem Augenblick eingesehen hatte. Dann kniete er sich ins stachlige Gestrüpp und setzte meinen nackten Fuß auf sein Knie und begann, mit größter Aufmerksamkeit und Sorgfalt alle Dornen zu entfernen. All das geschah in völligem Stillschweigen und mit einer solchen Selbstverständlichkeit, dass ich überhaupt keine Zeit fand, darüber nachzudenken, wie erstaunlich es war, dass einer der größten Menschen, die je auf diesem Planeten gelebt hatten, vor mir in den Dornen kniete und sich so liebevoll wie eine Mutter um meine Wunden kümmerte. Seine Hand strich an der Wade über meine Hose, und ich spürte, dass der Stoff getrocknet war, trocken, warm und weich, und meine Füße fühlten sich in seiner Hand warm und kräftig an, als er sie in meine – ebenfalls getrockneten und weichen – Stiefel schlüpfen ließ. »Geh jetzt hinüber zu diesem Baum und setz dich ein Weilchen zu mir. Es tut mir leid, wenn ich dir Schmerzen bereitet habe, aber ich möchte, dass du dich an diese Dornen erinnerst und daran, wie nass du geworden bist, und an den plötzlichen Sturz.

Deine Weise, über die Welt zu denken, ist der Weg des Narren, nicht der Weg des Kriegers. Hör auf, deine Wanderung durch den Tag als eine Art Hindernislauf zu betrachten, bei dem du andauernd gezwungen bist, gegen unangenehme Dinge und Menschen und Situationen anzukämpfen. Du kannst sie nicht alle besiegen, du kannst nicht jeden Menschen, der dir nicht passt, aus deinem Leben entfernen, genauso wenig wie du jeden Stein von der Straße zwischen deiner Wohnung und der Bibliothek beseitigen kannst.

Die Vorstellung, die ständig in deinem Hinterkopf herumgeistert, dass dein Leben weit erfreulicher verlaufen würde, wenn du nur ein paar der unangenehmsten Dinge beseitigen könntest, ist eine endlose Falle. Wenn du dieser Vorstellung weiterhin gestattest, in deinen Gedanken zu bleiben, wird sie dich mit Sicherheit weiterhin unglücklich machen, denn sie kann niemals in Erfüllung gehen, und wenn du einen Augenblick darüber nachdenkst, musst du zugeben, dass das die Wahrheit ist. Deine Welt – zumindest deine Welt, wie sie jetzt ist – gleicht diesem Dornenfeld, und selbst alle Wünsche dieser Welt können sie nicht zu einem weichen Rasen machen.

Stell dir einen Dummkopf vor, der barfuß kreuz und quer durch diesen Garten läuft und dabei riesige Lederstücke hinter sich herschleift, um damit jedes Dornengestrüpp, jede steinige oder staubige Fläche auf dem ganzen Gelände zuzudecken. Und jetzt schau nach unten und sieh dir *deine* Füße an, wie sie, durch einfache Lederstiefel geschützt, mühelos über diese Dornen gehen und dich zu dem angenehmen Plätzchen dort drüben unter der Palme tragen. Du kannst ebenso wenig gegen jede unangenehme Sache oder Person ankämpfen, wie du die ganze Welt mit Leder abdecken könntest. Da ist es besser, Schuhe zu tragen, besser, die erlesene Kunst zu erlernen, deinen Zorn zu besiegen, oder besser noch, Gleichmut zu lernen.«

Dann zog er mich zum Sitz aus den getrockneten Palmwedeln, und wir genossen für eine Weile die Nachtluft. Dann fiel mir eine Frage ein. »Oft aber«, sagte ich, »ist es ein besseres Gefühl, ist es irgendwie befreiend, seinen Zorn offen auszudrücken und ihn aus sich herauszulassen.«

Er lachte sein dröhnendes Lachen und sah mir direkt ins Gesicht. »Natürlich hat es sein Gutes, aufrichtig zu sein, jemanden auf ehrliche und angemessene Weise wissen zu lassen, dass er uns oder andere verletzt – wenn wir mit einiger Wahrscheinlichkeit annehmen können, dass dies zur Verbesserung der Situation beiträgt. Aber die Vorstellung, *jeder* innere oder äußere Ausdruck von Zorn könnte etwas Positives sein, nun...« Er schmunzelte wieder. »Das könntest du ja wohl nur ernsthaft glauben, wenn du nichts von den Eindrücken wüsstest, die im Geist verbleiben, oder wenn du wirklich nicht begriffen hättest, wie zerstörerisch Zorn tatsächlich sein kann.

Und das bringt mich zur zweiten Sache, die ich dir durch die Dornenranken zeigen wollte. Du musst nicht nur lernen, Schuhe zu tragen, sondern du musst auch lernen, klar zu erkennen, welche Verwüstungen der Zorn anrichtet. Es gab vorhin einen Punkt, an dem du bereit warst, mich zu verlassen, es gab einen Punkt, an dem du überhaupt nicht mehr zugehört hast, an dem du bereit warst, alles Gute und Reine, was in dieser heiligen Nacht zwischen uns gesprochen worden ist, in einer einzigen Minute wegzuwerfen, und das alles nur, weil du ein leichtes Unbehagen verspürtest.

Ich möchte, dass du dir das einprägst. Ich möchte, dass du dir einprägst, dass du vor wenigen Minuten bereit warst, diesen Ort zu verlassen. Und in künftigen Nächten mit Heiligen, die dich weiter durch diesen Garten führen werden, möchte ich, dass du darüber nachdenkst, wie du in einem Augenblick des Zorns auf Shantideva wegen ein paar kleiner Stiche in deinen Fußsohlen und einer feuchten Stelle an deiner Hose um ein Haar das aufgegeben hättest, was sich als die höchste Erfüllung eines Menschenlebens erweisen wird. Nein, du darfst keinen

Zorn in dir zulassen, nicht einmal für einen Augenblick, denn in diesem einen Augenblick kann er alles zerstören, was du aufgebaut hast, und alles, was du jemals erreichen könntest.«

Er setzte sich auf die weichen Palmwedel, und ich ließ mich neben ihn fallen und stieß unwillkürlich einen tiefen Seufzer aus, denn ich erkannte, wie Recht er hatte und wie schwach ich war. Er legte seine Hand auf meine Schulter und blickte mit mir hinaus in die Tiefe des Gartens. »Hab Geduld, bezähme den Zorn, bezähme selbst deine Verärgerung darüber, wie langsam du auf diesem Weg voranzukommen scheinst. Bewahre einen kühlen Kopf, bemühe dich um Gleichmut, nicht nur den äußeren Hindernissen und Problemen gegenüber, sondern auch gegenüber dir selbst – sei gütig zu dir, sprich dir Mut zu: Es hilft dir, dorthin zu gelangen, wo du sein möchtest.

Der Weise leidet während seiner spirituellen Studien, und wenn du einzig nach Behagen strebst, wirst du niemals weise sein. Hänge nicht zu sehr an den kleinen Freuden, sondern strebe nach den höchsten. Lerne nicht nur, den Schmerz hinzunehmen, sondern auch, ihn als ein Werkzeug zu betrachten, als einen Weg in sich – er hält dich ehrlich, er hält dich demütig, er befähigt dich, mit anderen mitzufühlen, die weniger vom Glück begünstigt sind als du. Der Verärgerung oder dem Zorn nachzugeben kann sich nur zerstörerisch auswirken. Die Fähigkeit, mit dem Schmerz zu leben und dich seiner zu bedienen, wird dir während der ganzen Dauer des Weges die wertvollsten Dienste leisten – bis zu jenem letzten Tag, an dem du allen Schmerz endgültig hinter dir lassen wirst. Ein wahrer Krieger lernt, unerschütterlich zu sein.«

Wir saßen noch eine Zeit lang so da, und dann begannen mein kleines Abenteuer und die lange Nacht und vor allem die Anstrengung, neue Dinge zu lernen und mein Herz aufrichtig zu erforschen, ihren Tribut zu fordern – und ich versank in einen kurzen Schlaf. Im Schlaf träumte ich. Ich sah mich als Kind und erinnerte mich an den Maifeiertag – daran hatte ich seit Jahren nicht mehr gedacht. Ich saß im Klassenzimmer auf einer kleinen hölzernen Schulbank und sah durch das Fenster auf eine Gruppe von Schulkameraden, bunt gekleidete Jungen und Mädchen, die in der Morgensonne um den Maibaum tanzten. Jedes Kind hielt das Ende eines bunten Stoffstreifens, der oben an der Spitze des Maibaums befestigt war, in der Hand. Sie sangen und hüpften links herum im Kreis. Ich war der Einzige im Klassenzimmer, und es zog mich hinaus zum Fest, aber irgendwie war es mir nicht möglich aufzustehen und hinauszulaufen.

Dann kam ein freundlicher Mönch mit dunklen Augen und einem sanften Lächeln herein und führte mich in einen riesigen Raum mit einer hohen gewölbten Decke, großen, hohen Fenstern, durch die das Sonnenlicht hereinströmte, und einem glatten, blank polierten Holzfußboden. Und er stieß mich sanft zur Mitte des Sonnenlichts und der Luft hin und sagte: »Tanz, tanz was immer du möchtest, erfinde deinen eigenen Tanz.« Und ich rannte in die Sonne hinein, in die Mitte der lichtdurchfluteten Kathedrale, und fing an zu wirbeln, einfach zu wirbeln, wie eben ein Kind tanzt, ohne etwas zu denken, die Arme seitlich von mir gestreckt, den Kopf lachend in den Nacken geworfen. Shantideva berührte mich sanft am Arm; er stand über mir, eine hohe, mächtige Silhouette im Mondlicht, vom Mönchsgewand wie von einem Königsmantel umflossen.

»Komm jetzt«, sagte er freundlich.

»Ich bin ein bisschen müde«, entgegnete ich. »Kann ich nicht noch ein Weilchen sitzen bleiben?«

»Du könntest schon«, antwortete er leise, »du könntest schon, aber die Zeit drängt.«

»Wir haben die ganze Nacht vor uns.«

»Das kannst du nie wissen.«

»Nur ein paar Minuten.«

»Nicht nötig.«

»*Ich* hab's nötig.«

»Hast du nicht.«

»Wirklich, nur einen Augenblick.«

»Wir gehen jetzt.«

»Wohin? Warum?«

»Zu deiner Mutter.«

Ich setzte mich abrupt auf. »Meiner Mutter?«

»Deiner Mutter. Komm.«

»Ist sie denn hier?«

»Das habe ich nicht gesagt.«

»Was meinst du dann damit?«, sagte ich und stand jetzt doch auf.

»Sie wartet, sie braucht dich, sie möchte, dass du kommst. Willst du dich ausruhen, oder willst du kommen?«

»Kommen, natürlich, kommen.« Ich spürte neue Kraft in mir, die Müdigkeit war völlig verflogen, und die Hoffnung hatte mich mit Leichtigkeit und Freude erfüllt.

»Ich wusste, dass du kommen würdest.« Er ging rasch und entschlossen voraus, ich hatte keine Mühe, ihm zu folgen. »Du bist mit der Kraft der Güte gesegnet. Du empfindest die Freude zu wissen, dass du Gutes tust, du spürst die große Güte, die darin liegt, dich aufzumachen, deiner Mutter zu dienen.«

Und tatsächlich fühlte ich mich so erfrischt wie schon lange nicht mehr, und bereits nach wenigen Augenblicken hatten wir die geliebte Holzbank am Fuß des Johannisbrotbaums erreicht, Ihr Klassenzimmer. Hier wirbelte Shantideva herum, so dass der Saum seines Mönchsgewands einen weiten Bogen beschrieb, und ergriff meine Hände.

»Hier wird es geschehen, und bald!«, sagte er glücklich.

Ich sah ihm voller Hoffnung ins Gesicht und lächelte unwillkürlich, als ich sein strahlendes Lächeln sah. »Was? Was wird geschehen?«

»Hier auf diesem geheiligten Boden«, sagte er und wies mit einer Kopfbewegung auf das kleine Rasenstück, wo Sie und ich so oft gelegen hatten, »der schon bald noch heiliger sein wird, wirst du von einem, der größer ist als ich, in den letzten zwei Vollkommenheiten unterwiesen werden, und zwar auf vollkommene Weise.«

Hier stutzte ich, denn trotz der langen Nacht in dem Garten wusste ich doch, dass er mich erst drei Vollkommenheiten gelehrt hatte, dass also noch drei verblieben. Er hatte mich das Geben gelehrt, das sittliche Leben und das Zerschmettern des Zorns – nur diese drei.

»Aber was ist mit der vierten Vollkommenheit? Wer wird mich die vierte lehren?«, rief ich ängstlich aus, fast als könnte man sie mir vorenthalten.

»Die vierte ist die Freude, die Freude, Gutes zu tun, und das gute Gefühl, das dich dazu bringt, dich aufzuraffen, wenn du müde bist, und noch mehr Gutes zu tun: eine Güte, die du nur einmal zu kosten brauchst, um nie wieder an ihrer Süße zu zweifeln. Erinnere dich einfach an deine Mutter, denn sie wartet, und jeder Augenblick, den sie ohne dich verbringt, jeder Augenblick, den sie in Schmerz und Verwirrung zubringt, ist ein Augenblick, in dem du unterwegs sein und nach den höchsten Dingen des Geistes streben solltest, so dass du zu ihr gelangen und ihr diese höchsten Gaben überbringen kannst.

Es ist ein Weg der Freude zu einer Stadt der Freude, und eine freudige Pflicht, was du ihr zu überbringen hast. Du hast keinen Grund, jemals den Mut zu verlieren, keinen Grund, jemals zu zweifeln, keinen Grund, jemals zu zögern, keinen Grund, jemals umzukehren. Hinter dir ist nur der Tod, hinter dir und für immer verschwunden ist ein Leben, das nur gegenwärtigen Schmerz und künftigen Schmerz zu bieten hatte, ein Leben, das aus nichts anderem bestand, als Dinge und Menschen zusammenzusammeln, die doch nur wieder verloren gehen können. Jetzt bist du auf dem richtigen Weg, du hast den richtigen Weg gefunden – freue dich, lauf zu, finde sie, tanze – tanze, wie immer du möchtest!« Und er lachte wieder dieses gewaltige, volle, tiefe Lachen, und unser beider Augen standen voller Tränen.

Elftes Kapitel

Die Leerheit

Und so begann ich, der unscheinbare Bücherwurm, im Verborgenen das Leben eines Kriegers zu führen. Es war wahrhaft eine neue Erfahrung, eine neue Weise, die Welt, in der ich immer gelebt hatte, zu erleben, denn der Kampfplatz dieses Kriegers war dieselbe alte Bibliothek und meine Stube in der Einsiedelei und die Gasse, die ich abends entlangging, um mir auf dem Markt etwas Gemüse zu kaufen. Ich fühlte mich wirklich wie ein anderer Mensch, denn ich hatte eine vollkommen andere Zielsetzung als bisher. Früher war ich durchs Leben gegangen, als schlenderte ich eine Einkaufspassage entlang; ich war ein Kunde, ein Verbraucher, der die Auslagen musterte, um zu sehen, ob es etwas gab, was er haben wollte, und der dann alles Nötige tat, um das Gewollte zu bekommen.

Das Leben als Krieger war völlig anders. Ich war wirklich ein Ritter in strahlender Rüstung, und auf meinen zwei kleinen Füßen zu gehen war wie auf einem mächtigen Streitross zu reiten, und in der Bibliothek oder auf der Straße um mich zu schauen war so, als betrachtete ich von einem königlichen Thron aus ein herrliches Panorama: Ich sah all meine Untertanen an, all meine Kinder, und dachte mir immer neue Möglichkeiten aus, ihnen zu dienen, sie jetzt sofort glücklich zu machen und zugleich ihr künftiges, höchstes Glück zu sichern. Ich gab ihnen alles, was ich konnte, freundliche Blicke, einen freundlichen

Klaps auf den Rücken, das wenige Geld, das ich hatte, und schenkte ihnen freundliche und ermutigende Worte, mit gerade so viel spirituellem Inhalt, wie sie nach meinem Gefühl gerne hörten. Gleichzeitig schenkte ich ihnen in der Vorstellung große Haufen von Juwelen, tiefe spirituelle Einsichten und all die Dinge auf der Welt, die kein Mensch sein Eigen nannte – die Bläue des Himmels, das Tosen des Meeres, die Blumen, die auf jedem Berg dieses Planeten wuchsen. Ich tat es aufrichtig, auch wenn es niemand erfuhr, und ich tat es in dem Wunsch, all das, was ich darbrachte, könnte ihnen eines Tages wirklich gehören, insbesondere die Erleuchtung; und während ich all dies tat, fühlte ich eine tiefe, zufriedene Freude täglich, stündlich in mir wachsen.

Mit der Freude nahm auch mein Durst zu, denn ich wusste, dass meine Lehrzeit noch nicht abgeschlossen war. Wie ein Pferd, das Wasser in der Nähe wittert, wusste ich, dass ich nah am Ziel war, immer näher und näher, und ich war nahezu besessen von dem Verlangen, die Dinge zu erreichen, die ich nunmehr als erreichbar erkannt hatte: Ich wollte die Vollkommenheit erlangen, ich wusste, dass ich zu meiner Mutter gelangen konnte, wusste, dass sie jetzt nah war, und mein Instinkt sagte mir, dass ich auch kurz davor stand, die Goldene wiederzusehen, und dass das Ende meiner Suche und das Finden dessen, was ich suchte, und meine Mutter und die Meister des Gartens und die Goldene schon bald in eins zusammenfallen würden. Und so begab ich mich wieder zum Garten, da ich dachte, dass die entscheidende Nacht vielleicht gekommen sei.

Ich erinnere mich genau an das Datum dieser Reise, nichts könnte es je aus meinem Gedächtnis tilgen. Es war der achtundzwanzigste Juli, und der Sommer stand auf dem Höhepunkt seiner Kraft. Ich betrat den Garten spät in der Nacht, lange nachdem die Erde die Hitze des Tages wieder abgegeben hatte, setzte mich auf den Sockel der Bank unter dem Johannisbrotbaum und sog den süßen Duft der Wüstenbrise ein, süß und lindernd nach dem reglosen Gluthauch des Tages, der einem ins Gesicht schlug und Augen und Nase ausdörrte wie die Dämpfe aus einem Ofen.

Ich nahm die korrekte Sitzhaltung ein und bereitete mich auf die Meditation vor. Ich ging langsam und bedächtig vor, fast genüsslich, als streifte ich mir einen weichen alten Handschuh über oder als begänne ich eine Unterhaltung mit einem lieben alten Freund. Ich war fast fertig, als ich eine Bewegung am Gartentor wahrnahm und dann eine kleine Gestalt sah, die lautlos an den karmesinroten Wüstenrosen entlang der Nordmauer vorbeiging. Die Gestalt beugte sich über einen Strauch, als spreche sie ein stummes Gebet, und ging dann weiter.

Jetzt tauchte der Kopf eines Mönches auf, wohl geformt, mit samtartig kurzgeschorenem schwarzem Haar, dann folgten die Gewänder und schließlich der ganze Körper. Ich hatte noch nicht viel mehr gesehen, als ich auch schon unwillkürlich aufsprang und mich, die Hände vor der Brust aneinander gelegt, in tiefer Ehrfurcht verneigte. Fast ängstlich sah ich wieder auf, denn vor mir stand kein Geringerer als Gautama, der Buddha, und auch wenn er ganz anders aussah, als ich erwartet hatte, bestand nicht der geringste Zweifel, dass Er es war.

Er war nicht groß, sondern von mittlerer Statur, und die leicht gebeugte Haltung seiner schlanken, zierlichen Gestalt brachte eine Bescheidenheit zum Ausdruck, die fast wie Schüchternheit wirkte. Jede seiner Gesten war einfach und anmutig, ebenso seine gesamte Erscheinung und sein Gewand: sauber, anmutig, schlicht herabfallend an seiner schlichten Gestalt, weich und natürlich und ein Leben lang getragen. Wie alt er sein mochte, hätte niemand sagen können – ich schätzte ihn auf sieben- oder achtundzwanzig, aber sein Gesicht ließ keine sicheren Rückschlüsse zu. Es war ebenso schlicht wie seine übrige Erscheinung, und der erste Eindruck, den es neben der Bescheidenheit vermittelte, war der einer einfachen Aufrichtigkeit: Die sanften Augen waren ganz offen, sie blinzelten selten, blickten häufig bescheiden zu Boden, und das nur angedeutete, aber anmutige Lächeln verlieh dem glatten klugen Gesicht einen Ausdruck inniger Freude. Seine Haut und alles Übrige waren wie bei jedem anderen Menschen auch – es war nicht etwa so, dass er geleuchtet hätte oder von einem Heiligenschein umgeben gewesen wäre –, dennoch hatte er eine besondere, konkrete Ausstrahlung, die zwar form- und farblos, aber durchaus wahrnehmbar war, eine Art klare Wärme, die seine Augen und sein Gesicht umfloss, seine sanften Hände und den ganzen Leib hinab bis zu seinen bescheidenen, nackten Füßen. Diese Wärme strahlte ringsum von ihm aus, erfüllte den Garten und durchtränkte mein ganzes Sein. Sie befahl mir, mich abermals vor Ihm zu verneigen, der weder das Bedürfnis noch den Wunsch nach Ehrenbezeigungen dieser Art zu haben schien. Und ich verneigte mich.

»Setz dich«, sagte er leise, »bitte setz dich.« Ich ließ mich instinktiv auf der Stelle im Gras vor der Bank nieder, verneigte mich im Sitzen noch einmal und betete innerlich, er möge sich gleichfalls dort auf die Bank setzen. Er tat es mit der größten Natürlichkeit, wenngleich auch mit einem leichten Zögern, als hielte er sich eines solchen Thrones nicht für würdig. Dann saß er schweigend da und sah hinunter aufs Gras, fast schamhaft, wie ein junges Mädchen, allein in Gegenwart eines Fremden. Wir schwiegen beide.

Nach einer gewissen Zeit streckte er mir die Hand entgegen, und ich sah, dass er auf dem Weg hierher eine der roten Rosen gepflückt hatte. Er sagte nichts, hielt sie mir nur hin, als forderte er mich auf, sie anzuschauen, was ich auch tat. Wir sprachen beide kein Wort. Ich sah einfach die Rose an, und wohin *er* geblickt haben mag, kann ich nicht sagen, denn ich empfand noch immer eine zu ehrfürchtige Scheu vor ihm, als dass ich es gewagt hätte, ihm direkt ins Gesicht zu sehen.

Dann zog er die Rose unvermittelt zurück, legte mir drei Finger unter das Kinn und hob mein Gesicht langsam an, bis sich unsere Blicke trafen. Dann sagte er: »Rose« und legte mir die gleichen drei Finger beider Hände auf die Lider, schloss sie und ließ die Finger dort liegen. Ich stellte mir eine Rose vor, eine vollkommene rote Rose.

Dann öffneten seine Finger meine Augen wieder, und er hielt mir abermals die Rose hin und sagte: »Denke nicht ›Rose‹.« Und ich versuchte, nicht »Rose« zu denken, versuchte, das Bild von der Rose, das ich gerade im Geist gesehen hatte, nicht zu sehen, und blickte wieder auf seine Hand. Für den Bruchteil eines Augenblicks sah ich eine winzige rote Spitze, die sich vor der Dunkelheit der Nachtluft abzeichnete, dann machten meine Augen einen Sprung und sahen, weiter unten, etwas Rundliches und Rotes und schließlich etwas Grünes, Dünnes, Gerades. Und im nächsten Moment sah ich wieder eine Rose.

»Noch einmal«, sagte er einfach.

Er ließ mich die Rose anschauen, dann zog er die Hand zurück und schloss mir sanft die Augen. Dann sagte er wieder: »Rose.« Ich dachte an »Rose«, in meinem Geist entstanden die Umrisse und die Farbe einer Rose, und dann öffnete er mir sanft die Augen und sagte wieder: »Denke nicht ›Rose‹.« Und dann öffnete er vor mir die Hand, und wieder tanzten meine Augen einen Moment lang über irgendwelche Farben und Formen, bevor ich im nächsten Moment im Geist – und vor meinen Augen – eine Rose sah.

Dann beugte er sich hinunter und berührte den Boden. Als er sich wieder aufrichtete, hatte er eine winzige schwarze Ameise auf der Fingerspitze. Er hielt den Finger an die Rose und ließ die Ameise hinübersteigen. Das Tierchen lief los, erreichte den Rand des Blütenblattes, reckte sich weit ins Leere, machte dann kehrt und lief in die entgegengesetzte Richtung, reckte sich wieder über den Abgrund, stürzte beinahe ab, rannte wieder los, sichtlich in Panik. Gautama hielt die Rose an den Boden, und die schwarze Ameise verschwand zwischen den Grashalmen.

Und dann umschloss er die Rose mit der Hand, so dass ich nur noch seinen Handrücken sah. Er hob die Hand vor sein Gesicht, öffnete die dunkelbraunen Augen weit und blickte mit leicht zur Seite geneigtem Kopf nun seinerseits auf die Rose, fixierte die Rose. Ich konnte nur seine Augen sehen, doch in seinen Augen sah ich etwas wie eine übernatürliche Zufriedenheit, eine überirdische Freude über die Rose, und in dem Moment wusste ich, dass er etwas sah, was ich in meinem gegenwärtigen Zustand niemals würde sehen können: Er erlebte eine abgrundtiefe Seligkeit, die durch dieselbe Sache ausgelöst wurde, die ich angeschaut hatte, und in dem Moment wusste ich, dass es *nicht* dieselbe Sache sein konnte, die ich angeschaut hatte. Gautama schloss die Hand sanft um die Rose und richtete seine glänzenden Augen auf mich.

»Einen Augenblick lang«, sagte er leise, »hast du die Rose gesehen, ehe du ›Rose‹ dachtest, und sie war nur ein paar einfache Formen und Farbkleckse. Dann dachte dein Geist diese Wahrnehmungen als ›Rose‹. Die arme Ameise nahm auch diese Formen und Farben wahr, dachte aber nur ›Gefahr‹ und dann ›Tod‹ und rannte um ihr Leben. Als ich dieselben Farben und Formen anschaute, sah ich die ganze Ewigkeit und alle Geister aller existierenden Wesen und liebte sie.«

Gautama verstummte und schloss die Augen, als wollte er meinem Geist Zeit lassen, seine Worte zu erfassen und dann genau zu durchzudenken, bevor er weiterredete. Dann streckte er wieder die Hand aus, öffnete sie und fragte mich: »Wer hat dieses Ding richtig gesehen? Was ist dieses Ding? Ist es eine Rose? Ist es der Herr des Todes? Ist es die ganze Menschheit und die vollkommene Liebe?«

In seiner Gegenwart hatte ich das Gefühl, als ob mein Geist nicht mein wäre, als gehörte er einem großen, erleuchteten Heiligen, und ich hatte keinerlei Scheu zu antworten und empfand keinerlei Notwendigkeit, dies mit Worten zu tun. Das Ding, das er in der Hand hielt, war jedes dieser Dinge und alle diese Dinge und keines dieser Dinge. Für jedes der drei Wesen, die es angesehen hatten, war es wahrhaftig das, was sie jeweils gesehen hatten. Es war die Summe all der Dinge, als welche es allen dreien erschienen war, und es konnte niemals drei vollkommen verschiedene Dinge zugleich gewesen sein. Es war das, als was jeder es sah.

Er schloss die Hand wieder und blieb erneut eine Zeit lang stumm. Dann beugte er sich zu mir vor und flüsterte eindringlich: »Sieh es jetzt als die Ewigkeit; sieh es jetzt als die ganze Menschheit, und empfinde für sie die vollkommene Liebe, die ich empfinde.« Und dann öffnete er die Hand wieder, und fast außer mir vor Seligkeit starrte ich begierig hin und sah – eine einfache Rose.

Enttäuscht schloss ich die Augen und sagte nur: »Ich kann's nicht.«

»Ich weiß«, sagte er.

»Warum?«

»Du kennst den Grund. Du siehst nur das, was dein Geist dich zu sehen zwingt. Du siehst nur das, was die Eindrücke in deinem Geist dir zu sehen gestatten, obwohl du genau dasselbe Ding ansiehst, das ich ansehe und als die ganze Ewigkeit und alles Lebendige sehe und aus ganzem Herzen liebe.«

Ich schloss die Augen und dachte »Rose«. Ich öffnete die Augen und sah »Rose«. Er zog die Beine auf die Bank, kreuzte sie unter seinem Gewand und versenkte sich in die Meditation. Ich kreuzte die Beine und versenkte mich ebenfalls in die Meditation. Die Stille wuchs. Ich verlor die Geräusche des Gartens, dann verlor ich die Gerüche und Empfindungen des Gartens, dann verlor ich das Gefühl, im Garten zu sitzen, und zuletzt verlor ich sogar das Gefühl zu denken und sogar das Gefühl meiner selbst. Es war vollkommen und absolut still.

Ich sah die Leere. Und es war nur sie, und ich sah sie. Es gab nichts anderes.

Als es vorbei war, begannen die Dinge zurückzukehren. Ich merkte, dass ich herunterkam, und dann war ich mir wieder meiner selbst bewusst. Im selben Moment wurde mir zum ersten Mal bewusst, dass ich die Leere gesehen hatte.

Ich wusste, dass ich einen Erleuchteten gesehen hatte, und so wusste ich, dass Erleuchtete wirklich existierten.

Dann wusste ich mit vollkommener Gewissheit, dass ich selbst ein Erleuchteter werden würde, und zwar binnen sieben weiterer Existenzen, und damit wusste ich, dass meine zukünftigen Existenzen wirklich existierten.

Dann wusste ich, dass der Pfad vollkommen wahr war.

Ich wusste, wenn ich erst ein Erleuchteter geworden war, würde man mich nicht mehr bei meinem Namen nennen.

Ich wusste, dass die sieben letzten Existenzen gute Leben sein würden, ohne wirkliches Leiden, mit liebevollen Eltern, guten und klugen Lehrern, spirituellen Freunden und Unterweisungen, alles genauso, wie ich es brauchen würde, mit absoluter Sicherheit.

Ich wusste, dass das, was ich gesehen hatte, die Wahrheit war. Ich würde nie wieder an diesen Dingen zweifeln können. Ich wusste, dass ich mich nicht irrte, ich wusste, dass ich nicht verblendet oder verrückt war. Ich wusste, dass niemand je etwas würde sagen können, was mir wieder Zweifel an dem, was ich gesehen hatte, einflößen würde.

Ich wusste, dass ich wusste, was jede heilige Schrift der Welt verkündete. Ich wusste, dass ich den gewaltigen Ozean des Wissens vollständig kannte, so als sei er zur Größe einer Träne im Auge eines Kindes zusammengeschrumpft. Ich wusste um die Wahrheit dieser heiligen Schriften, und ich wusste, dass ich mein Leben der Aufgabe widmen musste, dafür zu sorgen, dass sie dieser Welt erhalten blieben, für andere, die nach mir kommen würden.

Ich liebte jedes einzelne Lebewesen. Ein Licht drang aus meiner Brust, eine mächtige Säule aus Licht, aus farblosem Licht, und schoss hinaus und berührte jedes einzelne Lebewesen, und da wusste ich, dass ich von nun an immer und ausschließlich für jedes Einzelne von ihnen leben würde, und dass für mich nichts anderes zu tun blieb.

Ich wusste, dass die bildlichen Darstellungen der Erleuchteten wahr waren. Ich wusste, dass wir uns ihnen hingeben mussten. Ich wusste, dass ich mich vor ihnen verneigen musste, und als es Zeit wurde mich aufzurichten, warf ich mich vor ihnen zu Boden.

Ich wusste, dass ich eine andere Wirklichkeit geschaut hatte, eine wahre Wirklichkeit, eine wahrhaft höhere und reine Wirklichkeit. Ich wusste, dass es in der Wirklichkeit, die ich bislang gekannt hatte, nichts gab, was dieser Wirklichkeit geähnelt hätte. Ich wusste, dass die Wirklichkeit, die ich bislang gekannt hatte, keine reine Wirklichkeit war. Ich wusste, dass es nichts in dieser Wirklichkeit gab, was jemals rein sein könnte. Aber ich wusste, dass unter allen Dingen in dieser Wirklichkeit der Diamant das eine war, das in gewisser Weise der Reinheit nahe kam: Er war auf reine Weise hart, auf reine Weise klar sowie durch und durch rein – beinah.

Ich wusste, dass ich sterben würde. Ich wusste, dass mein Geist noch nicht rein war. Ich wusste, dass mein Geist die Dinge falsch sah und schon immer falsch gesehen hatte – bis zu dem Moment, in dem ich die Leere geschaut hatte. Ich wusste, dass ich auch jetzt, seitdem ich wieder heruntergekommen war, die Dinge wieder falsch sah, und dass es auch so bleiben würde, bis ich kurz vor der Erleuchtung stehen würde. Ich wusste, dass ich Gedanken lesen konnte. Ich wusste, dass ich, wenn ich achtsam an mir arbeitete, Wunder vollbringen konnte.

Ich wusste, dass ich jetzt ein anderer Mensch war, denn von allen Menschen auf der Welt hatte *ich* die Leere geschaut, ich hatte all diese Dinge gesehen, und ich musste nicht mehr wie früher leiden. Es war vorbei. Ich befand mich auf dem Weg hinaus, das wusste ich mit Gewissheit, mit einer süßen Gewissheit, die ich von nun an bis in alle Zeit in mir tragen würde.

Ich sah dankbar zu Gautama auf. Er blickte zu mir herab, vollkommen still und vollkommen glückselig. Er wusste alles.

Zwölftes Kapitel

Der Engel

Nach der Erfahrung mit dem Buddha änderte sich mein Leben von Grund auf. Man stelle sich einen Menschen vor, der alles weiß, was ihm in Zukunft widerfahren wird, und der die allerhöchsten Dinge überhaupt geschaut hat: Was bleibt ihm noch zu tun übrig? Die persönlichen Auswirkungen dessen, was ich gesehen hatte, blieben noch viele Jahre lang spürbar, wurden dabei immer klarer und ließen auch Erfahrungen in mir heranwachsen, Erkenntnisse und Sehnsüchte, die mit jedem Jahr tiefer und süßer wurden. Schon bald verspürte ich das Bedürfnis, den gütigen Abt der Einsiedelei aufzusuchen und ihn um Erlaubnis zu bitten, die Mönchsgelübde abzulegen. Das hatte keine einschneidenden Veränderungen in meinem äußeren Leben zur Folge – es war eher ein Gefühl, als ob ich endlich heimgekommen wäre, die Empfindung, dass das mönchische Leben meine natürliche Bestimmung war, und nach der feierlichen Ordination führte ich das Leben eines Mönches, fast ohne es zu merken.

Die Arbeit in der Bibliothek gewann für mich eine neue Bedeutung: Ich fühlte mich gedrängt, mehr über die Dinge zu erfahren, die ich im Garten erlebt hatte, und so begann ich, die großen alten spirituellen Werke, die dort aufbewahrt wurden, aufmerksam durchzuarbeiten. Im Laufe der Jahre stieß ich nach und nach auf die heiligen Schriften, die uns die verschiedenen Meister des Gartens zurückgelassen hatten. Das Gleichnis vom Rasiermesser und dem Honig entdeckte ich zum Beispiel in Meister Shantidevas Anleitung zum Lebenswandel des Kriegers, dem ›Eintritt in das Leben zur Erleuchtung‹ und die Erläuterung der

Wahrheit über das Leiden in der ›Großen Darlegung der Stufen des Weges‹, die Tsongkhapa der Große verfasst hatte. Ebenso fand ich eine detaillierte Schilderung der Meditation, die Meister Kamalashila mich gelehrt hatte, in dessen Werk ›Stufen der Meditation‹.

Jede weitere Frage, die ich zu Meister Dharmakirtis Beweis der Existenz vergangener und künftiger Existenzen haben mochte, wurde im zweiten Kapitel seines ›Kommentars über die gültige Erkenntnis‹ beantwortet. Viel von Meister Vasubandhus Lehre über den Tod begegnete mir wieder in der ›Anthologie über die Unbeständigkeit‹, in direkten Äußerungen des Buddha und in der Todesmeditation aus der ›Großen Darlegung‹. Die unzähligen Reiche und die Sphären des Grauens, auf die er angespielt hatte, fand ich in einem seiner eigenen Werke, dem ›Schatzhaus des höheren Wissens‹, sehr ausführlich beschrieben. Ein sehr gründliches Verständnis von den negativen Geisteszuständen, die mich Maitreya zu bekämpfen gelehrt hatte, erwarb ich durch die verschiedenen Schriften über die Vollkommenheit der Weisheit, insbesondere durch Maitreyas ›Schmuck der klaren Erkenntnis‹ sowie durch die verschiedenen Kommentare, die später hierzu verfasst wurden.

Die Lehre von den geistigen Eindrücken und der Rolle, die sie in unserem Leben und unserer Welt spielen, wurde, wie ich feststellte, vom Ersten Dalai Lama in seinem Kommentar zum vierten Kapitel von Vasubandhus ›Schatzhaus‹ ausführlich erörtert. Die sehr wichtigen konkreteren Ausführungen darüber, wie die Eindrücke im Geist angelagert werden und wie sie dort zur Reife gelangen, entdeckte ich in Tsongkhapas ›Klärung des wahren Denkens‹ wieder, seiner Erörterung der Lehren der Nur-Bewusstseins-Schule. Die subtileren Aspekte des sittlichen Lebens werden in Meister Gunaprabhas Werk mit dem Titel ›Leitfaden der Disziplin‹ geschildert und in den jüngeren Kommentaren dazu, insbesondere demjenigen des allwissenden Tsonawa, ausführlich erörtert.

Die Quintessenz der Unterweisung, die ich von Meister Asanga empfangen hatte – das heißt, die detaillierte Schilderung der Meditation über das Geben von Freude und das Nehmen von Leiden mithilfe des Atems – entdeckte ich später in der ‚Opfergabe an die Lehrer des Heiligen' des Ersten Panchen Lama und in den meisterlichen Ausführungen Lama Dharmabhadras. Mehr über Meister Shantidevas Lehre über die Taten eines Kriegers fand ich natürlich überall in seinem ›Leben zur Erleuchtung‹ sowie in Meister Chandrakirtis ›Einführung in den Mittleren Weg‹. Gleichfalls in diesem Buch sowie im ›Diamantschneider‹ – oder ›Diamant-Sutra‹ – des Buddha fand ich eine knappe Beschreibung meiner letzten Erfahrung im Garten.

Denn ich kehrte nicht wieder zum Garten zurück. Und diese Studien, die ich hier mit so wenigen Worten umrissen habe, beschäftigten mich tatsächlich rund zwanzig Jahre lang. So lange brauchte ich, um all das, was ich in den wenigen Minuten mit dem Buddha gesehen hatte, bis ins Letzte zu untersuchen, zu begreifen und zu verinnerlichen. Ich betete und meditierte regelmäßig, ich diente dem Abt der Einsiedelei, ich studierte die heiligen Texte der Bibliothek, und ich reifte geistig und seelisch. Im Laufe der Jahre dachte ich, um ehrlich zu sein, immer weniger an meine Mutter – ich empfand es als vollkommen natürlich, dass mein Leben selbst zu der Suche geworden war, die ich kurz nach ihrem Tod begonnen hatte: Ich *dachte* nicht mehr so sehr daran, sie zu finden und ihr zu helfen, sondern hatte vielmehr all meine Tage und Nächte zu einem einzigen Pfad gemacht, den ich, wollte ich sie jemals wiedersehen, entlangwandern musste. Ich hatte auch ein kleines Bildnis der Goldenen, das Sie als Kind zeigte, mit einem Blumensträußchen in der Hand und strahlend wie die Sonne. Ich bewahrte das Bild neben meinem Bett auf, betrachtete es oft und wusste, dass Sie auf der Welt war, und dass es ihr gut ging, und dass irgendwann die Zeit kommen würde, wo ich ihr wieder von Angesicht zu Angesicht begegnen würde.

Der Brief kam spätnachts, von jemandem überbracht, den ich noch nie gesehen hatte – ein schlichter gefalteter Zettel mit den Worten: »Komm zum Garten«. Er trug zwar keine Unterschrift, aber ich wusste sofort, dass er von Ihrer Hand stammte. Wie es auch so oft in meiner Jugend gewesen war, enthielt das Schreiben keine weiteren Angaben, keinen Tag und keine Uhrzeit, und wie in meiner Jugend musste ich in mich gehen und mir allein überlegen, wann der richtige Zeitpunkt sein würde, mich zum Garten zu begeben. Erst vor wenigen Tagen war Neumond gewesen, und ich wusste, dass Sie nicht gewollt hätte, dass wir uns im Dunkeln trafen. Bis zum Vollmond war es andererseits noch zu lang hin, und ich spürte instinktiv, dass Sie mir nicht zumuten wollte, noch so lange auf das am meisten ersehnte Ereignis meines Lebens zu warten. So beschloss ich, am zehnten Tag des zunehmenden Mondes zu reisen – der nicht so fern war und doch bereits genug von dem Licht haben würde, in dem ich Sie wiederzusehen hoffte.

Es war Frühjahr, was selbst hier in der Wüste eine Zeit des Erwachens ist, und das erschien mir passend, denn die zwanzig Jahre fern vom Garten waren, wenngleich im höchsten Sinne überaus Frucht bringend, dennoch irgendwie grau und kalt gewesen, wie ein Winter oder eine Zeit, verbracht in einem Kokon. Die Stimmung und die Farben des Gartens spiegelten, als ich eintrat, den Zustand wider, den mein Leben mittlerweile erreicht hatte: Das Tor war alt und abgerieben, die Backsteine und die Holzbank waren noch immer da, aber durch die Jahre nachgedunkelt und durch die Hände und Füße über die Jahre sanft geglättet worden. Der Johannisbrotbaum sah nahezu unverändert aus, ebenso der Brunnen, der noch immer mit dem lieblichen Geräusch des Wüstenwassers überfloss. Ich setzte mich schwerfällig auf die Bank, äußerlich durch die Jahre ermüdet, während innen mein Herz raste und die Gedanken und Erinnerungen und Erwartungen durcheinander strudelten. Ich stützte den Kopf in die Hände, horchte und dachte nach. Sie kam nicht, und je weiter die Nacht vorschritt, desto stiller wurde es im Garten.

Ich richtete den Blick nach unten und sah eine lange Schote, die vom Johannisbrotbaum herabgefallen war. Ich beugte mich vor, hob sie auf, legte sie mir auf den Schoß und starrte sie gedankenverloren an, während ich wartete. Ich hatte schon immer ein Geschenk zum Garten mitbringen wollen, hatte schon immer irgendeine kostbare Kleinigkeit mitbringen wollen, die ich den Meistern darbringen könnte, und doch war mir in all diesen Jahren nichts kostbar genug erschienen. Was immer ich mir überlegte, war mir im Vergleich zu den unschätzbaren Dingen, die mir hier zuteil geworden waren, immer so wertlos erschienen, dass ich schließlich, so oft ich hierher gekommen war, nichts davon mitgenommen hatte. Aber während ich jetzt wartete, kam mir eine Eingebung, und ich nahm die Schote in die Hand, sah ihre Reihe von Samen an und schwor mir, dass ich den Meistern dieses Geschenk darbringen, dass ich ihre gütige Freundlichkeit damit vergelten würde: Ich würde diese Samen nehmen und neue Bäume pflanzen, in neuen Gärten, die ich für andere Meister anlegen würde, damit sie darin andere Schüler so unterweisen konnten, wie *sie* es mit mir getan hatten.

Ich muss stundenlang dagesessen haben, erst ungeduldig, dann erfüllt von einem zunehmenden Frieden. Die Jahre der Kontemplation über die Ereignisse im Garten und die mit Meditation und Dienen verbrachten Jahrzehnte schienen wie ein gewaltiger Urwind um mich zu kreisen, immer schneller und enger zu kreisen, bis sie eine starke, feste Masse bildeten: Es war ein sehr klarer und einzigartiger Gedanke, der seit längerem in mir herangewachsen war und mir Ahnungen und Andeutungen irgendeiner höheren Wahrheit vermittelte und der jetzt, während meines Wartens auf die Goldene, sehr leuchtend und klar wurde, wie ein Kristall, der sein eigenes Licht abgab. Er begann damit, dass meine Mutter mir wieder in den Sinn kam, und ebenso das Leiden, das sie durchgestanden hatte.

Jetzt sah ich deutlich, dass ihr Leiden von vergangenen Ereignissen in ihrem eigenen Sein diktiert worden war: von Dingen, die sie gedacht oder gesagt oder getan hatte. Dadurch waren Eindrücke in ihr erzeugt worden, die sie gezwungen hatten, sich auf diese Weise leiden und sterben zu sehen. Als ich an die zwei größten Schmerzen meines eigenen Lebens dachte – von ihr und von der Dame des Gartens getrennt zu werden –, erkannte ich, dass sie auf die gleiche Weise zustande gekommen sein mussten. Ich erkannte auch, dass jedes Leiden sich ändern lässt, wenn man es schafft, dessen Ursachen – die Eindrücke – zu verändern, indem man den Geist von den negativen Eindrücken aus der Vergangenheit reinigt und ihn mit neuen, starken positiven Eindrücken füllt. Ich konnte auch ohne jede Selbstgefälligkeit behaupten, dass ich die letzten zwanzig Jahre meines Lebens damit zugebracht hatte, mich, so gut ich konnte, von meinen negativen Eindrücken zu befreien; ebenso dass ich mich aufrichtig bemüht hatte, das Leben eines Kriegers zu führen, in mir und außerhalb von mir, und damit neue, heilige Eindrücke von großer Wirkmächtigkeit in meinen Geist gepflanzt hatte. Und so wusste ich mit einer ruhigen Gewissheit, dass mein Leben, die mich umgebende Wirklichkeit – die Wirklichkeit, die mich die neuen Eindrücke, indem sie in meinem Geist heranreiften, zu sehen zwangen –, unweigerlich beginnen musste, sich zu verändern und sich in eine Welt der Güte und des Lichts zu verwandeln, die alles überstieg, was ich mir damals, als ich als junger Mann diesen Weg einschlug, jemals hätte erhoffen können. Kurz – ich wusste, warum mich dieser Brief erreicht hatte, und ich wusste, dass ich Ihr begegnen würde, hier und jetzt. Ich wusste, dass jetzt etwas absolut Gutes geschehen würde.

Als diese Gedanken ihr Ende erreichten und ein gewaltiges, heiliges Schweigen eintrat, vernahm ich Ihre Schritte. Sie waren unverwechselbar, und ich wusste, dass es Ihre und nur Ihre sein konnten. Es war nicht das tänzelnde Hüpfen der Jugend, das einzige Schrittgeräusch, das ich je von Ihr gehört hatte, sondern eher der gemessene, selbstsichere Gang einer starken Frau im mittleren Alter. Mein Herz schlug noch heftiger, schlug so wild, dass ich Angst hatte, es könnte im gleichen Moment zerspringen, und instinktiv glitt ich von der Bank hinunter ins Gras, zu furchtsam, um die Augen zu heben, und hörte, wie Sie sich setzte.

Mein Herzschlag verlangsamte sich. Jetzt konnte ich Ihren Atem hören und ich hielt inne, um mich über die Tatsache zu freuen, dass Sie noch in meiner Welt lebte und dass ich Sie noch einmal sehen durfte. Auch Ihr Duft legte sich über mich, dieser frische Gardenienhauch, den Sie immer um sich gehabt und den ich seither nie wieder gerochen hatte – und der jetzt an meinem Herzen zerrte, wie kein Anblick oder Laut es je vermocht hätte. Ich spürte den Frühling im Garten, ich dachte über das Ende des Winters nach, den Aufgang der neuen Sonne, die Wärme. Ich sonnte mich in Ihrer Gegenwart, roch und schmeckte den Duft, lauschte dem Gesang des Atems, der wie ein warmer Sommerwind aus der Wüste war. Ich öffnete die Augen.

Zuerst sah ich nur Ihre Augen, Augen, die mit einem zärtlichen Ausdruck unverwandt auf mich herabblickten, Rehaugen, braun und glänzend von den Gefühlen der Jugend, die die Zeit und die Trennung zu einer unbändigen Kraft gesteigert hatten. Sie streckte die Hand nach meiner aus, und ich löste meinen Blick von Ihren Augen und sah jetzt Ihr ganzes Gesicht.

Sie war müde, erschöpft: Die Jahre hatten alles Glatte und Runde aus Ihr herausgesogen und eine harte Kantigkeit zurückgelassen, harte Wangen, ein hartes Kinn, hatten die Stirn und die Augenpartie mit grausam tiefen Furchen gezeichnet und auch der Innen- und der Außenfläche Ihrer Hände ihre Spuren eingebrannt. Das lange goldene Haar war noch immer da, aber jetzt war es dünner und mit grauen Strähnen durchzogen und hatte die Wellen und den Schimmer der Jugend verloren. Ihr ganzes Äußeres verriet eine tiefe Mattigkeit: die gebeugten Schultern, die scharfen Mundwinkel, die Resignation, die aus Ihren Augen sah. Sie hatte ein normales Leben gelebt – ein bisschen Glück, viel Schweres, große Enttäuschungen: das Leben meiner Mutter –, und jetzt näherte Sie sich dem Ende und hatte, wie es schien, nur noch wenig Hoffnungen, wenig Ausblicke, und diese wenigen Ausblicke reichten nicht weit und machten keine Hoffnung. Sie war eine ganz gewöhnliche Frau, eine Mutter, eine Hausfrau mittleren Alters, es war ein Dasein ohne tiefere Bedeutung oder Glanz.

Und doch trotz dem, was ich sah, fühlte ich mich zu Ihr hingezogen, angezogen von den Hoffnungen eines ganzen Lebens und vielleicht auch getrieben von den Dingen, die ich gelernt und erkannt hatte. Ein Gedanke sprang in mein Herz, ein unwiderstehlicher Gedanke, ein Wissen, eine Gewissheit, die ich nicht verleugnen konnte, die mir aber jeglichen Mut nahm, sie zum Ausdruck zu bringen. Ich wusste, dass Sie diejenige gewesen war, die mich zum Garten geführt hatte. Ich wusste, dass Sie meine erste Lehrerin gewesen war, und ich wusste, dass die wortlosen Lehren, die Sie mir dort – hier – erteilt hatte, keine Einbildung gewesen waren und auch nichts Gewöhnliches. Ich wusste, dass mein Leben seine Gestalt im Garten erhalten hatte, und ich wusste, dass Sie keine gewöhnliche Frau war, mit Sicherheit nicht die gewöhnliche

Hausfrau, als die Sie mir jetzt erschien. Ich wusste, dass Sie ohne weiteres ein erleuchtetes Wesen sein konnte und dass Sie in unserer Kindheit in mein Elternhaus gekommen sein konnte, um mich für Sich zu gewinnen, damit Sie – und später die Meister des Gartens – mich unterweisen konnten. Ich ließ mich von der gewöhnlichen Erscheinung, die ich da vor mir sah, nicht täuschen und ich wusste, was ich jetzt zu tun hatte – auch wenn ein Teil von mir noch zögerte und zweifelte. Ich warf mich bäuchlings vor Ihr ins Gras, dann kniete ich mich hin, ergriff Ihre Hände und presste mein Gesicht dagegen. Ich brach in Tränen aus und rief: »Nimm mich jetzt, bitte, nimm mich mit in dein Himmelreich!«

Ich spürte, wie sich Ihre Hände abrupt losrissen und Ihre ganze Gestalt sich erschrocken zum Ende der Bank zurückzog. Ich schaute fragend zu Ihrem Gesicht auf, sah darin aber nur Entsetzen. Sie rief aus: »Du vergisst dich! Du bist ein Mönch!«

Ich zögerte für den Bruchteil eines Augenblicks, aber das Wissen und die Gebete eines ganzen Lebens trieben mich weiter. Ich ergriff wieder ihre Hände und flehte noch einmal: »Engel, goldener Engel, bitte, nimm mich, nimm mich mit Dir, jetzt!« Blitzschnell rissen sich die Hände wieder los, und ich spürte einen brennenden Schlag im Gesicht. Voller Scham und Zweifel ließ ich den Kopf hängen und schloss die Augen. Ich hörte nur die mit ungläubiger Empörung ausgestoßenen Worte: »Was redest du da eigentlich? Was fehlt dir? Bist du blind? Oder wahnsinnig? Sieh doch her, sieh mich an! Ich bin kein Engel, ich bin eine ganz normale Frau, eine Frau mit Mann und Kindern – eine ganz normale Frau, die alt und müde geworden ist, eine Frau am Ende ihres Lebens, eine Frau, die nichts weiß und sich nichts mehr erhofft. Sieh mich an, sieh doch!«

Wieder griff ich nach Ihr, aber diesmal sprang Sie auf, und ihr Fuß stampfte direkt neben meiner Hand kraftvoll und wütend auf. »Hör damit auf! Hör auf! Du bist geisteskrank!« Sie wirbelte blitzschnell herum, aber ich bekam Ihre Hand und Ihren Arm zu fassen und zog daran und richtete mich auf den Knien auf. Dann griff ich auch mit der anderen Hand zu, zog Ihre Hände in meine Tränen und flehte zum dritten Mal: »Bitte, nimm mich mit dir, bitte.«

»Sieh mich an!«, forderte Sie.

Ich konnte es nicht.

»Sieh her! Jetzt!«

Ich konnte es nicht.

»Mein Lieber, komm, schau.«

Ich betete und schaute auf und sah Ihr Gesicht, im Mondlicht glänzend, zu mir herabblicken. Es war das wahrhaftige Gesicht eines Engels, eines sechzehnjährigen Mädchens, leuchtend, sanft, restlos erfüllt von einer unendlichen Liebe und durch meine Tränen verschwommen. Und dann veränderte es sich, langsam, allmählich, und Ihr Gesicht, das ich jetzt klar und rein sah, war das Gesicht jedes einzelnen Meisters des Gartens, und da wusste ich, dass es immer nur Sie gewesen war. Ihre Arme hoben sich wie gewaltige goldene Schwingen, weit ausgestreckt vor den Mond, und Sie neigte sich zu mir herab und bedeckte mich mit ihnen, schützend wie eine wilde Wächterin.

Und dann war Ruhe, und auf mir einzig Ihre vertraute innige Wärme, und das Brausen meines Atems und meines Bluts in meinen Ohren.

Und dann wurde alles still, vollkommen still.

Und dann war eine glühende Hitze und ein Anwachsen und Steigen, bis zwei Säulen aus goldenem Feuer da waren, die in einen leeren Himmel hineinragten.

Und die Säulen wurden eins.

Und dann bin ich Sie, Sie selbst. Ich blicke hinunter und sehe das goldene Haar und den schlanken Körper, alles aus reinem Licht. Ich lasse meine Augen langsam über meinen Garten wandern, und ich sehe ihn so, wie Sie ihn sieht, und er ist vollkommen und ein Paradies.

Der Ozean ist von einem blassen milden Blau, und er rollt sanft unter leichten Winden, in weich gerundeten Wogen, Tausenden, Millionen von Wogen, die sich bis zum Horizont hindehnen, in unendlicher Ferne.

Dort, wo das Blau an den Himmel stößt, wird es zu einem tieferen Blau, und weiter oben wird dieses Blau zu Gold, einem immer glühenderen Gold, je höher es hinaufsteigt, bis es den Sonnenball berührt, gleißend von unanschaubarem Glanz.

Und die Sonne steht einfach nur am Himmel, so, wie sie ist, unbewegt, strahlend.

Die See bewegt sich. Eine Billiarde winziger Wasserkräusel entstehen und zergehen und entstehen aufs Neue in jedem Wirbel jeden Strudels jeder Welle dieser unendlichen wogenden Fläche. Jeder Kräusel wendet sich für einen Augenblick der Sonne zu. Das Licht der Sonne blitzt in jedem einzelnen auf, streut Billiarden von Diamanten über die See; absichtslos, nur indem sie sie selbst ist, ist die Sonne dort, in winzigen Funken aus Kristallfeuer, auf der ganzen See.

Und in diesem Moment bin ich die Sonne. Indem ich bin, bin ich überall unter mir, überall auf der See, während all der Augenblicke, in denen mein Feuer in jeder winzigen Kräuselung erscheint. Und jedes flüchtige Aufblitzen der Sonne auf der See ist eine ganze Welt, wimmelnd von Leben, durchwandert und immer wieder durchwandert von Menschen und Tieren durch Geburt, Leben und Tod auf ihrer niemals endenden Suche nach dem Glück.

In jeder dieser zahllosen Welten suche ich meine Mutter.

Ich schaue jedem Wesen ins Gesicht, suche ihr Gesicht.

Ich kann niemanden finden, der nicht sie wäre. Und so leuchte ich auf sie alle hinab und bringe jedem Einzelnen meine Wärme und nähre dort in jedem neuen Garten den Samen des Johannisbrotbaums.

Komm die Sonne berühren.